公文写作与处理（第二版）

Document Writing and Processing

高永贵　主编

图书在版编目(CIP)数据

公文写作与处理/高永贵主编.—2版.—北京：北京大学出版社,2020.1
21世纪公共管理学规划教材.行政管理系列
ISBN 978-7-301-30990-2

Ⅰ.①公… Ⅱ.①高… Ⅲ.①公文—写作—高等学校—教材 Ⅳ.①H152.3

中国版本图书馆CIP数据核字(2019)第291685号

书　　　名	公文写作与处理(第二版) GONGWEN XIEZUO YU CHULI (DI-ER BAN)
著作责任者	高永贵　主编
责 任 编 辑	武　岳
标 准 书 号	ISBN 978-7-301-30990-2
出 版 发 行	北京大学出版社
地　　　址	北京市海淀区成府路205号　100871
网　　　址	http://www.pup.cn
新 浪 微 博	@北京大学出版社　　@未名社科-北大图书
微信公众号	北京大学出版社　北大出版社社科图书
电 子 邮 箱	编辑部 ss@pup.cn　　总编室 zpup@pup.cn
电　　　话	邮购部 010-62752015　　发行部 010-62750672 编辑部 010-62753121
印 刷 者	北京溢漾印刷有限公司
经 销 者	新华书店 730毫米×980毫米　16开本　20印张　307千字 2013年5月第1版 2020年1月第2版　2025年1月第11次印刷
定　　　价	49.00元

未经许可，不得以任何方式复制或抄袭本书之部分或全部内容。
版权所有，侵权必究
举报电话: 010-62752024　电子邮箱: fd@pup.cn
图书如有印装质量问题，请与出版部联系，电话: 010-62756370

第二版前言

2013年我们编写出版了《公文写作与处理》一书,得到广大读者的喜爱,多次重印。为满足读者需要,我们进行了修订,在基本保留第一版结构体系的基础上,做了部分修改。一是删除了部分章节:删除了原第五章"公文写作概述"中的第一节"公文的作者";删除了原第十六章"电子公文";删除了原第十五章"公文处理"中有关档案管理的内容。二是对部分章节进行了合并:把原第一章"公文概述"、第二章"公文的类型与文种"、第三章"公文的稿本与行文规则"中的第一节"公文的稿本"合并为一章,即现在的第一章"公文概述";将原第三章中的第二节"公文的行文规范"和原第十五章"公文处理"合并为一章,即现在的第十三章"行文规则与公文处理"。三是更换了部分范文。四是修改了一些错误之处。五是在每一章的后面增加了练习题,包括单选题、多选题、判断题、简答题、写作题。此外,还省略了范文中的发文字号,因范文中的发文字号都在标题下方,与国家标准不符,也与现实中的公文不一致,容易误导读者,尤其是未接触过公文的学生。

在本教材第一版出版后,我们发现教材存在一些问题。在教材使用过程中,陆续收到同行、读者提出的诸多宝贵意见,我们在这次修订时都做了认真考虑。这次教材再版,得到了北京大学出版社的鼎力支持,武岳编辑对文稿中一些错误和不当之处进行了认真修改,其专业、认真和精益求精的精神令人佩服。在此一并表示感谢。

限于编者水平,第二版教材中可能仍存在不足,欢迎大家批评指正。

高永贵
2019年7月28日

第一版前言

多年来,"公文写作与处理"一直是山东大学政治学与公共管理学院所有专业的本科生、MPA研究生、远程(网络)教育学院行政管理专业学生的必修课。从2006年开始,"公文写作与处理"又先后被山东大学选定为全校的任选课、通识课、核心通识课,面向全校30个学院的所有专业的本科生开设。每个学期,同学们都积极踊跃地选修"公文写作与处理",这门课受到了同学们的欢迎。同时,我们还每年为政府部门的公务员、企事业单位的领导和职工、军队转业干部举办"公文写作与处理"专题讲座,社会效果良好。经过长期的教学实践,我们开设的"公文写作与处理"这门课,无论是教学大纲、教学内容、教学方法等理论体系还是实践环节都日臻完善。有的教师还曾在机关单位从事过多年的公文写作与处理工作,具有丰富的实践经验。我们也有过基于这些教学经验和实践经验编写教材的想法,但一直未付诸行动。我们一直从网上或实体书店给学生们选用教材,尽管这些已出版的"公文写作与处理"类教材各有优长,但每本教材都有一些让我们感到不满意的地方。我们在每个学期的教学过程中都会针对教材的不足,做一些修正和补充工作。

真正让我们下定决心编写一本教材的原因,是2012年4月16日和6月29日,《党政机关公文处理工作条例》和《党政机关公文格式》(以下分别简称新《条例》、新《格式》)的出台,均要求从2012年7月1日起实施;同时,宣布1996年5月3日中共中央办公厅印发的《中国共产党机关公文处理条例》、2000年8月24日国务院印发的《国家行政机关公文处理办法》和1999年12月27日国家质量技术监督局发布的《国家行政机关公文格式》(以下简称原《条例》、原《办法》、原《格式》)自2012年7月1日起废止。新《条例》、新《格式》与以前一直使用的原《办法》、原《格式》相比较,内容差距非常大,有一些规定甚至正好相反。比如"密级、紧急程度"标注的位置,原《格式》要求"顶格标注在版心右上角",而新《格式》则要求"顶格标注在版心左上角"。新《条例》、新《格式》第一次实现了党政机关公文格式规范的统一。在2012年7月1日之前,党政机关公文格式规范和要求是不一致的,中国共产党的机关公文按照1996年5月3日中共中央办公厅印发的《中国共产党机关公文处理条例》制发和处理,而行政公文则遵照2000年8月24日国务院印发的《国家行政机关公文处理办法》和1999年12月27日国家质量技术监督局发布的《国家行政机关公文格式》制发和处理。以前所有有关"公文写作与处理"的教材均按照原《办法》、原《格式》的规定和要求编写;各种考试,包括公务员考试,也都是遵照原《办法》、原《格式》的规定和要求制定标准。新《条例》、新《格式》实施以后,所有这些教材都已经与新《条例》、新《格式》的要求严重不符,已经不能再满足各类读者的需要了,若再继续选购和使用这些教材就会误导学生。眼看着新学期就要开始了,我们跑遍了济南的大小书店,也在各个网站上搜寻,还电话联系了许多出版社的发行部,始终没有找到按照新《条例》、新《格式》标准和要求编写的"公文写作与处理"教材。为了能让学生在9月开学后按时用上合适的教材,我们决定在暑假期间全力以赴编写教材。在平时讲课讲义的基础上,我们按照新《条例》、新《格式》的标准和要求,广泛搜集材料,认真组织编写,苦战两个月,终于在8月底完成初稿,经进一步修改后于9月初印制成公文写作与处理内部教材,开学后即发到学生手中。之后的整个学期,我们边教学边广泛地征求学生们对这本内部教材的意见,教材得到了学生们的充分肯定,同时他们也提出了一些修改建议。在此基础上,我们继续对这本内部教材进行修改和完善,并于2013年2月上旬印制成第二版的公文写作与处理内部教材,在3月开学后发给学生们使用。另外,我们还把这本内部教材赠送给政府部门和学校机关从事公文写作与处理的朋友们和同事们,请他们指正。在广泛征求意见的基础上,最终完成了这本《公文写作与处理》书稿的修改与定稿工作。

北京大学出版社的领导和张盈盈编辑对这本教材的出版给予了大力支持。没有他们的支持,就没有本教材的顺利出版,在此对他们表示诚挚的感谢。

本书有以下特点:

(1)根据2012年7月1日起施行的《党政机关公文处理工作条例》和《党政机关公文格式》编写,符合党和国家的新标准、新规范、新要求。

（2）所选范文分类详细、具体、明确，基本上是每一个文种的每一种类型后面都对应着一篇范文，以方便读者对各个文种的不同类型进行比较鉴别。这是本教材与其他教材相比独有的特点。

（3）所选范文大都是近几年党政机关部门发布的公文，具有符合时代发展的要求、内容新的特点。

（4）对所有选编进教材的范文我们都做了认真审核，并根据教材需要，对一些范文的某些内容作了适当修改，包括成文日期（2012年7月1日以前发布的行政公文，成文日期均为简写的汉字，为了与新《条例》、新《格式》标准和要求一致，我们一律改为用阿拉伯数字标注）。

本教材是集体劳动的成果，主要是因为：第一，我们在编写教材的过程中，参考了许多教材和网站的资料，在此对这些教材和材料的作者表示衷心的感谢；第二，本教材是由多位教师和专家共同编写完成的，参加编写的人员有高永贵、张鑫、邬松、王雪、史永志、高强、姜晨、李彩云、赵越。

本教材由高永贵负责大纲拟定、体系结构设计和内容安排，各位作者分工写作，形成初稿，再由高永贵对初稿进行多次修改，并根据需要对某些内容进行了重写，最终定稿。史永志、姜晨、高强做了一些辅助性的编辑工作。

由于学识和水平所限，书中不足之处在所难免，敬请广大读者和业内同行批评指正。（作者邮箱：yonggui2004@sdu.edu.cn）

高永贵

2013年3月26日

目录

第一章　公文概述　　1

第一节　公文的定义与特点　　1
第二节　公文的作用　　4
第三节　公文的类型　　6
第四节　公文的文种　　11
第五节　公文的稿本　　15
【练习题】　　18

第二章　公文格式　　20

第一节　公文用纸及印装格式　　21
第二节　版　头　　23
第三节　主　体　　27
第四节　版　记　　35
第五节　公文的表格及页码　　37
第六节　公文的特定格式　　37
【练习题】　　39

第三章　公文写作概述　　42

第一节　公文写作的特点　　42

第二节　公文的起草者	43
第三节　公文的主题	45
第四节　公文的材料	46
第五节　公文的结构	48
第六节　公文的语言	51
第七节　公文的表达方式	53
【练习题】	56

第四章　报请类公文　58

第一节　请　示	58
第二节　报　告	65
第三节　议　案	73
【练习题】	76

第五章　决策指挥类公文　79

第一节　决　议	79
第二节　决　定	84
第三节　命令（令）	91
【练习题】	96

第六章　指导类公文　98

第一节　批　复	98
第二节　意　见	103
第三节　通　知	111
【练习题】	118

第七章　晓谕类公文　120

第一节　公　告	120
第二节　通　告	125
第三节　公　报	130

第四节　通　报　　　　　　　　　　　　138
　　【练习题】　　　　　　　　　　　　　　144

第八章　商洽、纪要类公文　　　　　　　　　146
　　第一节　函　　　　　　　　　　　　　　146
　　第二节　纪　要　　　　　　　　　　　　152
　　【练习题】　　　　　　　　　　　　　　161

第九章　计划、总结类公文　　　　　　　　　163
　　第一节　计　划　　　　　　　　　　　　163
　　第二节　总　结　　　　　　　　　　　　168
　　第三节　述职报告　　　　　　　　　　　175
　　【练习题】　　　　　　　　　　　　　　185

第十章　调查、简报类公文　　　　　　　　　187
　　第一节　简　报　　　　　　　　　　　　187
　　第二节　调查报告　　　　　　　　　　　193
　　第三节　会议记录　　　　　　　　　　　205
　　【练习题】　　　　　　　　　　　　　　211

第十一章　讲话类公文　　　　　　　　　　　213
　　第一节　讲话类公文概述　　　　　　　　213
　　第二节　政论性讲话稿　　　　　　　　　221
　　第三节　礼仪性讲话稿　　　　　　　　　225
　　【练习题】　　　　　　　　　　　　　　230

第十二章　规章制度类公文　　　　　　　　　232
　　第一节　规章制度类公文概述　　　　　　232
　　第二节　条例、章程、规定、办法　　　　237
　　第三节　规则、细则、守则、公约　　　　253
　　【练习题】　　　　　　　　　　　　　　263

第十三章　行文规则与公文处理　265

　　第一节　公文的行文关系和行文方式　265

　　第二节　行文规则　267

　　第三节　公文处理概述　269

　　第四节　公文的拟制　269

　　第五节　公文的办理　272

　　第六节　公文的管理　277

　　【练习题】　279

附录一　党政机关公文处理工作条例　281

附录二　党政机关公文格式　288

参考文献　308

第一章　公文概述

 学习重点

本章主要讲解公文的定义、特点、作用、分类、文种、稿本等内容。读者应重点掌握以下内容：公文从不同的角度区分为不同的类型；目前我国党政机关常用的文种有哪些；如何正确使用文种。

在学习本章之后，要从总体上对公文形成清晰、客观的认识，为接下来的学习奠定基础。

第一节　公文的定义与特点

一、公文的定义

公文，即办理公务的文书，是党政机关、社会团体和企事业单位在行使管理职权、处理日常工作时使用的书面文字工具，它是各类社会组织用以表达意志、传达指令的方式和手段。党组织所制定的方针和路线要靠公文传达、贯彻；各级政府的政策和法令要靠公文宣传、实施；社会团体和企事业单位开展工作的种种方法，也要靠公文进行布置、安排。《辞海》对公文的解释是："国家机关、公共组织在履行法定职责中形成的具有规范体式的文书。"① 中共中央办公厅和国务院办公厅于 2012 年 4 月 16 日联合印发并于同年 7 月 1 日起实施的《党政机关公文处理工作条例》（以下简称新《条例》）中指出："党政机关公文是党政机关实施领导、履行职能、处理公务的具有特定效力和规范

---

① 《辞海》，上海辞书出版社 1999 年版，第 793 页。

体式的文书,是传达贯彻党和国家的方针政策,公布法规和规章,指导、布置和商洽工作,请示和答复问题,报告、通报和交流情况等的重要工具。"

二、公文的特点

公文是一种特殊的文体,与其他文体相比,它有自己的特点,主要表现在以下几个方面。

（一）作者的法定性

公文必须是由法定作者制成和发布的。法定作者是指依法成立并能以自己的名义行使权利和承担义务的社会组织及其领导人。公文的法定作者包括两种:一种是依法设立的各类社会组织。如党政机关、社团组织、企事业单位,都是依法成立并合法存在的社会组织,它们都是法定的作者,均可根据工作需要,在自己的职能和权限范围内制发公文。二是社会组织的法定领导人。领导人的职务是经过委任或经过选举程序后,由上级批准同意的,所以也是法定作者。用领导人的名义发文,并不是以他个人的名义发文,而是代表他所在机关发文,一旦他不再担任这一职务,也就失去了这一法定作者的地位。需要说明的是,社会组织中从事公文撰写的人员不能视为法定的作者。

（二）效用的现实性

公文的现实效用主要体现在两个方面:(1)公文主要在现行工作中使用;(2)公文的现实效用有一定的时间性,任何公文都不是永远有效的。

公文直接形成于现行的公务活动中,并对该公务活动起指导、指挥、约束、联系与沟通的作用。公文既是发文机关用于发布指令、法规,传达决策意图的重要手段,又是受文机关开展工作的指导和依据,还是维系党政各类、各层次机关之间以及机关和广大人民群众之间正常关系的基本形式之一。它在国家管理中发挥着承上启下、协调配合、联系沟通的执行效用。

同时,由于客观形势的变化和公务活动的阶段性,公文的现行效用具有一定的时效性。有的公文时效期较长,如法规性公文、决议、长远规划等;有的公文时效期则较短,如关于某一具体事项的通知,工作办理完毕,其现行使命便告结束。

（三）作用的权威性

公文的权威性是指公文在一定时间和空间范围内对受文者具有指挥、协调、约束等强制性作用,如强制予以传达、贯彻、执行,强制予以阅读、办理、复文等。

公文是法定作者履行公务的重要工具,体现着组织的权力和意志,表达着组织的意见和主张。因此,受文者必须无条件地贯彻、执行,否则就会受到制裁,并承担相应的责任。在实际工作中,公文的权威主要表现为:下级机关对上级文件的贯彻执行与答复;上级机关对下级来文的回复;同级机关之间公文的往来等。由于公文内容是发文机关职能的反映,代表的是制发单位的职权范围,因此,不管是何种性质、何种级别的机关制发的公文都具有法定的权威性。只是因制发机关的职权范围不同,其制发公文的权威性有一定差别。一般而言,制发机关的职权范围大,其制发公文的权威性就强,作用的范围也广。如国务院的公文,因国务院是最高国家权力机关的执行机关,是最高国家行政机关,它的公文在全国范围内就具有极高的权威性;而某个地方政府或部门以及企事业单位制发的公文,相对于国务院制发的公文而言,其权威性则要小得多。

（四）体式的规范性

公文的体式就是指公文的外观样式,包括公文的文体、文面格式和版面形式。公文是一种特殊的文体形式,是各级各类组织具体领导和管理政务的工具,代表的是组织的意志和权威。因此,制发公文是一件极其严肃的工作。为了保护公文的法定性、权威性和严肃性,并便于进行公文传递与处理,党和国家有关部门发布实施了统一严格的规定。如新《条例》和《党政机关公文格式》(以下简称为新《格式》)就对党政机关的公文文体、文面格式和版面形式做了详细、严格的规定。各级党政机关、社会团体和企事业单位制发公文都应当严格按照规定的体式办理,不能随心所欲。

（五）处理的程序性

公文处理的程序性是指公文的制发和办理过程都有严格的程序规定。任何组织在进行公文拟制、办理、管理等工作时,都必须按照规定的程序进行处理。只有这样才能确保公务活动的正常进行。如公文的拟制包括公文的起草、审核、签发等程序。只有经过机关领导人审核并签发后的文稿才能印发；几个机关联合发文，必须履行完备的会签手续；重要的政策性文件还需报请上级机关或主管部门审批；法规性公文必须交正式会议讨论通过，再交领导人签署发布，否则不能生效。

第二节 公文的作用

公文是实施社会或单位内部管理的一种重要手段，是进行公务活动的重要工具，一个国家、一个政党、一个部门或社会团体、企事业单位要履行职能或进行公务活动，都离不开公文。充分认识公文的作用是使用好公文的重要前提。公文的作用主要表现在以下几个方面。

一、领导和指挥作用

公文是传达贯彻党和政府方针政策的有效形式，党和国家的领导机关可以通过制发公文来部署工作，传达自己的决策和意见，对下级机关或部门的工作进行领导和指挥。同时，党和政府的方针政策，各级政府机关的工作决策和安排，是各机关开展公务活动的指导纲领和重要依据。上级机关传达领导意图与下级机关贯彻执行相结合，就使公文成为联系上下级机关的纽带，从而发挥其领导和指挥的作用。

二、规范和制约作用

公文作为管理国家和社会事务的重要工具，其本身所具有的权威性和法定性赋予了它很强的规范和约束作用。各级党政机关的各种法规、规章、政令、条例、决定、公告、通告、通知等公文一经正式发布，便成为全党、全社会的行为规范，在它的有效时间和范围内，无论各级各类社会组织还是个体成员都必须依照执行，不得违反。党和国家各项管理活动做到有法可依、有章可循，是实现国家管理法制化、科学化的重要基础与保证。

三、联系和沟通作用

一个机关的公务活动，涉及上下左右各机关的工作联系。公文是请示和答复问题、指导和商洽工作以及沟通情况的重要手段,是加强机关部门之间横向联系的纽带。各级党政机关、社会团体、企事业单位之间,需要经常性地用公文传递信息、沟通情况、商洽工作、交流经验。如上级机关向下级机关传达策令、布置工作,需要用决议、决定、命令、通知等公文;下级机关向上级机关汇报工作、请求批准和指示,需要用报告、请示等公文;不相隶属机关之间商洽工作、交流信息、询问和答复问题,需要用函等公文。

四、宣传和教育作用

公文是党政机关直接向广大干部和群众宣传党和国家重大方针政策、宣传单位个人的典型经验和先进事迹的载体,是进行宣传教育的工具。许多公文针对现实生活中普遍存在的某一方面的问题或认识上的偏差,摆事实、讲道理,进行启发诱导,使大家明白应该确立什么立场,应该坚持什么原则,应该怎么做。因此,公文不仅起着统一思想、提高认识、鼓舞信心的作用,而且担负着对广大干部、群众进行思想政治教育的重要任务。公文的宣传教育作用较之新闻报道、理论文章来说,更具有直接的权威性,也是新闻广播、电视等媒体进行宣传教育的重要依据。

五、依据和凭证作用

公文反映了制发机关的意志、愿望和要求,因此是各级各类机关开展工作、处理公务的重要依据。一方面,上级机关所发的公文无疑都是下级机关开展工作的依据;另一方面,下级机关所发的公文,如请示、报告等,同样也是上级机关了解情况、制定政策、指导工作、答复询问的重要依据。

公文是机关档案的主要来源。公文完成了它的现实执行效用后,要立卷归档,使其成为机关公务活动的信息载体而被存储起来,以备日后查考。这时公文就成为记载当时某一事件、问题或活动的历史凭证。有的还能成为研究历史的第一手资料,具有重要的史料价值。

总之,公文的作用不是单一的,一种公文往往同时具有多种作用。如一份上级机关的公文对下级机关既有领导与指挥的作用,又具有规范和制约的作用,还具有联系和沟通的作用。公文的作用还是变化的,它会随时间、地点和读者的不同发挥不同的作用。如一份公文此时可能起领导与指挥作用、规范与制约作用、联系与沟通作用、宣传与教育作用,而彼时则可能起凭证的作用。再如一份公文对某些机关或群体起规范和制约作用,而对另一些机关或群体则起宣传和教育作用。

第三节　公文的类型

公文的分类标准不是单一的,按不同的分类标准、从不同的角度可以把公文分为不同的类别。

一、按照公文的来源分类

按照公文的来源,可以把公文分为发文和收文。

（一）发文

凡是本单位制发的公文都是发文。发文既包括发给上级机关、不相隶属机关、下级机关的公文,又包括发至本机关单位内部机构的公文。发给上级机关、不相隶属的机关、下级机关的公文称为外发公文或外发文;发至本机关单位内部机构的公文称为内发公文或内发文。

（二）收文

凡是本单位收到的由外部单位制发的公文统称为收文。收文既包括上级机关和不相隶属机关发来的公文,如命令、决定、通知、批复、函等,也包括下级机关呈报的公文,如请示、报告等。

二、按照公文的行文方向分类

按照公文的行文方向,可以把公文分为上行文、平行文、下行文。

（一）上行文

上行文是指下级机关向所属上级机关和上级业务主管部门报送的公文。上行文既包括报送给上级领导机关或更上一级的领导机关的公文,也包括报送给对本单位有业务指导关系的机关的公文,如国务院各部委,各省、自治区、直辖市人民政府报送给国务院的请示和报告,以及各省(自治区、直辖市)人民政府有关委、办、厅(局),向国务院有关部、委所报送的请示和报告等。

（二）平行文

平行文是指同级机关或不相隶属机关之间相互发送的公文。所谓不相隶属机关,主要是指在领导关系上没有领导与被领导的关系,在业务关系上没有指导与被指导的关系。比如,中共中央各个部门之间、各个县委之间,都没有领导与被领导、指导与被指导的关系,都是同级机关。再如,省军区和省人民政府之间、大学和大学之间也没有领导和被领导与指导和被指导的关系,是一些不相隶属的机关。上述这些机关在相互联系或协商工作时,应使用平行文。

（三）下行文

下行文是指上级机关对所属下级机关制发的公文。它既包括上级机关对下级机关的行文,也包括上级业务主管部门对下级业务部门实施业务指导的行文,如国务院给各省、自治区、直辖市人民政府所发的文件,国务院各部（委）给各省（自治区、直辖市）人民政府对口的有关委、厅（局）、办等所发的文件。

三、按照公文的使用范围分类

按照公文的使用范围分类,可以把公文分为专用公文和通用公文。

（一）专用公文

专用公文是指在一定的业务范围内,按特殊需要而专门使用的公文。它的使用范围限定在特定的专业领域,如外交、司法、科技、军事等专业领域。专用公文包括外交公文、司法公文、科技公文、军事公文、会计公文等。如向其他国家递交的国书、备忘录,司法程序中使用的起诉书等。专用公文有特定的格式和处理要求,有很强的专业性。

（二）通用公文

通用公文是指机关、团体、企事业单位普遍使用的公文。它不仅包括新《条例》中规定的15种规范性公文,也包括计划、总结、调查报告、讲话稿、简报等日常事务性公文,还包括条例、规定、办法、章程等法规性公文。这些公文不仅适用于党政机关、社会团体、企事业单位等,具有专门职能的外交、司法等部门也可以使用。

四、按照公文是否涉密分类

按照公文是否涉密分类，可以把公文分为保密公文和普通公文。

（一）保密公文

保密公文是指党和国家根据公文内容划定了秘密等级的公文。这类公文因其内容涉及党和国家的秘密，需要控制知密范围和知密对象。目前，我国保密公文按涉密程度的不同，分为绝密、机密、秘密三个级别。

绝密公文是指涉及党和国家最重要的秘密的公文，一旦泄露会使国家的安全和利益遭受特别严重的损害。

机密公文是指涉及党和国家重要的机密的公文，一旦泄露会使国家的安全和利益遭受严重的损害。

秘密公文是指涉及党和国家一般机密的公文，一旦泄露会使国家的安全和利益遭受损害。

（二）普通公文

普通公文是指可以在本机关内部公开，或向国内外公开发布的公文。这类公文按阅知范围的不同又可以具体分为组织内部公文、限国内公开的公文、对国内外公开的公文三种。

组织内部公文是指限于机关、团体、企事业单位或专业系统范围内使用的公文。其内容虽不涉及国家秘密，但含有机关和系统内部的情况、信息数据等，不宜对社会公开，只限于本机关或本系统内部阅知。

限国内公开的公文是指内容虽不涉密，但不宜也没有必要向国外公开，仅在国内公开发布的文书。

对国内外公开的公文是指内容不涉及秘密，可直接向国内外发布的文书。

五、按照公文是否有送达和办理的时限要求分类

按照公文是否有送达或办理的时限要求分类，可以把公文分为紧急公文和常规公文。

（一）紧急公文

紧急公文是对送达时限和办理时限有严格要求的公文，如"该公文限6

小时内送达,10小时内办毕"。紧急公文又分为特急公文和加急公文。

特急公文是指内容特别重要而且特别紧急,要求在最短的时间内以最快的速度形成和处理的公文,如灾情报告、战争情报等。

加急公文是指内容重要且紧急,要求迅速形成和处理或必须在规定的时限内办理完毕的公文。

（二）常规公文

常规公文是指可以按正常的速度及程序形成、运转和处理的公文。

六、按公文的内容、性质和作用分类

按公文的内容、性质和作用,可以把公文分为决策指挥类公文,指导类公文,规约类公文,晓谕类公文,报请类公文,商洽、纪要类公文,日常事务类公文。

（一）决策指挥类公文

决策指挥类公文是指上级领导机关或业务主管部门制发的用以领导和指导工作的公文,如决议、决定、命令等。它是下级机关决策和进行工作活动的依据,要求下级机关认真贯彻执行。

（二）指导类公文

指导类公文是指上级领导机关或业务主管部门制发的用以指导下级机关或业务部门工作的公文。它是下级机关决策和进行工作活动的依据,要求下级机关认真贯彻执行。指导类公文主要包括批复、意见、通知等文种。

（三）规约类公文

规约类公文是指机关、组织、社会团体、企事业单位制发的行政法规及组织规章,如条例、规定、办法、章程、细则、规则等。这类公文对公文所涉及的对象进行规范和约束。

（四）晓谕类公文

晓谕类公文是指单位或管理机关向社会通报情况、沟通信息、公布事项、联系工作时使用的公文,如公报、公告、通告、通报等文种。

（五）报请类公文

报请类公文是下级机关向上级汇报工作、请求指示或批准时使用的文种,或者是由各级人民政府按照法律程序向同级人民代表大会或人民代表大会常务委员会提请审议事项时所采用的文种,主要有请示、报告、议案。

（六）商洽、纪要类公文

商洽、纪要类公文主要是机关、企事业单位、社会团体用于记载会议主要情况和议定事项,或不相隶属机关之间商洽工作、咨询和答复问题、请求批准和答复审批事项时使用的文种,主要包括函、会议纪要等。

（七）日常事务类公文

日常事务类公文是指机关单位在日常事务管理工作和业务活动中形成的各种公文,如计划、总结、简报、讲话稿、会议记录等。

七、按照发文机关的性质分类

按照发文机关的性质分类,可以把公文分为党内公文、行政公文、群团公文等类型。

（一）党内公文

党内公文是指中国共产党从中央到地方各级党组织制发的公文。

（二）行政公文

行政公文是指在国家行政机关以及企事业单位内的行政部门制发的公文。

（三）群团公文

群团公文是指各级各类群众团体组织制发的公文,如文联文件、各学会文件等。

八、按照公文的载体分类

按照公文的载体分类,可以把公文分为纸质公文和电子公文。

（一）纸质公文

纸质公文是指以纸张为载体的公文,是到目前为止公文的主要形态。

（二）电子公文

电子公文是指各级各类机关(组织)借助于电子计算机和网络系统生成、

传递和处理的公文。随着我国电子政务系统的不断完善,电子公文的使用会越来越广泛。

第四节 公文的文种

任何事物都有自己的名称,公文也不例外。公文的名称就是公文的文种,如目前党政机关使用的决议、决定、命令(令)、公报、公告、通告、意见、通知、通报、报告、请示、批复、议案、函、纪要,以及案例、规定、办法、计划、总结等都是文种。

公文的文种不是一成不变的,而是随着不同时期社会形势的发展变化而与时俱进的,如行政机关文种,从 1951 年 9 月到 2012 年 7 月,有关部门就 8 次制定相关办法,不断规范公文的文种,有效地促进了公文文种和公文处理的科学化、规范化、制度化。

撰写公文时,必须正确选择和使用文种。正确选择和使用文种,有利于维护文件的权威性和有效性,便于受文者准确理解发文意图,使公文得到及时有效的处理,从而提高工作效率和效益。

一、党政机关常用文种的演变和目前党政机关的常用文种

中华人民共和国成立以来,党和国家对统一公文文种非常重视,多次根据不同时期形势的发展需要,对规范性公文的名称体系进行调整。

(一)行政机关公文的调整情况

1951 年 9 月 29 日,中央人民政府政务院颁布了《公文处理暂行办法》,规定公文文种为 7 类 12 种:(1)报告、签报;(2)命令;(3)指示;(4)批复;(5)通报、通知;(6)布告、公告、通告;(7)公函、便函。

1957 年 10 月,国务院秘书厅印发《关于对公文名称和体式问题的几点意见(稿)》,规定公文种类为 7 类 12 种:(1)命令、令;(2)指示;(3)报告、请示;(4)批复、批示;(5)通知、通报;(6)布告、通告;(7)函。较之 1951 年的规定,12 个文种中增加了"令""请示""批示"3 个文种,去掉了"签报""公告"2 个文种,对"函"进行了新的阐释。

1964年2月,国务院办公厅发布了《公文处理试行办法》,将公文种类规定为10类12种:(1)命令(令);(2)指示;(3)批复、答复;(4)批转;(5)通知;(6)通报;(7)报告;(8)请示;(9)布告、通告;(10)函。较之1957年的规定,把"命令"和"令"合为一个文种,增加了"批转""答复"文种,取消了"批示",把"报告、请示"分成两类、"通知、通报"分成两类。

1981年2月27日,国务院办公厅发布《国家行政机关公文处理暂行办法》,规定公文种类为9类15种:(1)命令、令、指令;(2)决定、决议;(3)指示;(4)布告、公告、通告;(5)通知;(6)通报;(7)报告、请示;(8)批复;(9)函。较之1964年的规定,文种增加了"指令""决定、决议",恢复了"公告",取消了"答复""批转"两个文种。

1987年2月18日,国务院办公厅发布《国家行政机关公文处理办法》,规定公文文种为10类15个文种:(1)命令(令)、指令;(2)决定、决议;(3)指示;(4)布告、公告、通告;(5)通知;(6)通报;(7)报告、请示;(8)批复;(9)函;(10)会议纪要。较之1981年的规定,增加了"会议纪要",把"命令"和"令"合为一个文种。

1993年11月21日,国务院办公厅修订后重新发布了《国家行政机关公文处理办法》,规定公文种类为12类13种:(1)命令(令);(2)议案;(3)决定;(4)指示;(5)公告、通告;(6)通知;(7)通报;(8)报告;(9)请示;(10)批复;(11)函;(12)会议纪要。较之1987年的规定,增加了"议案",去掉了"指令""决议""布告"3个文种,把原"报告、请示"一类两个文种分为"报告""请示"两类两个文种,并明确规定"报告中不得夹带请示事项",以强调"报告"与"请示"这两个文种分开使用的必要性。实践证明,随着这一规定的贯彻实施,"报告"与"请示"不分或混用、误用的现象大大减少。

2000年8月24日,国务院发布了新的《国家行政机关公文处理办法》,规定公文种类为13类13种:(1)命令(令);(2)决定;(3)公告;(4)通告;(5)通知;(6)通报;(7)议案;(8)报告;(9)请示;(10)批复;(11)意见;(12)函;(13)会议纪要。较之1993年的规定,增加了"意见",去掉了"指示",把原"公告、通告"一类两个文种分为"公告""通告"两类两个文种,从而第一次形成了一类一种的分类办法,实现了公文类别与文种的统一。由于增加了"意见"这个文种,就删去了原"报告"运用范围中可以"提出意见或者建议"的内容,"提出意见或者建议"的职能由"意见"来承担。

（二）中国共产党各级机关常用公文的调整情况

中共中央办公厅于1989年4月25日发布了《中国共产党各级领导机关文件处理条例(试行)》,规定公文种类有13种:公报、决议、决定、指示、条例、规定、通知、通报、请示、报告、批复、会议纪要、函。

经中共中央批准,1996年5月3日,中共中央办公厅印发了《中国共产党机关公文处理条例》,将在平时使用频率很高的"意见"列为正式文种,并调整了文种的排列顺序,规定党的机关公文文种有14种:决议、决定、指示、意见、通知、通报、公报、报告、请示、批复、条例、规定、函、会议纪要。

（三）目前党政机关常用的文种

2012年4月16日,中共中央办公厅、国务院办公厅联合印发了《党政机关公文处理工作条例》,要求从2012年7月1日起施行。同时宣布对1996年5月3日发布的《中国共产党机关公文处理条例》和2000年8月24日发布的《国家行政机关公文处理办法》予以废止。新《条例》规定目前党政机关使用的常用文种有15种:决议、决定、命令(令)、公报、公告、通告、意见、通知、通报、报告、请示、批复、议案、函、纪要。

除此之外,党政机关在实际工作中还会使用其他一些文种,如条例、章程、规定、办法、细则、制度、守则、公约、计划(包括规划、纲要、安排、方案、预案、工作要点、打算、设想等)、总结、调查报告、简报、信息、大事记、讲话稿(包括会议的工作报告、开幕词、闭幕词、欢迎词、欢送词、致辞、祝酒词、贺词等)、述职报告、专用书信等。

从1996年5月3日中共中央办公厅印发的《中国共产党机关公文处理条例》和2000年8月24日国务院正式公布的《国家行政机关公文处理办法》来看,党的机关公文有14种,行政公文有13种。两者相比较,文种相同的有9种,即决定、意见、通知、通报、报告、请示、批复、函、会议纪要;不同的有9种,即党的机关公文有决议、指示、公报、条例、规定,国家行政机关公文有命令(令)、公告、通告、议案。

通过比较,可以看出,新《条例》保留了原《办法》中的全部13个文种,保留了原《条例》中的决议、决定、意见、通知、通报、公报、报告、请示、批复、函、会议纪要,取消了原《条例》中的指示、条例、规定3个文种。新《条例》还把原《办法》和原《条例》中的会议纪要改为纪要。

新《条例》整合了原《办法》和原《条例》的文种,这些文种既适用于党的机关公文处理工作,又适用于政府部门的公文处理工作,结束了多年来党政公文,尤其是文种分制的状况。党政统一的公文文种体系,极大地方便了党政机关部门公文处理工作,也促进了党政机关公文处理的规范化。

二、文种的正确使用

公文的文种具有体现公文性质、反映行文方向、表达行文目的、揭示公文特点的作用。一份公文的文种并不是随意确定和使用的,它是根据发文机关的权限、发文机关与收文机关之间的关系以及发文的目的和要求而确定和使用的。正确使用公文,可以确保公文的严肃性和规范性,更好地发挥公文的权威作用和约束作用,提高机关的办事效率。如果乱用或错用文种,就会妨碍收文机关对文件意图的准确理解,影响公文处理的质量和发文目的的实现。例如,对于希望上级机关给予解决和批复的问题,应该选用"请示"这个文种,如果错用了"报告",就会使上级机关认为是一般性的工作报告,不需解决和批复,从而影响和耽误工作。

(一)根据有关规定选用文种

公文文种的选用必须在规定的文种范围内,如规范性公文文种只能从新《条例》规定的15种公文中选用。既不能任意编造和使用文种,也不能再使用党和国家有关规定中已淘汰的文种。如"请示报告""答复"就属于生造的文种,"指示""指令"则是已淘汰的文种。

(二)根据公文的性质选用文种

每种公文都有自己质的规定性,要根据公文的性质选择文种。比如,决策性公文只能是上级机关对下级机关发布指令、传达指示时使用,同级机关或不相隶属机关之间联系工作、商洽事宜不能使用决策类公文,只能使用商洽联系类公文,如函。

(三)根据发文机关的权限选用文种

有些文种是有一定的使用权限的,一些机关因受职权范围的限制,并非所有文种都可以使用,如公告,它是国家权力机关、行政机关及领导人向国内外宣布重要事项或法定事项时使用的文种。一般情况下,基层单位、社会团体、企事业单位是不会有什么重要事项需要向国内外宣布的,因此,这些机关和单位也就无权使用公告这个文种。还有像命令(令)、公报、决议、议案等都对发文机关的权限有比较严格的要求。因此,任何机关制发公文,都应根据自己的职权范围,选用与自己职权范围相应的文种。超越发文机关权限的行文是无效的公文。

(四)根据公文的使用范围和发文目的选用文种

每一种公文都有自己的使用范围。如报告适用于向上级机关汇报工作、反映情况、回复上级机关的询问;请示适用于向上级机关请求指示、批准。搞清楚每一个文种的使用范围、明确发文目的,是正确选用文种的前提。

(五)根据隶属关系和行文方向选用文种

机关之间有无隶属关系,就看它们在领导关系上有没有领导与被领导的关系、业务上有没有指导与被指导的关系。机关之间只要存在上述两种关系中的一种,在行文关系上就是隶属关系,行文只能是上下行文;如果上述两种关系都不存在,那就是不相隶属关系,行文只能是平行文。公文的行文方向就是根据机关之间的隶属关系确定的。制发公文时,要根据公文发文机关与收文机关之间的关系选择文种。如果发文机关是向上级机关制发公文,只能使用上行文,如请示、报告、上行意见;如果发文机关是向下级机关或部门制发公文,就应该使用下行文,如决议、决定、命令(令)、通知、通报、意见、批复等;如果是向与本机关无隶属关系的机关行文,只能使用平行文,如函、平行意见等。

第五节 公文的稿本

公文的稿本是指同一个公文在制发过程中形成的不同的文稿和不同的文本。

一、公文的文稿

公文的文稿是在公文起草过程中形成的不同的稿子,包括草稿和定稿两种。它们在内容、外观形式和效用方面均有很大区别。

(一)草稿

草稿是草拟成文的未定稿,包括讨论稿、送审稿、征求意见稿、草案、修改稿等多种形式,供讨论、征求意见和修改审核使用,不具备正式公文的效用。草稿的外观特点是没有生效标志(如签发、用印等),文面上常见"讨论稿""征求意见稿""送审稿""草案""初稿""二稿""三稿"等稿本标记。标记大多位于标题下方或右侧加括号。

(二)定稿

定稿是已经履行法定生效程序的最后完成稿,即业经机关领导人审核并签发,经正式会议讨论通过或经上级机关审核批准的文稿。具备正式公文的法定效用,是制作公文正本的标准依据。定稿已经确定,如不经法定责任者的认可,任何人不得再对其进行修改,否则无效。定稿的文面上有的有法定生效标志(签发等),有的标明"定稿""最后完成稿"等。

二、公文的文本

同一份文件,根据其不同的用途,可分为正本、副本、存本、修订本;一些法规性公文又有试行本、暂行本;同一内容的文件由于使用不同的文字制发,会形成不同文字的稿本。因此,公文的文本主要有正本、副本、存本、试行本、暂行本、修订本和不同文字的稿本。

(一)正本

正本是根据定稿制作的供主要受文者使用的具有法定效用的正式文本,正本格式规范并具备各种生效标志,其内容和定稿完全一致。

(二)副本

副本是正本的复份或正本的复制本。副本与正本在内容上并无区别,只是作用不同。副本的作用主要是代替正本供传阅、交流、参考或备查使用。作为正本复份(与正本同时印刷)的副本,在效用方面具备正式公文的法定效用;抄本、复印本不具备正式公文的法定效用;加盖了抄写机关或复印机关戳记的抄本、复印本,具有正式公文的法定效用。

(三)存本

存本是发文机关留存的与正本内容和形式完全一致的公文文本。存本应与定稿及有查考价值的草稿一起保存,并立卷归档。存本的作用主要是以备日后查考利用。

(四)试行本

试行本是指有待接受实践检验后再行修改的文本。试行本主要用于法律、法规类公文,在制发机关认为公文内容还不十分成熟,必须经过一定时期的实践检验再行修订时所使用的。试行本是正本的一种特殊形式,在试推行期间具有法定效用。试行本的试行期不宜过长,试行期间应认真试行,不断总结,及时修订。经过修订的文本一旦生效,试行本即作废。"试行"的标注方法,一般是在文种后用括号注明"试行"字样,如《中华人民共和国民事诉讼法(试行)》。还有一种方法是直接在标题中标识出"试行"二字,如《中华人民共和国劳动教养试行办法》。

(五)暂行本

暂行本就是暂时实行的文本。在公务活动中,应当对某些问题做出规定,但由于种种原因又不宜做出正式规定时,往往以"暂行"的方式制发公文。暂行本是正本的一种特殊形式,在规定的暂行期间具有法定效用。这类公文的标注方法一般是在标题的文种前加"暂行"两字,如《关于实行党政领导干部问责的暂行规定》;也可以在文种后用括号注明"暂行"字样,如《中国共产党……条例(暂行)》。暂行本的性质与试行本一致,只是暂行本的暂行期一般比试行本的试行期长,有的暂行期长达几年甚至十几年。

(六)修订本

一些已发布生效的公文在施行一定时期以后,公文中的部分内容已经不适应当前的实际情况,需要修订补充。这种对已经发布生效的文件,在实行一定时期以后进行修改订正再行发布的文本,称为修订本。修订本是正本的一种特殊形式,具有法定效用。修订本需要做出稿本标记,可在标题结尾处标作"(修订本)",也可在标题下做题注,在圆括号内注明"某年某月修订"。从修订本发布生效之日起,原文本即行失效。

(七) 不同文字的稿本

同一公文在形成过程中,需要两种或两种以上文字撰制时,会形成不同文字的稿本。比如,在我国少数民族地区,发文机关在发文时为方便工作,往往是同一份公文同时制发汉语文本和某个少数民族语言的文本。又如,在国家外交工作中,也会根据实际需要,对同一份公文同时制作中文文本和外文文本。不同文字所形成的内容相同的稿本在效用上是相同的。

【练习题】

一、单选题

1. 公文和一般文章的根本区别在于(　　)。
A. 公文有特定的制发主体,一般文章不限定发文主体
B. 公文有特定的阅读对象,一般文章不限定阅读对象
C. 公文具有特定效力和规范体式,一般文章不一定有
D. 公文有严格的特定处理程序,一般文章没有

2. (　　)是指涉及党和国家重要的机密的公文,一旦泄露会使国家的安全和利益遭受严重的损害。
A. 绝密公文　　B. 机密公文　　C. 秘密公文　　D. 普通公文

3. 下列稿本中不具有法定效用的是(　　)。
A. 草稿　　B. 定稿　　C. 正本　　D. 试行本

二、多选题

1. 以下属于公文法定作者的是(　　)。
A. 发文机关　　　　　　　B. 个人
C. 公文的草拟者　　　　　D. 发文机关的领导人

2. 以下各项中属于公文作用的是(　　)。
A. 领导和指挥作用　　　　B. 规范和制约作用
C. 联系和沟通作用　　　　D. 欣赏和愉悦作用

三、判断题

1. 按照公文的行文方向,可以把公文分为上行文、平行文、下行文。
2. 按照公文的使用范围,可以把公文分为通用公文和专用公文。

3. 按照公文是否涉密，可以把公文分为保密公文和普通公文。

4. 按照公文的紧急程度，可以把公文分为紧急公文和常规公文。

5. 所有公文都具有时效性，并且其时效性都相同。

6. 公文的宣传教育作用比新闻报道、理论文章更具有直接的权威性。

四、简答题

1. 什么是公文？它有哪些特点？

2. 公文有哪些作用？

3. 公文主要有哪些类型？

4. 目前我国党政机关使用的规范性文种主要有哪些？

5. 文稿、文本分别有哪些种类？哪些稿本有法定效用？

练习题参考答案

第二章 公文格式

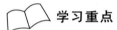 学习重点

  本章介绍的基础是 2012 年版《党政机关公文格式》。通过对本章的学习,重点掌握公文格式三大部分即版头、主体、版记的位置,以及每一部分所包含的要素的格式要求,这些要素包括份号、密级和保密期限、紧急程度、发文机关标志、发文字号、签发人、标题、主送机关、正文、附件说明、发文机关署名、成文日期、印章、附注、附件、抄送机关、印发机关和印发日期、页码等。了解公文的三个特定格式,即信函格式、命令(令)格式、纪要格式,以及它们与通用格式的不同之处。

  公文在格式上具有严格的规范和要求。公文的格式是指公文的各要素在公文文面上所处的位置和排列顺序,它是公文在形式上区别于一般文章的重要标志。2012 年 7 月 1 日起实施的新《条例》、新《格式》规定,公文的各要素主要包括:份号、密级和保密期限、紧急程度、发文机关标志、发文字号、签发人、标题、主送机关、正文、附件说明、发文机关署名、成文日期、印章、附注、附件、抄送机关、印发机关和印发日期、页码等。新《格式》将版心内的公文格式各要素划分为版头、主体、版记三部分。"公文首页红色分隔线以上的部分称为版头;公文首页红色分隔线(不含)以下、公文末页首条分隔线(不含)以上的部分称为主体;公文末页首条分隔线以下、末条分隔线以上的部分称为版记。页码位于版心外。"同时,新《格式》还对信函格式、命令(令)格式、纪要格式三种特定格式以及公文中表格的格式做了特别规定。

第一节　公文用纸及印装格式

一、公文用纸的主要技术指标

公文是机关的外在形象,必须庄重、严肃。如果公文用纸的厚度不够,纸的质量较差,会给读者不庄重的感觉;如果纸的定量过重,又会造成浪费。公文是处理公务的重要工具,在工作中会反复使用,如果用纸的耐折度不够,使用中就会破损。因此,新《格式》专门就公文用纸的主要技术指标做了规定:"公文用纸一般使用纸张定量为 60 g/m^2—80 g/m^2 的胶版印刷纸或复印纸。纸张白度 80%—90%,横向耐折度≥15 次,不透明度≥85%,pH 值为 7.5—9.5。"

(一) 定量

把公文用纸的定量定在 60 g/m^2—80 g/m^2 的胶版印刷纸或复印纸的范围内,既考虑了机关公文作为官方文书的特殊地位,又兼顾了不同经济条件的机关和单位的经济承受力。60 g/m^2 是下限,80 g/m^2 是上限。如果公文用纸定量低于 60 g/m^2,这样的公文会给读者轻浮的感觉,与公文的庄重性不相符,影响公文的权威性;如果公文的用纸定量过高,即高于 80 g/m^2,又显得太奢华,造成不必要的浪费,与党和政府提倡的节约型社会原则不符。

(二) 白度

公文用纸的白度标准是 80%—90%。如果公文用纸的白度较低,纸张较黑,就显得很不庄重;如果纸张白度过高,反光度加大,就容易给人造成视觉疲劳。

(三) 横向耐折度

横向耐折度≥15 次的规定主要是要求公文用纸不能太脆,必须有一定的柔韧性。因为大部分公文要多次流转传阅,如果纸张过脆,就容易发生断裂和破损,既影响公文效力的发挥,也不利于公文的存档保管。

(四) 不透明度

由于公文是双面印刷,如果纸张的透明度过高,在正反两面所印的文字就会出现相互泅透的现象,看上去文字花乱,既影响阅读和美观,也有损公文的庄重性和权威性。

(五) pH 值

pH 值定为 7.5—9.5,是根据国家档案局制定的行业标准 DA/T 11—94《文件用纸耐久性测试法》中的相关规定确定的。如果纸张的 pH 值过低,保存时间不久,公文便开始泛黄,会影响公文的存档和保管。

二、公文用纸的幅面尺寸

按照新《格式》的要求,公文用纸为 A4 型纸,其成品幅面尺寸为:210 mm×297 mm。

推行国际标准 A4 型公文用纸,与国际标准接轨是非常必要的。国际标准化组织(ISO)早在 1975 年就制定了书写纸的规格标准,要求书写纸的规格为 A4 型,即 210 mm×297 mm。这一标准一出台,便很快被各国用户接受,并在各国和国际组织间广泛应用。

三、公文的印装规范

(一) 页边与版心尺寸

为了美观和装订方便,印制公文时上、下、左、右都要留出白边,不能印刷文字,能印刷文字的中心区域称为版心。公文用纸天头(上白边)为 37 mm±1 mm,公文用纸订口(左白边)为 28 mm±1 mm,版心尺寸为 156 mm×225 mm。

(二) 字体和字号

如无特殊说明,公文格式各要素一般用 3 号仿宋体字。特定情况可以做适当调整。如密级和保密期限、紧急程度使用 3 号黑体字,签发人姓名使用 3 号楷体字,标题使用 2 号小标宋体,版记中的要素使用 4 号仿宋体。

(三) 行数和字数

一般每面排 22 行,每行排 28 个字,并撑满版心。特定情况可以做适当调整。

(四) 文字的颜色

公文中除了发文机关标志、版头中的分隔线、发文机关印章和签发人签名章为红色外,其他文字和符号均为黑色。

第二节 版 头

公文首页红色分隔线以上的部分称为版头。版头部分的要素有:份号、密级和保密期限、紧急程度、发文机关标志、发文字号、签发人、版头中的分隔线。

一、份号

份号,即公文印制份数的顺序号。涉密公文应当标注份号。如需标注份号,一般用6位3号阿拉伯数字,顶格编排在版心左上角第一行。

二、密级和保密期限

密级和保密期限即公文的秘密等级和保密的期限。涉密公文应当根据涉密程度分别标注"绝密""机密""秘密"和保密期限。保密期限是对公文密级的时效规定。公文制发机关应当根据《中华人民共和国保守国家秘密法》和有关规定确定公文的密级和保密期限。如需标注密级和保密期限,一般用3号黑体字,顶格编排在版心左上角第二行;保密期限中的数字用阿拉伯数字标注。密级和保密期限之间用"★"分隔,如"秘密★1年"。如需同时标注密级和保密期限,"绝密""机密""秘密"两字之间不空格;如只标注密级不标注保密期限,"绝密""机密""秘密"两字之间空一格。

三、紧急程度

紧急程度即公文送达和办理的时限要求。根据紧急程度,紧急公文应当分别标注"特急""加急",电报应当分别标注"特提""特急""加急""平急"。如需标注紧急程度,一般用3号黑体字,顶格编排在版心左上角;如需同时标注份号、密级和保密期限、紧急程度,按照份号、密级和保密期限、紧急程度的顺序自上而下分行排列。

四、发文机关标志

发文机关标志由发文机关全称或者规范化简称加"文件"二字组成,也可以使用发文机关全称或者规范化简称。联合行文时,发文机关标志可以并用联合发文机关名称,也可以单独用主办机关名称。

发文机关标志居中排布,上边缘至版心上边缘为 35 mm,推荐使用小标宋体字,颜色为红色,以醒目、美观、庄重为原则。

联合行文时,如需同时标注联署发文机关名称,一般应当将主办机关名称排列在前;如有"文件"二字,应当置于发文机关名称右侧,以联署发文机关名称为准上下居中排布。

五、发文字号

发文字号由发文机关代字、年份、发文顺序号组成。联合行文时,使用主办机关的发文字号。发文字号编排在发文机关标志下空二行位置,居中排布。年份、发文顺序号用阿拉伯数字标注;年份应标全称,用六角括号"〔〕"括入;发文顺序号不加"第"字,不编虚位(即 1 不编为 01),在阿拉伯数字后加"号"字。上行文的发文字号居左空一字编排,与最后一个签发人姓名处在同一行。

(一)发文字号三要素

1. 发文机关代字

发文机关代字要能体现发文机关的本质属性和职能,如"鲁政"是指山东省人民政府的代字,"鲁农"是山东省农业农村厅的代字。

发文机关代字要简单概括,用一两个字,最多不要超过五个字把发文机关表示出来即可。为便于公文的分类管理和工作联系,有的公文除注明发文机关的代字外,还注明主办部门的代字。如"鲁财人"是指山东省财政厅人事管理部门主办,文件类型属于财政厅人事类公文;如果收文机关对公文中的内容有疑问,就可以直接联系财政厅人事处。

2. 年份

年份用阿拉伯数字全称标注,不应简化,如 2019 年发的公文要标注为

"2019",不能标注为"19"。年份用六角括号"〔〕"括起,如"〔2019〕"。需要注意的是,六角括号不是数学公式的中括号,也不是圆括号。

3. 发文顺序号

发文顺序号是一个发文机关一年内制发文件的统一流水号。如"38号",不能标注为"第38号"或"038号"。

(二)发文字号的类型

发文字号的类型主要有三种。

1. 三要素型

由发文机关代字、年份、发文顺序号三要素构成。如"中发〔2018〕6号"。

2. 两要素型

有的公文的发文字号由发文年份、发文顺序号两要素构成。如命令(令)、公告、通告等公文的发文字号有时以这种方式标注,如"2018年第6号"。两要素型的发文字号没有发文机关代字,发文机关体现在题目中,如"中华人民共和国财政部公告";年份不再像三要素那样用"〔〕"括起,而是直接用阿拉伯数字加"年"字表示,如"2018年";发文顺序号要加"第"字,如"第18号"。

3. 一要素型

该类型省去了发文机关代字和年份两个要素,只有一个要素:顺序号。如"第88号"。

(三)发文字号的位置

发文字号的位置有三种情况。

1. 在发文机关标志的正下方

下行文的发文字号编排在发文机关标志下空二行位置,居中排布。这是最常用的一种标注方式。

2. 与签发人左右对称

上行文按规定必须标注"签发人"。为了美观,上行文的发文字号要求居左空一字排布,此时右侧对称位置标注签发人,发文字号与最后一个签发人姓名同处一行。

3. 在第一条红色反线下

发文机关在制作公文时有时会使用信函格式。在信函格式中要求把发文字号顶格居版心右边缘编排在第一条红色双线下,与该线的距离为3号汉字高度的7/8。

(四)联合发文时发文字号的标注

联合发文时应使用主办机关的发文字号。既不能把所有发文机关的发文字号都标注上,也不能使用联合编号。比如,财政部与其他几个部委联合发文时,如果财政部是主办机关,其他部委是协办机关,就应当只标注财政部的发文字号。

六、签发人

格式中的签发人是指发文机关的主要负责人(公文处理中的签发人是指发文机关的负责人)。按照规定,上行文应当标注签发人姓名。签发人由"签发人"三字加全角冒号和签发人姓名组成,居右空一字,编排在发文机关标志下空二行位置。

联合发文时,每一个联合发文机关都有一个签发人,都需要标注签发人姓名,主办机关的签发人放在第一位。如有多个签发人,签发人姓名按照发文机关的排列顺序从左到右、自上而下依次均匀编排,一般每行排两个姓名,回行时与上一行第一个签发人姓名对齐。

所有的公文都有签发人,新《条例》要求,公文应当经本机关负责人审批签发,重要公文和上行文由机关主要负责人签发。主要负责人是指机关的正职或主持工作的负责人。下行文和平行文的签发人只在公文定稿时标注(签署)在定稿上或封签上,不出现在正式公文中。只有上行文才在正式公文中标注签发人。在上行文中标注签发人的目的是在上级机关处理公文时及时了解谁对上报的公文事项负责。

"签发人"三字用3号仿宋体字,签发人姓名用3号楷体字。

七、版头中的分隔线

发文字号之下4 mm处居中印一条与版心等宽的红色分隔线。

第三节 主 体

主体部分包括：标题、主送机关、正文、附件说明、发文机关署名、成文日期、印章、附注、附件。

一、标题

标题是公文不可缺少的部分，是对公文主要内容的概括和揭示。公文标题一般由发文机关名称、事由和文种三要素组成，有的文种也可以省略发文机关名称或事由。从语法结构上看，公文标题是由一个偏正词组构成，文种是中心词，发文机关名称和事由是限制成分。标题一般用2号小标宋体字，编排于红色分隔线下空二行位置，分一行或多行居中排布；回行时，要做到词意完整，排列对称，长短适宜，间距恰当，标题排列应当使用梯形或菱形。

（一）公文标题的三要素

1. 发文机关名称

发文机关名称必须是法定的全称或通用的规范化简称。如果是三个或三个以下机关联合发文，可以把所有的发文机关都列上。凡是有红色版头的文件，由于版头中已经标明发文机关的名称，所以标题中也可以省略发文机关。四个或四个以上机关联合发文时，如果把所有发文机关都列上，公文标题势必会很长，因此可以采取省略发文机关或只排列主办机关名称加"等"的解决办法。

2. 事由

事由是对公文内容的高度概括和浓缩，读者从公文的标题即可了解和掌握公文的内容。对事由部分的概括要做到准确、简洁、平实、规范，防止歧义，避免烦琐，力戒冗长。

3. 文种

文种是公文标题三要素中唯一不能省略的要素。文种的使用要做到准确、恰当、规范。

（二）公文标题的四种格式

1. 发文机关名称+事由+文种

这是一种比较完整全面的写法，也称为三要素写法或全称写法。这种写法的好处是能把公文的发文机关、公文的主要内容、公文的性质和作用、公文的文种等要素准确与全面地反映出来。

2. 事由+文种

有正式发文机关标志的公文，标题中一般可以省略发文机关。

3. 发文机关名称+文种

这种写法只有少数几个文种的标题可以使用，如命令（令）、公告、通告等。大部分公文文种的标题不能使用这种写法，如决议、决定、意见、报告、请示、批复、议案、函、纪要等文种的标题均不能省略事由。

4. 只有文种

大部分公文文种的标题不能使用这种写法，这种写法只适用于公告、通告等少数几个文种。

此外，一些日常事务性的公文可以采用新闻式的标题，如总结、调查报告、讲话稿、简报、述职报告等。这类标题形式自由、文字活泼，有的只有一个标题，有的有正副两个标题，其中正标题用来揭示正文的中心内容，副标题则用以说明反映的单位、时间、人物和事件。如《团结一致 迎难而上 再创体育辉煌——中国体育代表团参加第28届奥运会的总结》。

（三）公文标题的排布

标题居中排布在红色分隔线下空两行的位置。许多公文标题字数较多，常常需要多行排布。

1. 词意完整

词意完整指的是标题在回行的情况下，不能把含义完整的词、词组分隔成两行。如：

××市人民政府关于2018年节能
减排工作情况的报告

"节能减排工作"是一个完整的词组，在标题中是不可以把它分隔成两行的，可以改为：

××市人民政府
关于2018年节能减排工作情况的报告

2. 排列对称,长短适宜,间距恰当

公文标题在格式上要强调美观大方,新《格式》中的"排列对称,长短适宜,间距恰当"就是对形式美的具体规定和要求。如果公文标题字数较少,应居中排成一行,两边空出相等的距离,以示鲜明醒目、匀称美观。对于只有两个字的标题如"公告""通告"等,排列时两个字之间要适当空出一定距离,一般以3—5个字为宜,既不能太密集,也不能太松散;如果字数较多,排列一行时左右剩余空间距较小,则应分成两行或三行。

3. 标题排列应当使用梯形或菱形

如果标题字数较多,需要多行排布时,一般应采用上梯形、下梯形或菱形排布。每行字数不能过多,如果左右都顶到版心边缘,会显得非常难看。

(四)公文标题中的标点符号

1. 书名号的使用

(1)标题中如果出现书籍、文章、报刊等名称时,应用书名号。如《关于学习〈邓小平文选〉第三卷的决定》。

(2)在转发或批转法律、法规和规章类公文的标题中经常使用书名号。如《审计署办公厅关于转发〈党政机关公文格式〉国家标准的通知》。

2. 引号的使用

在公文标题中有时会用到引号,以示对某个问题或内容的强调。在遇到缩略语、专有名词、特定称谓时可使用引号。如《国务院批转人事部等部门关于部分专业技术和党政管理干部家属"农转非"问题意见的通知》,其中的"农转非"是"农业户口转为非农业户口"的简称,是缩略语。又如《国务院关于处理"渤海2号"事故的决定》,其中的"渤海2号"属特定称谓,使用时必须用引号注明。其他还有"四有新人""希望工程"等。但像五一、十一等专有名词具有太高的知名度,不用引号也不致产生歧义。

3. 间隔号的使用

含有日、月简称表示事件、节日和其他意义的词组,如果涉及一月、十一月、十二月,应用间隔号"·"将表示日月的数字隔开,并外加引号,以避免歧义。如:"一·二八"(1月28日)事变,如果不加间隔号,读者就分不出是1月28日还是12月8日。还有"一二·九"(12月9日)运动等,均属此类。涉及其他月份时,则不必使用间隔号。

4. 圆括号的使用

在公文标题中有时会用到说明性用语对标题内容进行解释、说明和补充。如"草稿""讨论稿""征求意见稿""试行"等。标题的说明性用语是标题的一部分,使用时应加括号放在标题书名号之内。如《关于废止〈第二批汉字简化方案(草案)〉的请示》《关于贯彻执行省政府第十次全体(扩大)会议精神的通知》。

二、主送机关

主送机关是指公文的主要受理机关,应当使用机关全称、规范化简称或者同类型机关统称。主送机关应编排于标题下空一行位置,居左顶格,回行时仍顶格,最后一个机关名称后标全角冒号。

如主送机关名称过多导致公文首页不能显示正文时,应当将主送机关名称移至版记中。

标注主送机关时应注意以下问题:

(1) 一份公文的主送机关应根据公文的内容需要、发文机关的权限范围等来确定,不可随意而定。如果公文内容是某省政府请求国务院帮助解决某个实际困难和问题,那么这份公文的主送机关只能是国务院;如果某乡镇政府根据工作需要给其上级政府行文,一般情况下,根据权限范围,行文中的主送机关只能是其上级政府——县政府,而不可以是其更上一级政府——市政府。

(2) 所有上行文都必须有主送机关,并且上行文的主送机关一般只能是一个,这样有利于公文的及时办理。上行公文主要有请示、报告、建议性意见等。受双重领导的机关,主送其中一个领导机关的公文,根据需要抄送另一个上级机关。

(3) 下行文的主送机关。单一性下行文的主送机关一般只有一个,如批复,一般是哪个机关请示,批复的主送机关就是哪个机关;普发性下行文的主送机关较多,一般使用统称;一些行文方向不定、没有特指主送机关的公布性公文,如公告、通告及一部分通知、意见,则不写主送机关。

（4）有多个主送机关时,按与公文内容关联度的高低依次排列,与公文内容无关的机关则不必排列,若需要其知道的,则采取抄送的办法;如果主送机关中有级别高低的区别,则按级别高低前后排布;如果主送机关的性质和权限不同,则按党、政、军、群的顺序排列。

（5）主送机关中,同一类别的用顿号分隔,不同类别的用逗号分隔,最后一个主送机关后面加全角冒号。如国务院的普发性下行文的主送机关一般是"各省、自治区、直辖市人民政府,国务院各部委、各直属机构"。其中"各省、自治区、直辖市人民政府"都是地方政府,属于同一类型,用顿号分隔;"国务院各部委、各直属机构"都是国务院的部门和机构,属于同一类型,也用顿号分隔;而"各省、自治区、直辖市人民政府"与"国务院各部委、各直属机构"则不属于同一种类型,应用逗号分隔。

（6）除领导人特别交代的事项,公文一般不主送领导者个人。

三、正文

公文的正文是指公文的主体,用来表述公文的内容。公文首页必须显示正文。一般用3号仿宋体字,编排于主送机关名称下一行,每个自然段左空二字,回行顶格。文中结构层次序数依次可以用"一、""（一）""1.""（1）"标注,一般第一层用黑体字、第二层用楷体字、第三层和第四层用仿宋体字标注。

公文中的数字,除部分结构层次序数和词、词组、惯用语、缩略语、具有修辞色彩语句中作为词素的数字必须使用汉字外,都应当使用阿拉伯数字。

四、附件说明

附件说明是指公文附件的顺序号和名称。公文若有附件,在正文下空一行左空二字编排"附件"二字,后标全角冒号和附件名称。如有多个附件,使用阿拉伯数字标注附件顺序号(如"附件:1.×××××");附件名称后不加标点符号。附件名称较长需回行时,应当与上一行附件名称的首字对齐。

需要注意的是,转发、批转、印发、报送类公文,在其生效标志后附的需要转发、批转、印发、报送的公文内容不是公文的附件,因此不能标注附件说明。

五、发文机关署名

发文机关署名应用发文机关全称或者规范化简称。公文一般以发文机关的名义署名,特殊情况(如命令、议案等文种)需要有签发人签名的,应当写明签发人职务并加盖签发人签名章。发文机关署名应与发文机关标志、标题中的发文机关名称相一致。联合行文时,发文机关署名的顺序应与发文机关标志的排列顺序相一致。

单一机关行文时,如果公文需要加盖印章,一般在成文日期之上、以成文日期为准居中编排发文机关署名;如果公文不需要加盖印章,则在正文(或附件说明)下空一行右空二字编排发文机关署名。

联合行文时,如果公文需要加盖印章,一般将各发文机关署名按照发文机关顺序整齐排列在相应位置(横排);如果公文不需要加盖印章,则应当先编排主办机关署名,其余发文机关署名依次向下编排(纵排)。

六、成文日期

成文日期是公文的生效时间,是公文生效的重要标志。

(一)成文日期确定的原则

经会议讨论通过的公文,以会议正式通过的日期为准;经发文机关负责人签发的公文,以签发日期为准;联合行文,以最后签发的机关负责人签发的日期为准。

(二)成文日期在公文中的标注位置

成文日期在公文中的标注位置有两种:一是常规标注方法,大部分的公文都把成文日期标注在公文正文或附件说明的右下方;二是特殊标注方法,经会议通过的决议、决定等公文,年、月、日均标注在公文标题之下,并用圆括号括起来。

(三)成文日期的标注格式

加盖印章的公文,不管是单一机关制发的公文还是联合行文,成文日期一般都置于正文(或附件说明)之后若干行,用阿拉伯数字居右空四字编排。至于放在多少行之后,是由印章的大小或数量决定的:单一机关行文,要确保印章下压发文机关署名和成文日期,印章顶端距正文(或附件说明)一行之内;联合行文,要确保最后一个印章下压发文机关署名和成文日期,首排印章顶端距正文(或附件说明)一行之内。

不加盖印章的公文,不管是单一机关制发的公文还是联合行文,都是在正文(或附件说明)下空一行右空二字编排发文机关署名,在发文机关署名下一行编排成文日期,成文日期首字比发文机关署名首字右移二字。如果发文机关署名长于成文日期,那么发文机关署名居右空二字编排;如果成文日期长于发文机关署名,应当使成文日期右空二字编排,并相应增加发文机关署名右空字数。

加盖签发人签名章的公文,如果是单一机关制发的公文,一般在签发人签名章下空一行右空四字编排成文日期;如果是联合行文,应在最后一个签发人签名章下空一行右空四字编排成文日期。

(四)成文日期中的数字

用阿拉伯数字将年、月、日标全,年份应标全称,月、日不编虚位(1不编为01)。

七、印章

公文加盖印章是体现公文效力的表现形式,是公文生效的标志,也是鉴定公文真伪的最重要依据。

(一)是否加盖印章的规定

公文中有发文机关署名的,应当加盖发文机关印章,并与署名机关相符。有特定发文机关标志的普发性公文和电报可以不加盖印章就生效。以机关负责人名义制发的公文需要加盖签发人的签名章。

(二)加盖印章的格式要求

单一机关行文时,印章应端正、居中下压发文机关署名和成文日期,使发文机关署名和成文日期居印章中心偏下位置,印章顶端应当上距正文(或附件说明)一行之内。

联合行文时,一般将各发文机关署名按照发文机关顺序整齐排列在相应位置,并将印章——对应且端正、居中下压发文机关署名,最后一个印章端正、居中下压发文机关署名和成文日期(注意:联合发文时,只有最后一个印章与成文日期相交),印章之间排列整齐、互不相交或相切,每排印章两端不得超出版心,首排印章顶端应当上距正文(或附件说明)一行之内。

(三)加盖签发人签名章的格式要求

有些公文需要署签发人的签名章,如议案、命令(令)等。

单一机关制发的公文加盖签发人签名章时,在正文(或附件说明)下空二行右空四字加盖签发人签名章,签名章左空二字标注签发人职务,以签名章为准上下居中排布。在签发人签名章下空一行右空四字编排成文日期。

联合行文时,应当先编排主办机关签发人职务、签名章,其余机关签发人职务、签名章依次向下编排,与主办机关签发人职务、签名章上下对齐;每行只编排一个机关的签发人职务、签名章;签发人职务应当标注全称。

(四)印章的颜色

印章用红色,签名章一般也用红色。

(五)加盖印章的注意事项

(1)不能出现空白印章(印章没有压盖任何文字)。

(2)印章与正文必须同处一面。

(3)当正文之后的空白容不下印章或签发人签名章、成文日期时,一般应采取调整正文行距或字距的措施加以解决。不能采取"此页无正文"的方法加以解决。

八、附注

附注是公文印发传达范围等需要说明的事项,如"此件发至县团级""此件传达至群众"等。如有附注,居左空二字加圆括号编排在成文日期下一行。印发传达范围一般针对下行文和平行文,对上行文不可标注阅读范围。"请示"应当在附注处注明联系人及联系电话。不要把附注理解为是对公文内容的注释或解释。对公文某些概念的解释说明应放在正文之内,采用括注的方式加以解决。

九、附件

附件是公文正文的说明、补充或者参考资料。不管公文的正文部分是否存有空白,也不管空白的行数是多少,附件应当另面编排,并在版记之前,与公文正文一起装订。"附件"二字及附件顺序号用3号黑体字顶格编排在版心左上角第一行。附件标题居中编排在版心第三行。附件顺序号和附件标题应当与附件说明的表述一致。附件的标题以及附件中字、行、段等编排格式与主体部分相应格式要素的要求相同。

如附件与正文不能一起装订,应当在附件左上角第一行顶格编排公文的发文字号并在其后标注"附件"二字及附件顺序号。如"国发〔2018〕68号附件"。

需要注意的是,批转、转发、印发类公文,被批转、转发、印发的公文不能按附件处理,在公文正文中不加"附件说明",直接另面编排,附件中首页也不标注"附件"二字。

第四节 版 记

公文末页首条分隔线以下、末条分隔线以上的部分称为版记。新《格式》规定:

(1)版记置于最后一面,版记的最后一个要素置于最后一行。

(2)版记一定是在偶数页上。假设公文内容很短,即使首页可以放下版记内容,由于公文是双面印刷,版记也必须印在第2页上。

(3)不管公文的篇幅长短,不管版记前面有无空白页,也不管版记前面有多少空白行,版记都要放在最后一面,版记的最后一个要素置于最后一行。

(4)公文如果用A3纸印制,版记也应该放在最后一面。版记前面若无空白页,页码应连续编排;版记前面若有空白页,版记前面的空白页和版记页均不标页码。

公文的版记部分包括:版记中的分隔线、抄送机关、印发机关和印发日期。

一、版记中的分隔线

版记中的分隔线与版心等宽,首条分隔线和末条分隔线用粗线(推荐高度为 0.35 mm),中间的分隔线用细线(推荐高度为 0.25 mm)。首条分隔线位于版记中第一个要素之上,末条分隔线与公文最后一面的版心下边缘重合。

二、抄送机关

抄送机关是指除主送机关外需要执行或者知晓公文内容的其他机关。抄送机关应当使用机关全称、规范化简称或者同类型机关统称。

公文如有抄送机关,一般用 4 号仿宋体字,在印发机关和印发日期之上一行、左右各空一字编排。"抄送"二字后加全角冒号和抄送机关名称,抄送机关的排列顺序与主送机关的排列顺序相同,回行时与冒号后的首字对齐。一般情况下,抄送机关之间用逗号分隔,最后一个抄送机关名称后标句号。

如需把主送机关移至版记,除将"抄送"二字改为"主送"外,编排方法同抄送机关。既有主送机关又有抄送机关时,应当将主送机关置于抄送机关之上一行,它们之间不加分隔线。

三、印发机关和印发日期

印发机关和印发日期分别是指公文的送印机关和送印日期。

印发机关和印发日期一般用 4 号仿宋体字,编排在末条分隔线之上,印发机关左空一字,印发日期右空一字,用阿拉伯数字将年、月、日标全,年份应标全称,月、日不编虚位(1 不编为 01),后加"印发"二字。

版记中如有其他要素,应当将其与印发机关和印发日期用一条细分隔线隔开。

需要注意的问题是:

(1)印发机关不是发文机关。发文机关体现在"发文机关标志"和"发文机关署名"上,而印发机关指的是公文的送印机关或称为公文的印制主管部门,一般应是各机关的办公厅(室)或文秘部门。

(2)印发日期不同于成文日期。印发日期是公文的送印日期。成文日期是领导人签发或会议通过的日期。印发日期和成文日期可以是同一天,也可以晚于成文日期,但印发日期绝不可以早于成文日期。

第五节　公文的表格及页码

一、页码

页码是公文格式的一项要素,是保证公文完整性和有效性的标志。在公文中标注页码,有利于对公文进行查阅、检索与装订。页码一般用4号半角宋体阿拉伯数字,编排在公文版心下边缘之下,数字左右各放一条一字线;一字线上距版心下边缘7 mm。单页码居右空一字,双页码居左空一字。公文的版记页前有空白页的,空白页和版记页均不编排页码。公文的附件与正文一起装订时,页码应当连续编排。

二、公文中的横排表格

在制发公文时,有些公文需要附带表格。如果是竖排表格,与一般文字无异。如果是A4纸型的横排表格,页码位置与公文其他页码保持一致。装订时,单页码表头在订口一边,双页码表头在切口一边。

第六节　公文的特定格式

公文的特定格式是相较于公文的通用格式而言的,是公文通用格式的补充。公文的特定格式主要包括信函格式、命令(令)格式、纪要格式三种。

一、信函格式

在公务活动中,信函格式被各级党政机关、企事业单位、社会团体广泛使用。与公文的通用格式相比较而言,信函格式相对简单,容易操作,多用于平行文,如函、平行通知等。需要强调的是,信函格式是一种特定的公文格式,并不是一种文种,与"函"有本质的区别。

(一) 发文机关标志

信函格式的发文机关标志使用发文机关全称或者规范化简称,不加"文件"二字。如财政部的信函格式的公文,其发文机关标志为"中华人民共和国财政部",而不是"中华人民共和国财政部文件"。信函格式的发文机关标志居中排布,上边缘至上页边为 30 mm,推荐使用红色小标宋体字。联合行文时,使用主办机关标志。

（二）红色双线

发文机关标志下 4 mm 处印一条红色双线（上粗下细）,距下页边 20 mm 处印一条红色双线（上细下粗）,线长均为 170 mm,居中排布。

（三）份号、密级和保密期限、紧急程度的位置

如需标注份号、密级和保密期限、紧急程度,应当顶格居版心左边缘编排在第一条红色双线下,按照份号、密级和保密期限、紧急程度的顺序自上而下分行排列,第一个要素与该线的距离为 3 号汉字高度的 7/8。

（四）发文字号的位置

发文字号顶格居版心右边缘编排在第一条红色双线下,与该线的距离为 3 号汉字高度的 7/8。

（五）标题的位置

标题居中编排,与其上最后一个要素相距二行。

（六）页码

首页不显示页码。

（七）版记

版记不加印发机关和印发日期、分隔线,版记位于公文最后一面版心内最下方。

二、命令（令）格式

为了维护国家政令的权威性和统一性,命令（令）的格式必须全国统一,并且要严格执行。

（一）发文机关标志

命令（令）的发文机关标志由发文机关全称加"命令"或"令"字组成,如"中华人民共和国国务院令"。发文机关标志居中排布,上边缘至版心上边缘

为20 mm,推荐使用红色小标宋体字。

（二）令号

令号是命令(令)的编号,作用等同于发文字号。发文机关标志下空二行居中编排令号,一般采用"第××号"的形式,不加虚位数。如"第1号",不能编为"第01号"。

（三）正文

与通用公文格式不同的是,令号和正文之间没有红色分隔线,令号下空二行编排正文。命令(令)正文的格式与通用公文的格式相同。

（四）签发人职务、签名章和成文日期

签发人职务、签名章和成文日期的编排可参考本书第34页相关内容。

三、纪要格式

纪要标志由"×××××纪要"组成,居中排布,上边缘至版心上边缘为35 mm,推荐使用红色小标宋体字。

标注出席人员名单,一般用3号黑体字,在正文或附件说明下空一行左空二字编排"出席"二字,后标全角冒号,冒号后用3号仿宋体字标注出席人单位、姓名,回行时与冒号后的首字对齐。

标注请假和列席人员名单,除依次另起一行并将"出席"二字改为"请假"或"列席"外,编排方法同出席人员名单。

纪要格式可以根据实际制定。

【练习题】

一、单选题

1. 下列发文字号标注正确的是(　　)。
A. 国发〔2013〕6号　　　　　　B. 国发(2013)6号
C. 国发〔2013年〕第6号　　　　D. 国发〔2013〕06号

2. 关于发文机关标志说法正确的是(　　)。
A. 发文机关标志必须由发文机关全称或者规范化简称加"文件"二字组成

B. 发文机关标志必须使用发文机关全称,不得简化

C. 联合行文时,主办机关应标注在最后面

D. 联合行文时,发文机关标志可以并用联合发文机关名称,也可单独使用主办机关名称

3. 下列关于公文加盖印章说法错误的是(　　)。

A. 印章用红色,签名章一般也用红色

B. 不能出现空白印章(印章没有压盖任何文字)

C. 印章与正文必须同处一面

D. 两个机关联合发文时,两个印章必须与成文日期同时相交

二、多选题

1. 关于公文标题叙述正确的是(　　)。

A. 公文标题的三要素包括发文机关名称、事由和文种

B. 文种是公文标题三要素中唯一不能省略的要素

C. 发文机关名称必须是法定的全称或通用的规范化简称

D. 标题使用3号小标宋体字

2. 2012年7月1日实施的《党政机关公文格式》将版心内的公文格式各要素划分为三部分,这三部分是(　　)。

A. 版头　　　　B. 主体　　　　C. 版末　　　　D. 版记

3. 以下属于版头部分要素的是(　　)。

A. 份号、密级和保密期限　　　　B. 紧急程度、发文机关标志

C. 发文字号、签发人　　　　D. 主送机关、抄送机关

4. 公文的密级分为(　　)。

A. 绝密　　　　B. 机密　　　　C. 秘密　　　　D. 保密

三、判断题

1. 正式公文中,上行文和平行文都应当标注签发人及其姓名。

2. 联合行文时应标注主办机关的发文字号,特殊情况下也可以标注所有发文机关的发文字号。

3. 公文的主送机关是指公文的主要受理机关,应当使用机关全称、规范化简称或者同类型机关统称。

4. 成文日期中的数字一般用简写的汉字标注。

5. 当公文排版后所剩空白处不能容下印章或签发人签名章、成文日期时,可采取调整行距、字距的措施解决。

四、简答题

1. 公文的版头、主体、版记分别包括哪些要素?

2. 概述公文的版头、主体、版记中各要素的格式要求。

3. 命令(令)格式、信函格式、纪要格式与普通公文的格式相比较有何不同?

五、写作题

1. 请你设计一份通用格式的红头文件,把各个要素都包括在内,位置、颜色、字体、字号都要正确。

2. 请你设计一份信函格式的红头文件,把各个要素都包括在内,位置、颜色、字体、字号都要正确。

练习题参考答案

第三章　公文写作概述

 学习重点

公文主要由主旨、材料、结构、语言等要素构成。公文写作是一项综合性的脑力劳动，要写出规范、适用的公文，必须进行整体构思。公文的作者不仅要熟悉和掌握公文的相关知识，而且要善于在实践中积累经验。本章的重点内容是：公文写作的特点；提炼公文主题的原则和方法；材料搜集的方法和选用原则；公文语言的要求和公文的表达方式。学好本章内容，是做好公文起草工作的基础。

第一节　公文写作的特点

公文写作是一项综合性的、较为复杂的工作，同时也是一项比较严肃的工作。公文写作具有以下特点：

（1）被动写作，遵命性强。公文写作是根据形势需要和领导要求进行的被动写作行为。公文写作代表的是发文机关和发文机关负责人的意志，而非自己的意图，具有较强的遵命性。

（2）对象明确，针对性强。公文一般具有明确具体的阅读对象——主送机关和抄送机关等。公文如果没有特定的收文对象，其内容也就失去了特定的针对性。因此，公文写作必须明确收文对象，公文内容应当具有针对性。

（3）决策之作，政策性强。公文是为解决现实问题而写作的，往往是对重大事情作出决策，对即将出现的问题提出解决办法和处理意见。因此，它必须符合党和国家的方针政策，同时又要便于收文机关办理或执行。

（4）急迫之作，时限性强。有些公文由于情况紧急，时间要求相当严格。

因此，公文写作一般是对制定和执行决策及处置措施进行快速反应的活动，要求撰写者才思敏捷、下笔迅速，写得既快又好。当然，并不是所有的公文都需要快写快发，公文写作的时限性还要求适时，即根据公文的缓急程度，在规定时间内完成。

（5）集思广益，群体性强。公文写作应发挥集体优势，集思广益，相互启发，拓宽思路，反复协商，扬长避短。因此，公文写作是群体性的写作活动，公文是集体智慧的结晶。

（6）讲究格式，规范性强。党和国家有关部门对公文的规范化、标准化都做了严格规定。各个发文机关都应当按照规定的格式制发公文，不能另搞一套。

第二节　公文的起草者

公文的起草者是代表机构的意志乃至党和政府的意志而非个人的意志写作的，是一种典型的"受命作文"，因此公文起草者必须具备一定的基本素质和基本能力。

一、公文起草者应具备的基本素质

（一）理论素质

理论素质是公文起草者应具备的最基本的素质。起草者要熟悉马克思主义基本理论以及党和国家的方针政策，并能站在理论的高度来认识和分析问题。因此，公文的起草者必须认真学习党和国家现行的方针政策，努力提高自身的理论水平和政策素养。

（二）知识素质

公文起草者必须加强有关业务知识的学习和积累，了解行业规范和行业用语，同时还要紧跟形势，加强对新知识、新理论的学习和理解。

（三）品德素质

公文起草者应当具备较高的思想政治觉悟和良好的职业道德操守。不仅要始终坚持四项基本原则，认真贯彻党和国家的方针政策，保持对党和国家的忠诚,严守国家机密,而且要有敬业精神和良好的职业道德操守。

二、公文起草者应具备的基本能力

一个人的能力是由多种要素构成的,作为代言身份的公文起草者应具备以下能力:

(一)调查分析能力

调查分析能力是公文起草者的一项重要能力。公文起草者不仅应具有发现新事物、新情况的能力,还要具备透过事物的现象把握其本质的能力;同时要随时掌握单位工作的进展情况,时刻关注党和国家方针政策的落实和实施程度等。总之,公文起草者要有发现问题和分析问题的意识。

(二)信息处理能力

调查是获取材料的过程,通过调查分析获得了大量信息资料,公文起草者还需要对大量的信息进行处理,对材料进行分析和综合,对数据进行加工和整理,以确保材料的真实性、典型性、准确性。公文起草者要学会运用现代信息技术带来的便利,掌握运用电脑和相关软件处理信息的能力,以便能更快捷地处理各种公文信息。

(三)文字表达能力

公文起草者是在准确领会领导意图的基础上,结合党和国家的方针政策要求,用简洁、得体、准确的语言表现出领导意图,同时公文中要有很强的政治意识和政策意识,体现出公文的严肃性和权威性。这就要求公文起草者有较强的文字表达能力,这项能力是起草者在实践中长期锻炼的过程中培养出来的。

(四)把握读者心理的能力

公文起草者必须要有把握读者心理的能力,要有较强的读者意识。在公文写作中,要从读者的心理角度调整自己的写作思路。写公文不看对象、不了解读者特定的阅读心理,写出来的文章就难以获得预期的效果。

(五)准确把握领导人真实意图的能力

公文写作一般是根据领导人的授意来完成的任务,因此具备准确掌握领导人真实意图的能力对起草人来说非常重要。这就要求起草人在工作中要注意研究领导人的正式讲话,注意理解领导人在不同时期、不同场合对同一工作的不同评价,同时也要注意研究领导人在一些非正式场合所做的对于有关问题的议论,善于捕捉领导人意图等。

第三节 公文的主题

主题是公文所要表达的中心思想和基本观点,也是公文写作的出发点,公文的主题一般在文章的撰稿前就已经形成,体现出"意在笔先"的特点。

一、主题的含义

每篇公文都有明确的行文目的和基本观点,这就是公文的主题,又称为公文的主旨。

二、提炼主题的原则、方法

(一)依据领导意图确立主题

公文是起草人根据领导授意起草的,它是领导人意志的体现,准确地领会领导人的思想和精神是把握公文主题的关键。所以,拟写公文必须准确领会领导意图,根据领导意图来确立公文的主题。

(二)立足于社会实践确立主题

公文的材料来源于实践,是从实践中获得的事实、数据等。公文的主题是在丰富材料的基础上经分析、综合、比较和归纳之后形成的。因此,应该立足于社会实践确立公文的主题。

(三)依据工作需要确立主题

公文都是由于实际需要或工作需要而产生的,这种实际需要或工作需要是确立文章主题的依据。

(四)依据政策法规确立主题

公文主要反映的是党和国家及其他社会组织的意志,而这种意志必须符合现行的法律、法规和方针政策,必须与国家的政策法规精神相一致。

三、主题的表现形式

主题的表现形式主要有以下几种：

（一）标题点题

标题点题就是从标题中能够发现文章的主题,利用标题来点题。如《国务院关于在全国建立农村最低生活保障制度的通知》,标题中"在全国建立农村最低生活保障制度"即为文章的主题。可以看出,通过标题来点明主题,主题更为清晰明确、一目了然。

（二）开篇点题

这种表现主题的形式是指通过在正文的开头使用主旨句来点题。在公文中,主旨句通常有固定的结构,如"为了……"。在通知、通报、报告、意见等公文中常采用这种方法点题。

（三）小标题点题

利用小标题的形式点明主题一般在文章涉及内容比较复杂的情况下使用,可以将文章主题分解成几个部分,每个部分用一个小标题的形式来显示。使用这种方法,要注意小标题的排列顺序,要能够体现某种合理的逻辑关系。

（四）篇末点题

篇末点题即在公文正文的结尾处点明文章主题,也被称为卒章显志。

第四节 公文的材料

材料是构成公文的基本要素之一,任何一种写作都离不开材料。公文写作的关键就在于要有丰富的材料。

一、公文材料的含义

所谓材料是一切为作者所感知的,能够激发作者的写作欲望的,具有一定意义的社会现象和文字、符号、资料的总称。公文材料是作者出于撰写目的而搜集和积累的一系列事实、论据、资料等,材料是表现公文主旨的基础和条件。

通常可以将公文材料分为理论材料和事实材料。

（1）理论材料是指引用的有关党和国家的方针、政策,有关的法律、法规、规章以及其他著名的论述、论断等。这些理论材料可以在公文写作中作为文章的背景、依据,增强文章权威性,以便更充分地说明主旨。

（2）事实材料是指公文中引用的数据、事例或其他材料。事实材料主要是通过一些数据、数字或典型事例增强文章的说服力,使得文章言之有物、丰厚实在。

二、搜集材料的方法

（一）观察

观察是认识客观事物的基础,也是搜集材料的重要途径。我们应养成处处留心观察的良好习惯,从而获得大量有价值的、活生生的现实材料,为公文写作奠定基础。

（二）调研

有目的、有计划地开展调查研究是获得各种真实、生动、典型材料的重要方法。有些现实材料,仅仅依靠平时的观察是无法得到的,必须通过有目的、有计划的调研来获取。

（三）阅读

通过观察和调研获得的材料是直接材料。但是,由于人的精力和时间有限,不可能事事都亲自去调研,还必须通过阅读去获取大量有价值的材料。书籍、报刊、网络资源等都是公文材料的重要载体。

三、选用材料的原则

材料的选用包括材料的选择和对材料的使用两部分。选用材料应遵循以下原则:

（一）真实

真实可靠的材料是保证公文权威性和可信度的重要基础。公文写作中使用的材料必须是客观存在、真实可靠的。公文中一旦出现了假材料,就会严重损坏机关单位的形象。

（二）典型

能够揭示事物本质特征的、具有代表性和典型性的材料才能更深刻地表现公文的主题。因此，公文中选用的材料一定要具有典型性。

（三）适用

材料的适用性是指必须根据公文的主题来选择材料，选择的材料必须能够说明公文的基本观点和主张且能够有力地体现主旨。

（四）新颖

新颖的材料往往能够反映时代精神、体现时代脉搏。在公文写作中，只有善于使用新鲜的、富有蓬勃生机的材料，公文才更具有吸引力。

第五节 公文的结构

结构是文章的组织构造，是文章内容的组织安排形式。公文结构是对公文的谋篇布局，是依据内容的需要对层次、段落的安排。有了严密的结构，才能形成一篇完整有序的公文，才能使公文中心突出、层次分明。

一、公文结构的内容

公文结构的基本内容包括：层次与段落，过渡与照应，开头与结尾。

（一）层次与段落

1. 层次

层次是文章结构的基本单位，是作者思路的展开和文章思想内容的表现次序。为了说明公文中的主旨——总观点，需要设立若干个分论点，一般用一个层次表现一个分论点。安排好公文的层次，有助于收文机关准确地理解公文的内容和要求，也有助于其更好地执行公文。

常用的层次安排有以下几种方式：

（1）总分式。总分式是在文章的开头先做总的概括，然后分别进行阐述。在总述部分要总体交代能够揭示事物本质的情况，在分述部分要具体阐述，各分述部分之间属于并列关系。

（2）递进式。递进式是按照逐层深入的方式进行阐述的，各层次之间逐渐深入、层层递进,体现出环环相扣的逻辑关系。

(3)并列式。并列式表示各层次之间互不相属,不存在交叉关系。并列式既体现了各层次的独立性,又从不同角度阐释了文章的主题。

2. 段落

段落就是自然段,是按照文章的层次划分出来的基本单位。它与层次之间既有区别又有联系:层次是对思想内容进行的划分,而段落则着重于文字表达的需要;有时一个自然段就是一个层次,但在多数情况下,层次大于段落,一般由两个或多个段落构成一个层次。确定好层次之后,要安排好段落。段落的安排要注意段落的单一性和完整性,同时还要注意长短的适度性。段落的单一性是指每个段落只能表达一个中心思想,不能把一个完整的思想分散到不同的段落中去。段落的完整性是指每个段落能完整地表达一个意思。段落的适度性是指每段的文字数量要保持适当,不能过长,也不宜过短。

(二)过渡与照应

1. 过渡

过渡是上下文之间、段落与段落之间、层次与层次之间意义和内容的衔接及转换,具有承上启下的作用。常见的过渡形式有三种:词语过渡、句子过渡和过渡段过渡。

(1)用词语过渡。用词语过渡是在意义需要转换的部分,用词语来过渡。常用的承接词有"综上所述""因此""可见""由此可见"等。

(2)用句子过渡。用句子过渡是采用过渡性的句子进行过渡,句子一般带有提示性。如"现提出以下意见""现将有关情况通知如下""为此,特制定以下条例"等。

(3)使用过渡段过渡。这种情况一般发生在篇幅较长的公文中,当需要层次转换时,通常需要一个承上启下的简短的自然段过渡。

2. 照应

照应是前后文之间内容的相互关照与呼应,即前面对有关内容进行提示或暗示,后面对此进行补充或说明,以强化文章内容的前后联系。内容与标题之间、开头与结尾之间、各层次之间都可以形成照应。

(三)开头与结尾

1. 开头

开头是文章的导语部分,是阅读文章的起点,要做到简洁、鲜明,不拖泥带水。

公文的开头部分,常用形式有以下几种:

(1)以揭示缘由或目的的形式开头,又称根据式开头或目的式开头。这种形式多用"根据……""为了……"等短语开头,通常用于部署工作、告知某项事件等的文件。

(2)以表明态度的方式开头。采用"同意""原则同意"或"不同意"等词语开头。如"国务院办公厅同意××部《关于××的意见》,现转发给你们……"等。

(3)以概述情况的方式开头。在开头介绍有关情况,使读者在文章的开头就了解全文的基本内容和主要思想。这类形式多用于报告、总结、纪要等文种中。

(4)以揭示主题的方式开头。在文章开头以简要的文字揭示公文主旨,引起读者的注意并产生阅读兴趣。

(5)以提问的方式开头。以提出问题的方式开头,在文章的开头以提问的方式提出来公文所要回答的问题,引起读者注意。

(6)以引述来文的形式开头。引出来文的日期、标题、文号等情况,有针对性地进行回复,一般用于批复、回复性报告、复函等文种中。

2. 结尾

结尾是文章内容发展的结果,结尾处要做到简洁、有力和得体,方能起到画龙点睛的作用。

以下是公文结尾常采用的几种形式:

(1)以专用词语结尾。一般采用诸如"特此报告""此复"等专用性的词语结尾。

(2)以强调行文目的结尾。以简要文字表示行文的具体要求或行文目的,如"当否,请批复"等。

(3)以说明有关情况结尾。说明一些与公文内容或执行的注意事项来结尾。

(4) 以号召、希望结尾。在结尾处发出号召或提出希望等。

总之,文章的开头和结尾是构成文章整体结构的重要部分,开头和结尾处一定要注意简洁有力,适合文体和表述的需要。

二、公文结构安排的原则

(一) 根据主旨表达的需要安排结构

主旨是对公文内容的集中概括,是文章的灵魂。公文的开头与结尾的分配,层次和段落的划分,过渡和照应的安排,都要紧紧围绕着文章的中心思想即主旨来组织和展开。

(二) 根据文种的特点安排结构

公文的文种很多,公文结构的安排要根据文种的特点展开。比如对于工作报告和总结类的文种,一般先交代工作进展情况,然后介绍工作中存在的问题及打算。而对于如请示、计划类的公文,通常要围绕问题来安排结构,常采用提出问题、分析问题和解决问题的思路来构思文章的结构。

(三) 根据事物的客观规律或内在联系安排结构

客观事物具有内在的联系和一定的发展规律,安排公文的结构时,也可以按照事物发展的规律或按照思维的逻辑规律来构思。结构上呈现出事物发生、存在和发展的规律,能使文章主题的表达更为清晰透彻。

第六节 公文的语言

语言文字是人类交际、交流思想的重要工具,是构成文章的最基本要素。公文语言既要体现准确、庄重、简明、平实、严谨、规范的特点,又要符合现代汉语语法、修辞、逻辑等方面的规范。

一、公文语言的特点和要求

公文语言不同于文学语言,也有别于生活中的口语,公文语言要体现出规范化语言的公文特色。准确、庄重、简明、平实是对公文语言的基本要求。

（一）准确

公文语言的最基本特征是准确贴切，它要求用词准确、表达恰当、句与句之间逻辑关系紧密，使阅读者一看就懂，不致产生误解。准确是公文的生命。

（二）庄重

公文语言必须平实庄重、严肃认真，用朴实的语言表达思想。公文语言不注重辞藻华丽，不追求夸张渲染，只需要将内容真实自然地表达出来。在公文中要体现出权威性和严肃性，要注重使用公文的专有名词和规范性的词语表达。

（三）简明

公文语言必须简洁明快，用尽可能少的文字表达尽可能多的信息，达到言简意赅、词约事丰的目的。在公文写作中要注意开门见山、直陈其事，不说空话、套话。公文中可以多使用规范化简称，但是公文中的简称要合乎规范化的要求：一是要注意约定俗成的用法，比如"中共中央""中纪委""中组部""中宣部"等，可以在公文中直接使用；二是要先全称后简称，只在特定的地域、特定的人群中得到认可和使用的简称，在首次使用时必须用全称，同时注明简称。

（四）平实

平实指语言平直自然、通俗易懂。这要求公文语义明确、用语得体，不装腔作势、哗众取宠，而是追求平淡之中见神奇。公文是办理公务的依据和工具，具有极强的实用性，不需要粉饰做作、废话连篇和故作高深，只需实事求是地反映情况、传递信息，便于受文者一目了然地读懂公文的内容。

二、公文语言的词汇

写作机关公文必须使用规范性的书面词汇，切勿使用口语、方言土语、网络语言和生编硬造的词语。大多数机关工作人员在长期的公文写作实践中摸索和积累了许多相对固定的简洁而又严密的公文常用词汇，在撰写公文时应当充分地使用。

（一）称谓语

称与对方有关的事物常用"你"，如"你省""你部"。在平行文则宜用敬辞"贵",如"贵部""贵局""贵市""贵单位"等。

称与自己有关的事物常用"我""本",如"我省""我部""我局""本公司"等。"本"与"我"有时可通用,但"本"比"我"更具有郑重、严肃的色彩。因此,"本"常在郑重的、正式的场合使用。

公文中间接称呼有关的人或单位时常用"该",如"该同志""该人""该地区""该单位"等。

（二）起首语

批复开头常用"《关于……的请示》(发文字号)收悉",通知常用"为了……""根据……"开头。

（三）承启语

在公文的缘由表述完毕后,常用"现就有关事项通知如下"等领起下文。

（四）结尾语

结尾语是各类公文正式结尾时表收束、强调、祈请等的用语,可用"请结合本地区、本部门实际情况,认真贯彻执行""妥否,请批复""当否,请批示""特此报告""以上意见如无不妥,请批转各地、各有关部门执行"等。

第七节　公文的表达方式

公文有叙述、说明和议论三种表达方式,以说明为主。不同公文,其行文的目的各异,要传达的思想内容不同,这就需要变换多种表达方式。

一、公文中的叙述

（一）叙述的定义

叙述就是把有关人物活动和事情发展的过程交代和表述出来。公文的叙述要求朴实自然、简洁明了。

（二）叙述的类别和方法

1. 叙述的类别

叙述一般可以分为概括叙述(概述)和具体叙述(详述)两种类别。

（1）概括叙述。概述就是用简洁概括的文字将事物的全貌或本质交代清楚,它是一种概括度很高的、接近于抽象概括的叙述。由于公文不同于一般的文学作品,准确、简洁、严肃是其特点,所以公文一般采用概括叙述的表达方式。

（2）具体叙述。详述就是具体地交代人物活动、事件发生发展的全部过程。由于具体叙述往往交代得比较详细,所用的修辞手法特别多,所以不适用于公文写作。

2. 叙述的方法

叙述的方法多种多样,有顺叙、倒叙、插叙、平叙、分叙、补叙等,公文中使用的叙述方法有顺叙、平叙和倒叙。

（1）顺叙。顺叙是指按照事物发生、发展的时间顺序或人物认识的变化过程进行叙述的方法。公文中,在叙述人物经历及事物发生、发展的基本情况时,常采用这种表达手法,如嘉奖令中对某人、某事进行嘉奖时,常采用顺叙的手法。

（2）平叙。平叙是指把具有并列关系的两个或两个以上的人或事物分别进行叙述的方法。但应当注意,平叙在叙述两个或两个以上的人或事物时,必须服从于一个主旨,紧紧围绕一个主旨展开,以便为主旨提供更为可靠的依据。在通报、报告这样的文种中常采用平叙的叙述手法。

（3）倒叙。倒叙是指从后果追溯到前因的记述方法,即先写事情的结局,然后再写事情的发展过程。调查报告、工作总结、简报等经常会使用倒叙方法。

二、公文中的说明

（一）说明的定义

说明是对人物、事件进行介绍和解说的一种表达方式。公文中诸如命令（令）、决定、通知、通告等文种中,有关政策法规、知照事项、具体方法、实施步骤等内容主要靠说明的方法。

（二）说明的常用方法

（1）定义说明。定义说明就是用最简洁的语言说明事物的本质特征。定义说明要求准确、严密,要把定义对象的内涵和外延都交代清楚。

（2）诠释说明。诠释说明是说明对象的特征、功能的一种表达方法。诠释说明不同于定义说明，二者的区别在于定义说明必须揭示事物的本质特征，而诠释说明不必揭示事物的本质特征。

（3）举例说明。举例说明就是通过列举具有代表性的事例的方法将较抽象的事物交代清楚的一种方法。举例说明中特别注重事例的代表性、典型性。

（4）比较说明。比较说明就是运用比较的方法将某一事物的发展变化情况交代清楚的一种方法。比较说明可以用同类事物进行比较，也可以用异类事物进行比较。例如，在一些工作报告中，将今年的生产情况或经济效益与去年的生产情况或经济效益进行对比就是一种典型的比较说明的方法。

（5）引用说明。引用说明就是引用比较有权威的资料来说明事物的有关情况，增强其说服力的方法。

三、公文中的议论

（一）议论的定义

议论是作者对事物进行分析评论，并通过推理证明的方式表明自己的观点和态度的表达方法。

（二）议论的三要素

议论由论点、论据和论证方式构成。

1. 论点

论点是作者对事物进行分析后提出的见解或主张。在公文写作中，主旨一般在开头提出，主旨即为公文的总论点，总论点下可以有多个分论点，每个分论点通常以小标题的形式出现。

2. 论据

论据是证明论点的材料，论据可以分为理论论据和事实论据。理论论据主要是党和国家的方针、路线和政策，以及人们公认的某种权威理论和观点。在公文写作中，特别注重理论论据的应用，尤其是对国家大政方针的准确应用，理论论据的选择也要注意精简和准确。事实论据是通过典型的事例和准确的数据来说明事物、观点或论断的科学性。运用事实论据时，必须注意两点：一是事实和数据的可靠性，二是事实的典型性。

3. 论证方式

论点和论据之间的逻辑推导方式是议论文的论证方式。这种论证方式有三种情况：一是归纳论证，二是演绎论证，三是类比论证。议论过程中采用何种论证方式，可以依文种表述的需要进行选择。

（三）议论的论证方法

1. 例证法

例证法是通过典型具体的事例或数据论证论点的方法。举例论证中要注意例子的典型性，对于典型事例的介绍应当简洁、概括，不能拖沓。

2. 引证法

引证法是通过权威性的论述作为论据证明论点的方法。在公文写作中，常常要根据国家的大政方针制发某种公文。

3. 因果法

因果法是通过事物的前因后果来证明论点的方法。因果论证法能够深入地剖析事物的成因，并阐释由此带来的结果，这种论证方法更具有科学性和说服力。

4. 对比法

对比法是通过将两种事物进行对比得出结论，以此证明论点的方法。通过对比的方法，更能直观地体现事物的变化情况。

在运用议论的表达方式时，要切实做到论点正确、鲜明，论据充分、翔实，论证规范、有力。

【练习题】

一、单选题

1. 以下不属于公文写作特点的是（　　）。
   A. 被动写作，遵命性强　　　　B. 讲究艺术，欣赏性强
   C. 决策之作，政策性强　　　　D. 急迫之作，时限性强

2. 以下不属于公文写作特点的是（　　）。
   A. 集思广益，群体性强　　　　B. 讲究格式，规范性强
   C. 对象明确，针对性强　　　　D. 语言精美，文学性强

3. "我市 2019 年大棚蔬菜种植面积为 20.6 万亩,大棚蔬菜产量 43 万吨,与 2015 年相比,大棚蔬菜的种植面积增长了 198%,蔬菜产量提高了 16%。"该段话的表达方式是(　　)。

　　A. 说明　　　　B. 叙述　　　　C. 议论　　　　D. 夸张

二、多选题

1. 在公文写作中,常用的表达方式有(　　)。

　　A. 说明　　　　B. 叙述　　　　C. 议论　　　　D. 夸张

2. 公文写作的一般步骤主要有(　　)。

　　A. 明确发文主旨　　　　　　B. 搜集有关材料
　　C. 拟出写作提纲　　　　　　D. 认真起草修改

三、判断题

1. 公文写作必须明确收文对象,公文内容应当具有针对性。
2. 写作公文应做到结构严谨、语言精当、行文规范。
3. 公文材料的搜集方法有观察、调研、阅读、想象。
4. 真实、典型、适用、新颖,是选择公文材料的原则和标准。
5. 准确、庄重、简明、平实是对公文语言的基本要求。

四、简答题

1. 公文结构有哪些内容?如何安排公文的结构?
2. 公文的语言有哪些特点?
3. 公文的表达方式主要有几种?它们分别有哪些要求?

练习题参考答案

第四章　报请类公文

 学习重点

报请类公文是下级机关向上级机关汇报工作、反映情况、请示问题或请求批准时制发的公文。在日常公务活动中，我们常常需要向上级机关汇报工作、反映情况或者答复上级机关的询问，请求上级批准或指示；各级人民政府也需要按照法律程序向同级人民代表大会或人民代表大会常务委员会提请审议事项。这时就需要使用请示、报告、议案等报请类公文来达成公务活动的目的。

请示、报告、议案都是应用非常广泛的文种。通过本章的学习，了解请示、报告、议案的适用范围和特点，重点把握它们的写作方法和注意事项；同时还要明确请示和报告的区别，区分请示、报告的不同类型，理解议案在行文关系上的特点。

报请类公文属于上行文，是下级机关向上级汇报工作、反映情况、答复询问、请求指示或批准时使用的文种，也是各级人民政府按照法律程序向同级人民代表大会或人民代表大会常务委员会提请审议事项时所采用的文种，主要有请示、报告、议案。

第一节　请　示

一、请示的适用范围

请示适用于向上级机关请求指示和批准。

二、请示的特点

（一）单一性

请示的单一性主要体现在三个方面：一是行文方向单一，又称行文的单向性，请示只有下级机关向上级机关或被指导机关向指导机关请求指示、批准时才能使用，平行机关或不相隶属机关之间行文不能使用；二是主送机关单一，原则上请示只能主送一个上级机关，不能多头主送；三是内容单一，请示应当一文一事，不可以把两件及两件以上的事项放在一份请示中。

（二）事前性

行文的事前性是指请示应当遵循事前行文的原则，事前行文不仅是对上级的尊重，更是上级机关对重大事项的把关，避免出现重大失误。

（三）期复性

请示是希望在一定时间内得到上级机关答复或指示的文种，因此，请示发出后，上级机关无论同意与否，都须予以答复，这是请示期复性的表现。期复性也是请示与报告这两种文种的重要区别。

三、请示的分类

根据内容、性质的不同，请示可以分为以下几类：

（一）请求指示类的请示

这类请示是下级机关针对工作中遇到无权解决或无力解决但必须面对的情况时，向上级机关说明有关情况，并请求上级机关给予答复或给出明确的处理意见的文种。例如，下级机关对上级机关的法规、政策有不理解之处，需要上级机关给予解释和说明；本单位遇到新情况、新问题，在有关的方针、政策、规章以及上级的文件中，找不到相应的处理依据、无章可循、不知如何解决等，都需要请示上级给予指示。

（二）请求批准类的请示

这类请示多是下级机关遇到以下事项时须向上级机关提出请示批准的文种：依据管理权限或有关规定，下级机关制定的规划、规定、方案等，需要上级机关的批准才能发布实行；下级机关希望或打算做某件事情，如重大项目立项、参加大型外事活动、机构设置与变革、重要人事任免等,需要请示上级并得到上级的批准后才能实施。因此,在行文中,下级必须把要批准的事项阐释清楚,必要时可以采用附件的形式,提供有关事项的完备材料。

(三) 请求帮助类的请示

这类请示多是下级机关在具体工作中遇到人、财、物方面的困难,自己因权限和能力所限无法解决,提出方案请求上级帮助解决的文种。例如,请求审批某个项目并拨付资金和物资等。

四、请示的写法

请示由标题、主送机关、正文、发文机关署名与成文日期组成。

(一) 标题

请示的标题有两种写法:

一是"发文机关名称+事由+文种"的写法,如《××部关于增加选举工作干部编制名额的请示》;二是"事由+文种"的写法,如《关于增加基建经费的请示》。

(二) 主送机关

请示中只能标明一个主送机关。受双重领导的机关向上级请示时,应根据上级的职责和请示事项的要求,主送负责答复请示的上级机关,根据需要抄送另一个上级机关。

(三) 正文

请示的正文一般由请示原因、请示事项和结语三部分组成。

1. 请示原因

之所以写请示,一定是事出有因,因此,在请示的开头部分,应先提出请示什么、为什么要请示、请示的依据是什么。请示的原因部分要做到准确、充分、简洁、明晰。如请求批准类请示的理由部分要重点强调遇到的困难的严重程度,以及上级帮助解决困难的必要性。讲困难程度要用具体数字说话,不能使用笼统的语言。讲困难程度还要实事求是,不能言过其实,随意夸大。

而对一些重大立项项目的请示,则需要重点强调该项目的必要性和可行性。必要性包括项目如何必要、如何迫切,以及该项目建成后将会带来怎样的社会效益和经济效益等。可行性包括地理条件、资源条件、社会条件、国家政策、资金来源等方面的保障。

2. 请示事项

请示事项是请示正文的主体部分,是要求上级机关给予指示、批准的事项或问题。在写这部分内容时,一般应简要说明所请示问题或事项的基本情况,多数情况下需要提出解决问题的初步方案或倾向性意见,供上级来定夺。如请求帮助解决问题的请示,请求事项部分要准确、明晰、简洁,明确说明在哪些方面需要帮助,以及需要帮助事项的数量、帮助方式等。

3. 结语

结语一般在请示事项之后,另起一行,常采用模式化的结语形式。如"当否,请批复""妥否,请批复""当否,请指示""妥否,请指示"等。

(四)发文机关署名与成文日期

请示的落款应标明请示单位名称,并规范用印,单位名称应使用全称或规范性简称。请示的成文日期要用阿拉伯数字标明年、月、日。

五、请示写作的注意事项

(一)一文一事原则

一份请示只能就一件事项或一个问题进行请示,切忌一文多事。如果有多件事项需要向上级请示,应写多份请示,绝不可以把多项请示放在同一份请示中。如有的下级机关以"关于××等问题的请示"行文,形成一文多事,是不允许的。

(二)单头请示原则

一件请示文件只送一个上级机关,不能多头请示。受双重领导的机关在报送请示时可根据请示内容需要确认一个为主送机关、一个为抄送机关。同时注意请示不能抄送下级机关。

（三）逐级请示原则

一般情况下不得越级请示，如因特殊情况需要越级请示时，在越级请示的同时抄送被越过的机关。此外，请示一般不直接送领导者个人。

（四）确有必要才请示原则

请示必须就本单位无力解决或无权处理的事项向上级请示，而在本单位职权范围内的、部门之间可协商解决的事项不必请示。

（五）理由充分、合理的原则

请示要有理有据，否则难以获得上级批准。因此在请示的理由部分要摆情况、述原因，以突出解决问题的必要性、重要性和迫切性。

 范文一：请求指示类请示

关于解决"总会计师"既是行政职务又是技术职称问题的请示

财政部：

国务院××××年发布的《会计人员职权条例》（国发〔××××〕××号）通知规定，会计人员技术职称分为总会计师、会计师、助理会计师、会计员四种；其中"总会计师"既是行政职务，又作为技术职称。在执行中，工厂总会计师按《条例》规定，负责全厂的财务会计事宜。可是每个工厂，尤其大工厂，授予总会计师职称的人有四五人，究竟由哪一位负责全厂的财务会计事宜？执行总会计师的职责与权限是什么？针对这些问题，我们认为宜将行政职务与技术职称分开：总会计师为行政职务，不再作为技术职称；比照最近国务院颁发的《工程技术干部技术职称暂行规定》，将《条例》第五章规定的会计人员职称的"总会计师"改为"高级会计师"。

妥否，请指示。

××省财政厅
××××年×月×日

范文二：请求批准类请示

××市税务局关于新建××区税务局附属用房项目的请示

××省税务局：

  我局下辖××区税务局综合业务办公用房位于××市××新区××路612号，建成于2017年10月，投资总额2190万元，建筑面积5959平方米，现办公楼内有区局机关、一分局（含办税服务厅）、二分局、七分局、稽查局五个机构进驻，编制人数共计120人，实际人数150多人，车辆编制15辆。

  该综合办公用房是2015年规划设计的，受当时办公设施整体设计的限制，没有建设专门的停车场，也无地下车库。现办公楼前小片空地作临时停车用。该空地能停车15辆左右，随着近几年来公务车辆、职工私家车以及前来办税车辆的日益增多，停车难的矛盾越来越突出。经常发生磕碰剐蹭事故，引发争执；由于公务车辆都是露天停放，日晒雨淋，造成车辆老化损坏加剧，车辆使用维护成本增加。

  另外，该局综合办公楼中没有一个大型会议室，一些综合型的会议都需到外单位租用会场，并且没有职工食堂，职工用餐系在马路对面的交通局食堂代伙，既不方便，也不经济。经××区税务局局长办公会研究，计划在办公楼北面建附属用房三层，其中一层为车库，二层为食堂，三层为会议室、老干部活动室及后勤服务保障用房，建筑面积2600平方米，工程计划总投资680万元，来源为中财拨款。预计建设工期2年，2020年一季度开工，2021年年底竣工。

  该项目建设后，将极大地缓解停车难、无综合会议室的矛盾，改善职工工作条件，和谐征纳关系，提高服务水平，更好地为纳税人服务。该项目不需要征地，无拆迁费用，能够以较小的投入取得较高的效益。××区税务局拟建项目，经我局局长办公会议研究，同意上报××区税务局附属用房新建项目，计划总投资680万元，建筑面积2600平方米。现申请予以立项。

  特此请示。

××市税务局
2019年4月25日

范文三：请求帮助类请示

××省人民政府关于请求帮助解决
××半岛严重干旱缺水问题的请示

国务院：

  自××××年9月以来，我省降雨明显偏少，旱情持续发展，给全省的工农业生产和城乡人民生活造成严重困难。特别是××半岛的A、B两市旱情尤为严重。20多个月的时间内，A、B两市累计平均降雨量分别只有443毫米、448毫米。B市受旱面积一度达到470万亩，占农作物播种面积的80%，A市280万亩农作物全部受旱。同时，由于长时间无有效降雨，河道断流、干枯，水利工程蓄水不断减少，尽管多数大中型水库停止了农业灌溉用水，仍有12个县（市、区）出现用水紧张。据分析，此次两市气象干旱可以说是五百年一遇。

  进入今年汛期后，尽管全省先后有几次较大的降雨过程，大部地区旱情解除，但A、B两市降雨明显偏少，旱情仍持续发展，城乡供水紧张的局面进一步加剧。目前，A市主要水源××水库（库容1.3亿立方米）可利用水量只有1000万立方米，在日正常供水22万立方米压缩到17万立方米的情况下，也只能再维持两个月。B市市区主要水源××等几座水库目前蓄水量只有867万立方米，其中死库容360万立方米，包括抽取死库容在内，可供水只有700万立方米，只能维持到8月底。所属A市的A1、A2、A3三城区目前的水源也只能维持到9月下旬。目前B市有110万人，A市有94万人饮水困难。

  面对持续干旱，两市提前加强现有水源调度，强化节约用水，寻找新的水源，采取综合措施，力争度过水荒。目前两市已基本放弃农业供水，有限的水源只能重点保证城市饮用水，并实施限量供水措施，两市区分别于6月初开始控制居民用水量，每人每月限量2立方米，每超用1立方米水，A市加收10元，B市加收40元。对发电厂等大部分企业及宾馆、餐饮业等也严格实行限量供水。下一步两市将冒着海水倒灌的危险，准备着手启用已封多年的备用水源井并增打深水井，迫不得已开采地下水以保生活用水。

  ××半岛本身属严重资源性缺水地区，区内基本无客水资源，年平均水资源总量为98亿立方米，人均占有量412立方米，仅相当于全国平均占有量的15.4%,在全国也属少数几个水资源最贫乏的地区之一。自1980年以来,A市连年干旱,半岛地区尤为严重,大部分地区近10年平均降水量较多年平均值偏少30%以上,半岛北部偏少50%以上,几乎所有河道常年干涸。

近年来,半岛地区国民经济发展迅速,万吨水工业产值A市达到667元,B市更是达到了1250元,位于全国前列。与此同时,各方面需水量大增,水资源供需矛盾更加突出,按现状水平测算,一般年份缺水30亿立方米,严重干旱年份缺水达到70亿立方米。从目前情况看,当地水资源贫乏和没有客水接济是半岛地区现有供水量不足的主要矛盾。半岛地区是我省节水工作开展最普遍的地区,下一步节水潜力不大。要从根本上解决半岛地区水资源严重短缺的问题,除了实施当地水资源的开源与节流、兴建区域间水源调配工程等措施外,最主要的是尽早兴建跨流域骨干调水工程。

鉴于当前半岛地区面临的供水危机以及长远的水资源紧缺局面,恳请国家帮助解决以下问题:一是应急供水问题。目前两市都已制订了应急供水计划,并正在逐步实施。鉴于半岛地区在长期抗旱中人、财、物力消耗巨大,恳请国家支援我省特大抗旱经费5000万元,以解决A、B等地的应急供水问题。二是应急调水工程。在短期内将黄河水尽快调入××半岛,工程量土石方2681万立方米,泵站、涵闸、公路桥等主要建筑物56座,总投资26.8亿元,请国家给予支持。三是尽快实施南水北调东线工程,进一步缓解××半岛地区的水资源紧缺局面。

当否,请批复。

××省人民政府
××××年×月×日

第二节　报　告

一、报告的适用范围

报告适用于向上级机关汇报工作、反映情况,回复上级机关的询问。

二、报告的特点

（一）陈述性

报告是下级机关向上级机关汇报工作或反映情况、答复询问的文件，因此，所表达的内容和语言必须采用陈述性的。比如在向上级汇报情况时，要把做了什么工作、怎样做的这些工作、取得了哪些成绩、存在的不足等都要叙述清楚，同时要做到准确无误。

（二）单向性

报告是上行文，行文方向单一，不能用于下行文和平行文。

（三）事后性

请示应事前请示，而报告则是在事后，即所谓的"事前请示，事后报告"。多数报告都是在某项工作结束或已开展了一段时间之后向上级做出的汇报，因此，事后性在报告中是非常明显的。

三、报告的分类

根据报告的内容，可以将报告划分为以下几种类型：

（一）工作报告

工作报告是用于总结工作经验，并向上级机关汇报工作进展情况的文件。下级机关要把本机关各项工作的开展情况经常地汇报给上级机关，这样不仅有利于密切上下级的联系，而且有利于得到上级的理解和支持。工作报告又可分为综合性工作报告和专题性工作报告。综合性工作报告涉及面宽，反映本机关的全面情况，以便上级机关了解全局。而专题性工作报告涉及面窄，是只针对某一方面的工作或者某一项具体工作进行的汇报，一专题一报。如《××县人民政府2018年工作报告》属于综合性工作报告，而《行政机关关于技术革新工作的报告》就属于专题性工作报告。

（二）情况报告

情况报告的目的是向上级机关反映有关情况，这些情况是下级机关在工作中遇到的重大问题或特殊事件,通过报告,让上级机关及时了解这些情况和问题。如果隐情不报,则是一种失职的表现。

(三)答复报告

答复报告属于一种被动行文,是答复上级机关询问的报告。这种报告具有很强的针对性,即上级询问什么,就答复什么。对待上级的答复,一定要做到慎重,如不了解情况,必须要经过深入的调查研究后再答复。

(四)报送报告

这是向上级报送文件、物件时所使用的报告。这种报告正文通常非常简略,只需三言两语说明报送的名称、数量、质量、目的即可,如写明"现将××报上,请指正(请查收)"即可。

四、报告的写法

报告的基本结构是由标题、主送机关、正文、发文机关署名与成文日期构成的。

(一)标题

报告的标题有两种写法:一是"发文机关名称+事由+文种"的写法,如《团市委关于基层团组织建设情况的工作报告》;二是"事由+文种"的写法,如《财政预算执行情况和财政预算(草案)的报告》。

(二)主送机关

报告是上行文,一般只有一个主送机关。受双重领导的机关向其中一个上级机关汇报工作时,可根据需要抄送另一个上级机关。

(三)正文

报告的正文包括缘由、主体和结语三部分。

1. 缘由

要说明为什么要写报告,是为了答复领导的询问,还是定期向领导汇报情况。当然,报告开头部分也可以简单介绍报告的背景或依据,或者可以根据实际情况灵活处理。

2. 主体

这是报告正文的核心部分,主要写工作情况及遇到的问题,并提出进一步开展工作的意见。

3. 结语

报告的结语一般比较简单,多采用模式化的语言,大致写法是:"特此报告""以上报告,请审阅"等。

(四)发文机关署名与成文日期

按照要求写明发文机关名称并加盖发文机关印章。同时,用阿拉伯数字标明年、月、日。

五、报告写作的注意事项

(一)中心明确、重点突出

写报告时要做到中心明确、重点突出。报告的重点是下级机关在一定时期内的中心工作或是亟须解决的问题。

(二)实事求是

下级机关向上级机关反映情况或问题时,要做到实事求是,既不能夸大成绩,也不能掩饰错误或问题。

(三)报告中不能夹带请示事项

(四)注意工作报告、情况报告和答复性报告的区别

工作报告一般是向上级反映常规性的工作。情况报告往往汇报的是偶发或突发事件。答复性报告要紧紧围绕上级机关提出的问题做出回答,不能答非所问。

(五)注意请示与报告的区别

1. 请求事项不同

请示必须一文一事,不能一文多事;而报告可以一文一事,也可以一文多事。

2. 行文时机不同

请示必须在事前行文,得到上级机关答复后才可付诸实施,具有事前性;而报告一般在事后行文,也可在工作进行中行文,但一般不在事前行文。

3. 行文内容、目的不同

从内容上看,请示是下级机关向上级机关请求指示和批准,具有请求的

性质;而报告主要是下级机关向上级机关汇报工作,反映情况或答复上级机关的询问等,具有陈述的性质。从目的上看,请示的行文目的是请求上级批准,解决某个具体问题,要求作出明确答复;报告则是使上级了解情况,不需要批复。

范文一:情况报告

国务院关于国家财政教育资金分配和使用情况的报告
——2017年12月23日在第十二届全国人民代表大会
常务委员会第三十一次会议上
财政部部长　肖　捷

全国人民代表大会常务委员会:

受国务院委托,我向全国人大常委会报告国家财政教育资金分配和使用情况,请审议。

一、近年来财政教育资金投入和使用的基本情况

教育是提高人民综合素质、促进人的全面发展的重要途径,是民族振兴、社会进步的重要基石,是对中华民族伟大复兴具有决定性意义的事业。党中央、全国人大、国务院历来高度重视教育工作,特别是党的十八大以来,在以习近平同志为核心的党中央坚强领导下,紧密结合形势发展变化,明确教育工作的大政方针、目标任务和政策措施,修订教育相关法律法规,指引我国教育的改革发展。教育投入是支撑国家长远发展的基础性、战略性投资,是教育事业的物质基础,是公共财政的重要职能。按照党中央、国务院决策部署和全国人大有关要求,中央财政和地方财政把教育摆在优先发展的战略位置,重点投入,优先保障,并强化资金使用管理,提高资金使用效益。

(一)健全完善教育投入体制机制。(略)

(二)不断加大财政教育投入。(略)

(三)优化教育经费结构。(略)

(四)支持教育事业优先发展取得显著成效。(略)

二、加强财政教育资金管理的主要措施和目前存在的主要问题

按照党中央、国务院关于严肃财经纪律、加强财政教育资金使用管理的有关要求,近年来,财政部会同各地区和教育部等相关部门,认真落实预算法、教育法等法律法规,坚持依法理财、科学理财、民主理财,积极采取措施加强财政教育资金管理,着力提高资金分配使用的科学性、规范性和有效性。

(一)加强制度建设。(略)

(二)强化预算管理。(略)

(三)规范资金分配管理。(略)

(四)开展绩效管理。(略)

(五)加强监督检查。(略)

(六)推进教育信息化建设。(略)

总的来看,当前我国教育资金投入使用呈现出机制逐步健全、总量持续增长、结构调整优化、效益不断显现的较好态势,但与此同时,财政教育工作中还存在一些问题和不足,也面临不少挑战,主要是:教育发展存在不平衡不充分的问题,城乡区域之间教育差距仍然较大,农村教育有待进一步加强,教师队伍建设尚需强化,需要优化支出结构、加大投入和支持力度;一些深层次的教育体制机制问题需要系统破解,教育领域中央与地方财政事权和支出责任划分以及转移支付制度也尚需改革完善;政府投入为主、多渠道筹集教育经费的体制还不够健全,财政教育投入机制有待按照标准科学等要求进一步完善,并逐步实现规范化和法治化,社会力量兴办教育事业的潜力尚未充分发挥;财政管理仍需加强,有的地方和学校重投入、轻管理、轻绩效,存在损失浪费、违法违纪等问题。对此,需要在下一步工作中着力加以解决。

三、下一步工作打算

党的十九大对于决胜全面建成小康社会、夺取新时代中国特色社会主义伟大胜利、实现中华民族伟大复兴的中国梦具有十分重要的意义。十九大报告指出,建设教育强国是中华民族伟大复兴的基础工程,必须把教育事业放在优先位置,深化教育改革,加快教育现代化,办好人民满意的教育。这一重大论述为教育事业的改革发展和财政教育工作指明了前进方向,提供了根本遵循。下一步,要高举中国特色社会主义伟大旗帜,全面贯彻党的十九大精神,坚持以习近平新时代中国特色社会主义思想为指导,牢固树立政治意识、大局意识、核心意识、看齐意识,坚持新发展理念,全面贯彻党的教育方针,认真落实党中央、国务院决策部署和全国人大要求,坚持稳中求进工作总基调,统筹推进"五位一体"总体布局和协调推进"四个全面"战略布局,坚持以人民为中心的发展思想,遵循教育规律,积极发挥财政职能作用,继续加大财政教育投入,坚持坚守底线、突出重点、完善制度、引导预期,坚持加大投入与推进改革、建立机制、加强管理、提高绩效相结合,积极推动解决教育发展不平衡不充分的问题,深化教育改革,加快教育现代化,办好人民满意的教育,建设教育强国,为决胜全面建成小康社会、夺取新时代中国特色社会主义伟大胜利、实现中华民族伟大复兴的中国梦、实现人民对美好生活的向往作出积极贡献。

(一)坚持优先发展,继续把教育作为财政投入的重点领域予以保障,着力完善教育投入稳定增长的长效机制。(略)

(二)坚持突出重点,优化财政教育支出结构,着力打赢教育脱贫攻坚战。(略)

(三)坚持深化改革,加大财政支持力度,着力破除制约教育科学发展的体制机制障碍。(略)

(四)坚持依法理财,加强资金管理,着力提高资金使用绩效。(略)

委员长、各位副委员长、秘书长、各位委员,长期以来,全国人大常委会对财政教育工作高度重视,给予了大力支持和悉心指导,提出了许多宝贵的意见建议。全国人大常委会开展了义务教育法、职业教育法等执法检查,张德江委员长还亲自担任职业教育法执法检查组组长。全国人大常委会预算工作委员会多次听取财政部关于财政教育预算安排情况和财政教育资金使用管理情况的汇报。此次全国人大常委会又专门听取和审议国务院关于国家财政教育资金分配和使用情况的报告,进一步体现了对财政教育工作的高度重视,必将有力推动财政教育工作和教育事业改革发展,在此表示衷心的感谢!我们将认真贯彻落实党的十九大精神,以习近平新时代中国特色社会主义思想为指导,按照全国人大常委会的审议意见,切实改进和加强财政教育工作,努力在学有所教上不断取得新进展,进一步增强人民群众对教育改革发展的获得感。

 范文二:答复报告

××县人民政府关于我县乡村治理工作情况的报告

××市政府:

根据《××市政府关于汇报2017—2018年度乡村治理工作情况的通知》(×政发〔2018〕28号)要求,现将我县乡村治理工作情况报告如下:

2017年5月27日市政府印发了《关于进一步做好乡村治理工作的通知》(×政发〔2017〕36号),我市根据通知的精神,成立了××县乡村治理工作办公室,在全县范围内开展了轰轰烈烈的乡村治理工作……

特此报告。

××县人民政府
2019年1月7日

 范文三:报送类报告

××市人民政府
关于报送《××市社会管理创新综合试点实施方案》的报告

省政府:

按照《关于认真贯彻落实省委主要领导指示精神以社区管理促进社会管理的通知》(×政发〔2018〕127号)要求,经市政府研究,结合我市实际,制定了《××市社会管理创新综合试点实施方案》,现呈报于后。

××市人民政府
2019年2月20日

第三节　议　案

一、议案的适用范围

议案适用于各级人民政府按照法律程序向同级人民代表大会或者人民代表大会常务委员会提请审议事项。党群各级机关不使用此文种。

二、议案的特点

（一）行文关系的限定性

议案的收发机关都是限定的,议案只能是各级人民政府向同级人民代表大会及其常务委员会制发。

（二）行文内容的单一性

拟写议案的时候要遵循"一文一案"的原则,不得将两件或多件不同的事项写入同一议案。

（三）办理程序的法定性

议案的提出、审议和通过都要根据法定的程序。议案在未审议通过之前,即使有较强的可行性,也不具有任何效力;只有审议通过后,才能转化成有法定效力的文件,有关方面才能遵照执行。

（四）结果的期复性

议案经同级人民代表大会或常务委员会受理后,必须给予处理和答复,这就是议案期复性的表现。

三、议案的分类

议案从结构上划分为两种:一是直接提交人大审议的议案,如《国务院关于提请审议兴建长江三峡工程的议案》;二是报送审议的议案,由审议报送文和审议件两部分组成,如《国务院关于提请审议〈中华人民共和国个人所得税法修正案(草案)〉的议案》,其中《中华人民共和国个人所得税法修正案(草案)》就是审议件。

根据议案用途的不同,可以将议案划分为四种类型。

(一)立法议案

立法类议案主要有两种:一是政府机构制定了某项重要的条例、规定、办法后提请人大审议通过的议案,如《国务院关于提请审议〈中华人民共和国个人所得税法修正案(草案)〉的议案》;二是建议、请求人大或相关部门制定某项法规的议案,如《关于尽快制定我省普及九年制义务教育实施条例的议案》。

(二)重大事项议案

关于城乡发展规划、重大工程上马、财政预决算、重要机构增减合并,以及政治、经济、文化、教育、卫生等各领域的重大事项,需要提请人民代表大会或其常务委员会审议批准时使用的议案,称作重大事项议案。如《国务院关于提请审议国务院机构改革方案的议案》。

(三)任免议案

任免议案指国务院或地方各级人民政府向同级的人民代表大会或其常务委员会提请任免相应级别国家公职人员职务的议案。如《国务院关于提请审议××同志职务任免的议案》。

(四)外交议案

我国政府与其他国家和地区签署有关国际条约或准备加入某国际公约、条约时,应当由国务院写出议案,提请全国人民代表大会或其常务委员会审议批准。

四、议案的写法

议案是由标题、主送机关、正文、发文机关署名与成文日期组成。

(一)标题

议案的标题一般采用完整的结构,即由"发文机关名称+事由+文种"构成,注意在标题中要出现"提请审议"的字样,如《国务院关于提请审议国务院机构改革方案的议案》。

（二）主送机关

议案的主送机关有两种情况：一是同级的人民代表大会；二是同级的人民代表大会常务委员会。

（三）正文

议案的正文主要由案由、议案事项和结语组成。

1. 案由

在议案的开头部分，阐述提出议案的原因、根据和目的，要清晰明了。

2. 议案事项

议案事项即议案所提出审议的具体事项，主要是涉及重要事项的立案、立法案、选举案、罢免案、预决算案等。

3. 结语

结语部分的内容多采用一些模式化的语言，如"以上议案，请审议""请审议"等。

（四）发文机关署名与成文日期

按照要求写明发文机关名称并加盖发文机关印章，同时标明成文日期，要用阿拉伯数字标明年、月、日。

五、议案的注意事项

（1）议案必须符合本级人大职权范围内的事项，如果某一事项的审议在人民代表大会或人民代表大会常务委员会职权范围内，就必须提请审议；如果在政府职权范围内，就没必要申请。

（2）议案的提交或提请必须在大会规定的时间内，超出这一时间，就无法在会议中审议了。

（3）议案的内容要特别注意可行性；同时，要符合国家和人民利益的需要，符合现行法律、法规和政策。

范文一：重大事项议案

国务院关于提请审议国务院机构改革方案的议案

全国人民代表大会：

　　中国共产党第十九届全国代表大会明确要求深化机构和行政体制改革。党的十九届三中全会审议通过了《深化党和国家机构改革方案》，同意将其中涉及国务院机构改革的内容提交第十三届全国人民代表大会第一次会议审议。现将根据《深化党和国家机构改革方案》形成的《国务院机构改革方案》提请第十三届全国人民代表大会第一次会议审议。

国务院总理　　李克强
2018 年 3 月 9 日

 范文二：任免议案

关于提请审议任命×××为××省副省长的议案

××省人大常务委员会：

　　根据《中华人民共和国地方各级人民代表大会和地方各级人民政府组织法》有关规定，现提请任命×××为××省人民政府副省长。

　　请审议决定。

省长　　××
2019 年×月×日

【练习题】

一、单选题

1. 下级机关向上级机关汇报工作、反映情况时应使用（　　）。

A. 请示　　　　B. 报告　　　　C. 意见　　　　D. 通报

2. 下级机关向上级机关请求指示、批准事项、帮助解决困难时应使用的文种是（　　）。

A. 请示　　　　B. 报告　　　　C. 意见　　　　D. 通报

3. 各级人民政府按照法定程序向同级人民代表大会或人民代表大会常务委员会提请审议事项时应使用（　　）。

A. 请示　　　　B. 报告　　　　C. 意见　　　　D. 议案

二、多选题

1. 以下关于报告说法正确的是（　　）。

A. 报告具有汇报性的特点

B. 报告行文方向单一，只能用于上行文

C. 上级部门应对下级机关的报告给予答复

D. 报告中一般不能夹带请示事项，紧急情况下可以夹带

2. 以下关于请示说法正确的是（　　）。

A. 请示具有请求性的特点

B. 请示具有强制要求回复的性质

C. 请示应当遵循事前行文的原则

D. 请示的作者不受机关性质和级别高低的限制

三、判断题

1. 公文报告种类繁多，立案报告、财务预决算报告等都是公文报告的类型。

2. 答复报告属于被动行文，具有很强的针对性。

3. 请示应有主送机关，但主送机关不明确时，则可以省略。

4. 一般情况下不得越级请示。

5. 议案的结语采用一些模式化语言，如"以上议案，请审议"等。

四、简答题

1. 请示和报告有哪些区别？

2. 请示、报告分别有哪些类型？写作时应注意哪些事项？

3. 议案在行文关系上有哪些特点？

五、写作题

1. 为给师生出行提供方便,学校准备购买两辆班车。请你以学校的名义,给学校的上级机关写一份请示,题目、内容等各要素自拟。

2. 请你以学校的名义给上级机关写一份报告,汇报本学期你们班师生教与学的情况,题目、内容等各要素自拟。

练习题参考答案

第五章 决策指挥类公文

 学习重点

决策指挥类公文主要用于党政机关传播大政方针政策,体现着领导机关的领导指挥地位。这类公文的政策性强、权威性高,对社会的影响力大。因此,这类公文的制发相当严肃,也决定了公文的起草难度较大,对起草者具有较高的要求。

通过本章的学习,重点明确决议、决定和命令(令)的适用范围、特点,把握其各自的写作规范以及它们之间的区别。值得注意的是,要想起草高质量的决策指挥类公文,除了掌握它们的基本写作规范之外,起草者在平时生活中要不断加强对政治理论以及党和国家方针政策的学习。

决策指挥类公文是指上级领导机关或业务主管部门制发的用以领导和指导工作的公文,它是下级机关决策和进行工作活动的依据,要求下级机关认真贯彻执行。决策指挥类公文主要包括决议、决定、命令(令)等文种。

第一节 决 议

一、决议的适用范围

决议适用于会议讨论通过的重大决策事项。

二、决议的特点

(一)权威性

决议是就重大事项经过相关会议讨论通过的重要指导性公文,具有极强的法定效力,一经通过,必须严格遵照执行。

（二）程序性

决议的程序性是指决议的草案必须经法定会议按法定程序讨论，按法定程序表决，经法定人数同意，方可形成最终决议，即表决在前，决议在后。

（三）指导性

决议的指导性是指决议表述的观点或对具体事项的评价都具有指导意义。

三、决议的分类

根据决议涉及内容范围的不同，可分为三种类型。

（一）批准性决议

这类决议主要是指用于批准某事项或通过某文件的决议，涉及的内容较为具体，一般用于批准某项报告或文件。如《中国共产党第十九次全国代表大会关于〈中国共产党章程（修正案）〉的决议》等。

（二）宏观政策性决议

这类决议主要是从宏观的角度反映有关结果，特别强调从宏观政策上统一思想或认识。如《关于建国以来党的若干历史问题的决议》《中共中央关于加强社会主义精神文明建设若干重要问题的决议》等。

（三）专门事项性决议

这类决议主要是指会议针对有关事项讨论通过的决议，往往涉及重要的、长期的事项。如《第七届全国人民代表大会第一次会议关于建立海南经济特区的决议》等。

四、决议的结构和写法

决议的结构由三部分组成：标题、题注和正文。

（一）标题

决议的标题一般要做到三要素齐全，即由"会议名称或发文机关名称+事由+文种"构成。如《中国共产党第八届全国代表大会第二次会议关于中央委员会的工作报告的决议》。

（二）题注

决议是会议文件，它的发文机关署名和成文日期不在正文之后，而在标题和正文之间，即在标题下面用圆括号注明通过决议的会议名称、日期和"通过"两字，这部分内容称为题注。

（三）正文

从篇幅上看，决议有一段式和多段式之分，内容简单的采用一段式，内容稍微繁杂的采用多段式。正文部分一般包括三个方面：首先说明决议的根据、目的或评价，其次写明决议事项，最后以会议名义发起号召。

五、决议的注意事项

（1）决议阐释的内容，必须是经过有关会议讨论通过的，要以事实为依据，切不可随意发挥，同时，要注意结构严谨和语言的准确凝练。

（2）决议的人称只有一个，即"会议"，常采用的习惯用语有"会议决定""会议同意""会议指出""会议要求"等。

范文一：批准性决议

中国共产党第十九次全国代表大会
关于十八届中央纪律检查委员会工作报告的决议

（2017年10月24日中国共产党第十九次全国代表大会通过）

中国共产党第十九次全国代表大会审查、批准十八届中央纪律检查委员会工作报告。大会充分肯定了十八届中央纪律检查委员会的工作。

大会认为，党的十八大以来，在以习近平同志为核心的党中央坚强领导下，中央纪律检查委员会和各级纪律检查委员会牢固树立政治意识、大局意识、核心意识、看齐意识，坚定中国特色社会主义道路自信、理论自信、制度自信、文化自信，自觉同党中央保持高度一致，尊崇党章，忠实履职，推动全面从严治党不断向纵深发展，反腐败斗争形成压倒性态势并巩固发展，坚定维护了党中央权威和集中统一领导，厚植党执政的政治基础，建设一支忠诚干净担当的纪检监察队伍,向党和人民交上了优异答卷。

大会要求,高举中国特色社会主义伟大旗帜,以马克思列宁主义、毛泽东思想、邓小平理论、"三个代表"重要思想、科学发展观、习近平新时代中国特色社会主义思想为指导,全面落实党的十九大作出的战略部署,统筹推进"五位一体"总体布局和协调推进"四个全面"战略布局,增强"四个意识",坚定"四个自信",不忘初心、牢记使命,紧紧围绕党的领导、党的建设、全面从严治党、党风廉政建设和反腐败斗争,推动党内政治生态实现根本好转,履行党章赋予的监督执纪问责职责,为决胜全面建成小康社会、夺取新时代中国特色社会主义伟大胜利提供坚强保证,为实现中华民族伟大复兴的中国梦不懈奋斗。

范文二:宏观政策型决议

中共中央关于加强社会主义精神文明建设若干重要问题的决议

(1996年10月10日中国共产党第十四届中央委员会第六次全体会议通过)

中国共产党第十四届中央委员会第六次全体会议,根据全面实现我国国民经济和社会发展"九五"计划和2010年远景目标的要求,分析了社会主义精神文明建设面临的形势,总结了经验和教训。鉴于教育和科学的发展中央已有全面部署,本次全会主要讨论思想道德和文化建设方面的问题,并作出如下决议。

一、加强社会主义精神文明建设是一项重大战略任务

(1)从1996年到2010年,是建设有中国特色社会主义事业承前启后、继往开来的重要时期。(略)

(2)十一届三中全会以来的十八年,我们国家经历了举世瞩目的历史大转折和事业大发展。(略)

(3)在发展社会主义市场经济和对外开放条件下建设社会主义精神文明,是中国共产党人和中国人民一项艰巨的历史使命。(略)

二、社会主义精神文明建设的指导思想和奋斗目标（略）

三、努力提高全民族思想道德素质

（7）社会主义思想道德集中体现着精神文明建设的性质和方向，对社会政治经济的发展具有巨大的能动作用。（略）

（8）加强思想建设，必须坚持马克思列宁主义、毛泽东思想，特别是用邓小平建设有中国特色社会主义理论武装全党、教育干部和人民。（略）

（9）爱国主义历来是中国人民团结奋斗的一面旗帜。（略）

（10）在全民族树立艰苦创业精神，是实现社会主义现代化的重要思想保证。（略）

（11）社会主义道德建设要以为人民服务为核心，以集体主义为原则，以爱祖国、爱人民、爱劳动、爱科学、爱社会主义为基本要求，开展社会公德、职业道德、家庭美德教育，在全社会形成团结互助、平等友爱、共同前进的人际关系。（略）

（12）加强青少年思想道德教育，是关系国家命运的大事。（略）

（13）社会主义道德风尚的形成、巩固和发展，要靠教育，也要靠法制。（略）

四、积极发展社会主义文化事业

（14）发展文学艺术、新闻出版、哲学社会科学等文化事业，满足人民群众日益增长的精神文化需求，对于提高民族素质，促进经济发展和社会全面进步，具有重要作用。（略）

（15）繁荣文学艺术，首要任务是多出优秀作品。要坚持为人民服务、为社会主义服务的方向，贯彻百花齐放、百家争鸣的方针，弘扬主旋律，提倡多样化。（略）

（16）新闻宣传必须坚持党性原则，坚持实事求是，坚持团结稳定鼓劲、正面宣传为主，牢牢把握正确的舆论导向。（略）

（17）哲学社会科学必须坚持以马克思列宁主义、毛泽东思想和邓小平建设有中国特色社会主义理论为指导，坚持理论联系实际，为党和政府决策服务，为两个文明建设服务。（略）

（18）一手抓繁荣，一手抓管理，促进文化市场健康发展。（略）

（19）改革文化体制是文化事业繁荣和发展的根本出路。（略）

五、深入持久开展群众性精神文明建设活动

（20）全国各地广泛开展的群众性精神文明创建活动,是人民群众移风易俗、改造社会的伟大创造,有助于两个文明建设任务有机结合,落实到基层。（略）

（21）社会主义现代化建设中涌现出来的先进集体和先进人物,是实践社会主义精神文明的榜样。（略）

六、切实增加精神文明建设的投入（略）

七、加强和改善党对精神文明建设的领导（略）

范文三：专门事项类决议

第七届全国人民代表大会第五次会议关于兴建长江三峡工程的决议

（1992年4月3日第七届全国人民代表大会第五次会议通过）

第七届全国人民代表大会第五次会议,审议了国务院关于提请审议兴建长江三峡工程的议案,并根据全国人民代表大会财政经济委员会的审查报告,决定批准将兴建长江三峡工程列入国民经济和社会发展十年规划,由国务院根据国民经济发展的实际情况和国家财力、物力的可能,选择适当时机组织实施。对于已经发现的问题要继续研究,妥善解决。

附：国务院关于提请审议兴建长江三峡工程的议案

第二节　决　定

一、决定的适用范围

决定适用于对重要事项作出决策和部署、奖惩有关单位和人员、变更或者撤销下级机关不适当的决定事项。

二、决定的特点

（一）单一性

决定具有一文一事的特点,不能陈述多种事项。

（二）指导性

决定比较集中地体现了上级领导机关对重要事项或重大行动的指导性意见,是指导下级机关工作的准则,具有重要的指导性意义。

（三）权威性

决定属于下行文,一经作出,对下级机关的工作具有很强的制约力,要求下级机关无条件执行。

三、决定的分类

按照决定的内容和用途,可以分为以下几类:

（一）政策性决定

这类决定用于对重要问题进行政策引导、政策交代,或规定重大方针政策。如《国务院关于加强食品安全工作的决定》。

（二）知照性决定

这类决定用于将所决定的事项传达给有关方面、有关人员,只要求下级机关单位及个人知道即可,不要求下级机关遵照执行。如《中共中央关于恢复×××同志党籍的决定》。

（三）奖惩性决定

这类决定用于对有关单位、个人或事件进行褒奖或惩处。如《国务院关于表彰全国公安机关先进模范集体的决定》《国务院关于大兴安岭特大森林火灾事故的处理决定》。

（四）法规性决定

由国家权力机关或具有相应职权的政府机关制定、修订或发布的法规性文件或行政法规的决定,叫作法规性决定。如《全国人民代表大会常务委员会关于惩治破坏金融秩序犯罪的决定》。

（五）指挥部署性决定

对重大行动或工作作出安排,用来制定重大决策或部署重要工作的决定,叫作指挥部署性决定。如《国务院关于加强市县政府依法行政的决定》。

（六）变更、修改或撤销性决定

这类决定是用于变更、修改或撤销不适当决定事项的决定。如《国务院关于修改〈中华人民共和国资源税暂行条例〉的决定》。

四、决定的写法

决定一般是由标题、主送机关、正文、发文机关署名和成文日期这几个部分组成。

（一）标题

决定的标题由"发文机关名称+事由+文种"构成。如《国务院关于加强食品安全工作的决定》。

（二）主送机关

决定属于下行文，要概括写明发文机关名称。如果是属于普发性的决定，则不需写主送机关。

（三）正文

决定正文的一般包括决定缘由、决定事项和执行要求或号召几个部分。

1. 决定缘由

决定缘由即简要地阐明决定的原因、目的、根据或意义。要求语言简洁，具有概括性。在决定缘由之后，通常采用"特作如下决定"等承上启下的句子。

2. 决定事项

在这部分，主要阐明决定事项的具体内容、落实的措施、解决的办法等，这是决定的主要部分。如果内容多，常采用列小标题或分条列项式结构；如果内容简单，则可以不分段，一气呵成。

3. 执行要求或号召

在文章的结尾提出希望、号召和执行要求。有的决定也可省略此部分。

（四）发文机关署名和成文日期

领导人签发的决定，应在文尾标注发文机关名称并盖发文机关印章，同时写明成文日期。如果该决定是经会议讨论通过的，成文日期的标注方式与决议相同。

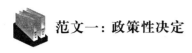 **范文一：政策性决定**

国务院关于加强食品安全工作的决定

各省、自治区、直辖市人民政府，国务院各部委、各直属机构：

食品安全是重大的民生问题，关系人民群众身体健康和生命安全，关系社会和谐稳定。党中央、国务院对此高度重视，近年来制定实施了一系列政策措施。各地区、各部门认真抓好贯彻落实，不断加大工作力度，食品安全形势总体上是稳定的。但当前我国食品安全的基础仍然薄弱，违法违规行为时有发生，制约食品安全的深层次问题尚未得到根本解决。随着生活水平的不断提高，人民群众对食品安全更为关注，食以安为先的要求更为迫切，全面提高食品安全保障水平，已成为我国经济社会发展中一项重大而紧迫的任务。为进一步加强食品安全工作，现作出如下决定。

一、明确加强食品安全工作的指导思想、总体要求和工作目标

（一）指导思想。（略）

（二）总体要求。（略）

（三）工作目标。（略）

二、进一步健全食品安全监管体系

（四）完善食品安全监管体制。（略）

（五）健全食品安全工作机制。（略）

（六）强化基层食品安全管理工作体系。（略）

三、加大食品安全监管力度

（七）深入开展食品安全治理整顿。（略）

（八）严厉打击食品安全违法犯罪行为。（略）

（九）加强食用农产品监管。（略）

（十）加强食品生产经营监管。（略）

四、落实食品生产经营单位的主体责任

（十一）强化食品生产经营单位安全管理。（略）

（十二）落实企业负责人的责任。（略）

（十三）落实不符合安全标准的食品处置及经济赔偿责任。（略）

（十四）加快食品行业诚信体系建设。（略）

五、加强食品安全监管能力和技术支撑体系建设

（十五）加强监管队伍建设。（略）

（十六）完善食品安全标准体系。（略）

（十七）健全风险监测评估体系。（略）

（十八）加强检验检测能力建设。（略）

（十九）加快食品安全信息化建设。（略）

（二十）提高应急处置能力。（略）

六、完善相关保障措施

（二十一）完善食品安全政策法规。（略）

（二十二）加大政府资金投入力度。（略）

（二十三）强化食品安全科技支撑。（略）

七、动员全社会广泛参与

（二十四）大力推行食品安全有奖举报。（略）

（二十五）加强宣传和科普教育。（略）

（二十六）构建群防群控工作格局。（略）

八、加强食品安全工作的组织领导

（二十七）加强组织领导。（略）

（二十八）严格责任追究。（略）

国务院

2012 年 6 月 23 日

 范文二：奖惩性决定

中共青岛市委　青岛市人民政府
关于表彰 2012—2014 年度青岛市劳动模范的决定

各单位：

　　近年来，市委、市政府全面贯彻落实党的十八大和十八届三中、四中全会精神，深入贯彻习近平总书记系列重要讲话精神；全市广大干部职工群众立

足本职,团结奋进,开拓创新,为推进改革开放和经济社会发展作出了积极贡献,涌现出一大批先进模范人物。为进一步激发和调动全市干部职工群众的积极性和创造性,充分发挥先进模范人物的示范带动作用,市委、市政府决定,授予姜平先等598名同志青岛市劳动模范称号(名单附后),并予以通报表彰。

希望受到表彰的劳动模范珍惜荣誉,再接再厉,在改革开放和现代化建设事业中继续发挥模范带头作用,不断取得新的成绩。全市广大工人、农民、知识分子和各行各业干部群众,要以劳动模范为榜样,进一步振奋精神,扎根岗位,锐意进取,争创一流,为率先科学发展、实现蓝色跨越,加快建设宜居幸福的现代化国际城市作出新的更大贡献。

附件:2012—2014年度青岛市劳动模范名单(略)

中共青岛市委
青岛市人民政府
2015年5月11日

 范文三:变更、修改或撤销性决定

国务院关于修改
《中华人民共和国著作权法实施条例》的决定

国务院决定对《中华人民共和国著作权法实施条例》作如下修改:

将第三十六条修改为:"有著作权法第四十八条所列侵权行为,同时损害社会公共利益,非法经营额5万元以上的,著作权行政管理部门可处非法经营额1倍以上5倍以下的罚款;没有非法经营额或者非法经营额5万元以下的,著作权行政管理部门根据情节轻重,可处25万元以下的罚款。"

本决定自2013年3月1日起施行。

《中华人民共和国著作权法实施条例》根据本决定作相应修改,重新公布。

范文四：指挥部署性决定

中共中央关于认真学习宣传贯彻党的十九大精神的决定

为深入学习宣传贯彻党的十九大精神，把全党全国各族人民的思想统一到党的十九大精神上来，把力量凝聚到党的十九大确定的各项任务上来，作出如下决定。

一、充分认识学习宣传贯彻党的十九大精神的重大意义

……………

认真学习宣传贯彻党的十九大精神，事关党和国家工作全局，事关中国特色社会主义事业长远发展，事关最广大人民根本利益，对于动员全党全国各族人民更加紧密地团结在以习近平同志为核心的党中央周围，高举中国特色社会主义伟大旗帜，坚定道路自信、理论自信、制度自信、文化自信，为实现推进现代化建设、完成祖国统一、维护世界和平与促进共同发展三大历史任务，为决胜全面建成小康社会、夺取新时代中国特色社会主义伟大胜利、实现中华民族伟大复兴的中国梦、实现人民对美好生活的向往继续奋斗，具有重大现实意义和深远历史意义。

二、全面准确学习领会党的十九大精神（略）

三、认真做好党的十九大精神的学习宣传

学习宣传党的十九大精神，既要整体把握、全面系统，又要突出重点、抓住关键，把着力点聚焦到习近平新时代中国特色社会主义思想是党必须长期坚持的指导思想上，聚焦到5年来党和国家事业取得历史性成就和发生历史性变革上，聚焦到作出中国特色社会主义进入了新时代、我国社会主要矛盾已经转化为人民日益增长的美好生活需要和不平衡不充分的发展之间的矛盾等重大政治论断的深远影响上，聚焦到贯彻落实党的十九大的重大决策部署上，聚焦到以习近平同志为核心的新一届中央领导集体是深受全党全国各族人民拥护和信赖的领导集体上，聚焦到习近平总书记是全党拥护、人民爱戴、当之无愧的党的领袖上。

1. 切实抓好学习培训。（略）
2. 集中开展宣讲活动。（略）

3. 精心组织新闻宣传。(略)

4. 认真组织研究阐释。(略)

四、弘扬理论联系实际的学风,切实提高解决问题、推动发展的能力

学习宣传贯彻党的十九大精神,要立足我国改革发展、党的建设的实际,大力弘扬马克思主义学风,把党的十九大精神落实到经济社会发展各方面,体现到做好今年各项工作和安排好明年工作之中。

1. 全面加强党的领导。(略)

2. 切实推动改革发展。(略)

3. 坚定不移全面从严治党。(略)

五、切实加强组织领导

学习宣传贯彻党的十九大精神,是全党全国当前和今后一个时期的首要政治任务。各级党委(党组)要把学习宣传贯彻党的十九大精神摆上重要议事日程,切实加强组织领导。

1. 切实负起领导责任。(略)

2. 牢牢把握正确导向。(略)

3. 着力增强吸引力感染力。(略)

各地区各部门要及时将学习宣传贯彻党的十九大精神的情况报告党中央。

中共中央
2017 年 11 月 1 日

第三节 命令(令)

一、命令(令)的适用范围

命令(令)是一种典型的下行文。命令(令)适用于公布行政法规和规章、宣布施行重大强制性措施、批准授予和晋升衔级、嘉奖有关单位和人员。命令有时简称为"令",例如"通缉令""嘉奖令"等,若标题中需要揭示事由,则使用"命令"全称。

二、命令(令)的特点

(一) 权威性

命令(令)的发布权限具有严格的规定,根据我国《宪法》及《地方各级人民代表大会和地方各级人民政府组织法》的规定,只有国家主席、国务院、国务院总理、国务院各部委、国务院各部部长、国务院各委员会主任、地方各级人民政府,才可以在法定权限内发布命令(令)。其他任何单位和个人均无权发布命令(令)。

个别公文写作教材认为乡镇人民政府无权使用命令(令),这是不妥当的。《中华人民共和国地方各级人民代表大会和地方各级人民政府组织法》第六十一条中明确规定:乡、民族乡、镇的人民政府有权发布命令。

(二) 强制性

命令(令)具有很强的强制性,一经发布,受令方必须无条件服从和执行,没有丝毫可以商量、灵活运用的余地,不得随意变更和变通。违令者要受到严厉的纪律处分,情节严重者甚至受到法律的制裁。

(三) 严肃性

由于命令(令)具有极高的权威性和强制性,因此命令(令)也具有极高的严肃性。命令(令)的措辞要严肃坚定,语气要庄重果断,而且命令(令)一经发出,不得随意更改。

(四) 限定性

一是内容的限定性。命令(令)的内容只限于重大事件,一般公务事项不能使用。二是发文机关的限定性。命令(令)的发令机关是有严格限制的,不是所有的机关和单位都可以使用命令(令)这个文种。

三、命令(令)的分类

根据内容进行划分,命令可以分为公布令、行政令、嘉奖令和任免令几种。

(一) 公布令

公布令也称发布令或颁布令,是用于公布各种行政法规和规章的命令。

（二）行政令

行政令是国家领导机关或领导人发布重大强制性行政措施所使用的命令。

（三）嘉奖令

嘉奖令是用于嘉奖有突出成就和重大贡献的单位或个人的命令。

（四）任免令

任免令是国家领导人根据有关决定宣布重大人事任免事项的命令。

四、命令(令)的写法

命令(令)一般由标题、受令机关、正文、发文机关署名与成文日期等几部分组成。

（一）标题

命令(令)的标题有两种形式：一是由"发文机关名称+发文事由+文种"构成，如《国务院、中央军委关于授予钱学森同志"国家杰出贡献科学家"荣誉称号的命令》；二是省略发文事由，由"发文机关（或机关首长）名称+文种"组成，如《中华人民共和国国务院令》《中华人民共和国主席令》。

（二）受令机关

当命令仅限于发给某些单位时，要在标题下标明受令机关。如果属于普发性命令，则不需标明受令机关。

（三）正文

命令(令)正文的表述方式，因种类的不同而略有差异，具体如下：

（1）公布令的正文一般很简短，用一两句话说明公布的对象、依据，生效或执行的日期，即写明经过什么机关或会议，在什么日期批准了何种文件。

（2）行政令的正文一般由发文缘由及具体内容组成。缘由部分主要写明发布的原因、目的和依据，具体内容要做到详略得当、层次清晰。

（3）嘉奖令的正文一般包括奖励根据（包括先进事迹概括和性质、意义）、奖励决定、希望和号召等。

（4）任免令的正文比较简单，一般包括任免的依据和任免的内容。任免的内容包括姓名、职务、时间。

（四）发文机关署名与成文日期

在正文的后面标明发文机关名称或主要领导人职务和姓名及成文日期。

五、命令（令）的注意事项

（1）命令（令）必须在法律规定的职权范围内发布,既不得越权行文,又不得滥发命令。

（2）命令（令）的内容单一,要求一文一事,所涉及的事项必须是重要问题或重大事件,一旦发布,就必须严格执行,没有商量的余地。

（3）命令（令）的语言要明确简洁、庄重严肃、坚定有力,不能含糊不清、模棱两可。

（4）命令（令）具有特定的格式。详见第二章第六节中的命令（令）格式。

范文一：公布令

中华人民共和国国务院令
第 718 号

现公布《国务院关于修改〈烈士褒扬条例〉的决定》,自公布之日起施行。

总理　李克强
2019 年 8 月 1 日

范文二：嘉奖令

国务院、中央军委关于追授邵荣雁同志"舍己救人好干部"
荣誉称号的命令

公安部、中国人民武装警察部队：

武警部队广东省总队江门市支队副政委邵荣雁烈士,广西苍梧县人,1959 年 12 月出生,1979 年 2 月入伍,1981 年 7 月入党,中校警衔。1999 年 8 月,他

在抗洪抢险中为抢救落水战友光荣牺牲,年仅40岁。

邵荣雁同志的一生,是胸怀远大理想,不断奋发进取的一生。入伍前,他上学是一名好学生,教书是一名好教师。入伍后,他立志献身国防,努力争做一名好军人、好党员、好干部,先后3次荣立三等功,12次受嘉奖,5次被评为优秀共产党员。他勤奋学习,刻苦钻研,自费购买3000多册图书,写下了85本120多万字的学习笔记。他爱岗敬业,尽职尽责,近年来先后帮助2个后进中队打了翻身仗,帮助30名后进战士转化为先进。他关心同志,乐于助人,先后为灾区群众、失学儿童和困难战士家庭捐款1.2万元。他舍生忘死,数十次参加抗洪、扑火等抢险战斗,每次都身先士卒,冲锋在前。1999年8月23日深夜,在江门地区抗洪抢险战斗中,6名官兵不幸落水,邵荣雁同志在身患重病、多次呕吐的情况下,纵身跳入洪流,奋力救起两名战士,在抢救第三名战士时,终因精疲力竭被洪水卷走,英勇牺牲。

邵荣雁同志牢记我党我军根本宗旨,忠实履行军人职责,用宝贵的青春年华谱写了一曲革命军人和共产党人的正气之歌。他是新时期部队政治工作干部的优秀代表,是自觉实践"三讲"要求的模范干部。为表彰邵荣雁同志的先进事迹,国务院、中央军委决定追授邵荣雁同志"舍己救人好干部"荣誉称号。

全军指战员和武警官兵、公安干警特别是广大政治工作干部都要向邵荣雁同志学习。学习他如饥似渴、孜孜以求的钻研精神,学习他淡泊名利、一心为公的高尚情怀,学习他清正廉洁、一尘不染的浩然正气,学习他关键时刻挺身而出、舍己救人的崇高品格。全军指战员和武警官兵、公安干警要紧密团结在以江泽民同志为核心的党中央周围,高举邓小平理论伟大旗帜,深入贯彻党的十五大精神,认真落实"三个代表"的要求,广泛开展向英雄模范学习的活动,为维护国家安全和社会稳定,积极推进建设有中国特色社会主义伟大事业而努力奋斗!

国务院总理　　朱镕基
中央军委主席　　江泽民
2000年6月26日

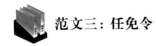范文三：任免令

中华人民共和国国务院令
第 678 号

依照《中华人民共和国香港特别行政区基本法》的有关规定，根据香港特别行政区行政长官选举委员会选举产生的人选，任命林郑月娥为中华人民共和国香港特别行政区第五任行政长官，于 2017 年 7 月 1 日就职。

总理　李克强
2017 年 3 月 31 日

【练习题】

一、单选题

1. 适用于会议讨论通过的重大决策事项的文种是(　　)。
   A. 决议　　　B. 决定　　　C. 纪要　　　D. 公报

2. 对重要事项作出决策和部署、变更或撤销下级机关不适当的决定事项时应使用的文种是(　　)。
   A. 决议　　　B. 决定　　　C. 命令(令)　　　D. 通知

3. 公布行政法规和规章、宣布施行重大强制性措施、批准授予和晋升衔级、嘉奖有关单位和人员时应使用的文种是(　　)。
   A. 决议　　　B. 决定　　　C. 命令(令)　　　D. 通知

二、多选题

1. 以下关于决议说法正确的是(　　)。
   A. 决议的标题由三要素组成，即"会议名称+事由+文种"
   B. 决议成文日期标注在标题下方用圆括号括入
   C. 决议是普发性公文，无主送机关、无落款、无印章
   D. 决议可见报、可张贴

2. 以下关于命令(令)说法不正确的是(　　)。

A. 命令(令)的内容只限于重大事件,一般公务事项不能使用

B. 命令(令)的发文机关广泛,不受级别和性质的限制

C. 命令(令)具有很强的强制性,一经发布,受令方必须无条件服从和执行

D. 命令(令)具有很强的知照性,一经发布,受令方必须认真学习和了解命令内容

三、判断题

1. 决定的特点有指导性、单一性、权威性。

2. 决议一经通过生效,就会在一定时期内相对稳定,内容不会有较大变动。

3. 决定的标题采用"发文机关名称+事由+文种"的形式。

4. 决议和决定的成文日期按规定均应标注在标题之下,用圆括号括起。

5. 公布令的制发主体必须是具有制定、发布法律、法规、规章权的国家权力机关和行政机关。

四、简答题

1. 决定和决议有哪些区别?在写作中应注意的事项有哪些?

2. 决议在分类上如何划分?如何区分不同类型的决议?

3. 命令(令)有哪些主要类型?制发命令(令)应注意哪些事项?

五、写作题

学校要深入贯彻学习习近平总书记在中国共产党成立95周年大会上的讲话精神,准备开展为期一年的"坚定理想信念、做合格的共产党员"的主题活动,请你以校党委的名义拟写一份此次主题活动的决定,在全校进行部署。(该事项可用决定行文,也可用通知行文,还可以用意见行文。用决定行文体现了发文机关的重视程度。)

练习题参考答案

第六章 指导类公文

 学习重点

指导类公文包括批复、意见、通知,主要用于发文机关向收文机关提供指导性意见,多为上级机关要求下属单位贯彻执行或告知具体事宜所使用,视文种的不同其指导性强弱也存在差异。与决策指挥类公文相比,此类文种的强制性和指挥性相对较弱,但是对于下级机关而言,无论是批复、意见还是通知都具有较强的指导作用。指导类公文是上级机关在公务活动中非常重要的文种,应用十分广泛,正因如此,其写法彼此间也存在较大区别。

通过本章的学习,首先应该明确批复、意见和通知的适用范围、特点;其次要掌握批复、意见和通知的写法。

指导类公文是指上级领导机关或业务主管部门制发的用以指导下级机关或业务部门工作的公文,它是下级机关决策和开展工作的依据,要求下级机关认真贯彻执行。指导类公文包括批复、意见、通知。

第一节 批 复

一、批复的适用范围

批复适用于答复下级机关的请示事项,是一种针对性很强的下行文。

二、批复的特点

(一)针对性

批复是上级机关针对下级机关的请示内容而发出的,请示什么,就批复什么。批复的主送机关是请示的发文机关。因此,批复的针对性是显而易

见的。

（二）指导性

批复属于下行文种，反映的是上级机关的指示性意见，因而对下级机关的工作有指导规范的作用，是下级机关工作的依据，下级机关必须遵照执行。

（三）被动性

批复是依赖请示而存在的，是先有请示后有批复，因而属于被动行文。

（四）单一性

批复的单一性体现在两个方面：一是内容单一，一文一事；二是一个批复只能针对一个请示。

三、批复的分类

批复按照内容和性质进行划分，分为同意性批复、否定性批复和解答性批复。

（一）同意性批复

同意性批复是对于下级机关的请示事项作出同意、肯定的批复。同意性批复包括两种情况：一是批准下级机关的请示事项；二是在同意下级机关请示事项的基础上，对请示事项的落实、执行等给出指示性意见。

（二）否定性批复

否定性批复是上级机关对下级机关的请示事项持否定态度的批复，即不同意下级机关请示事项的批复。这种批复不但要明确表示否定的态度，还要对下级作出解释，简要写明否定的理由。

（三）解答性批复

解答性批复是上级机关针对下级机关对法规、政策、措施等的询问作出解答的批复。

四、批复的写法

批复包括标题、主送机关、正文、发文机关署名与成文日期。

（一）标题

批复的标题有两种写法：

1. 发文机关名称+事由+文种

如《国务院关于编纂中华大辞典问题的批复》，其中，"国务院"是发文机关，"关于编纂中华大辞典问题"是事由，"批复"是文种。

2. 发文机关名称+表态词+事由+文种

如《国务院关于同意将山东省泰安市列为国家历史文化名城的批复》，在这个标题中，出现了表示肯定性的表态词"同意"。

（二）主送机关

主送机关是批复所针对的请示单位的名称。

（三）正文

批复的正文一般由批复引语、批复事项和批复结语组成。

1. 批复引语

在批复引语部分一般要说明制发批复的原因、根据，即在正文开头写明相关请示的标题和字号。

2. 批复事项

针对请示事项明确表态，予以答复。一般用"经研究，现批复如下"引出批复意见。不同意的事项，除在批复中表明态度外，还需要适当说明理由，并及时作出相应的安排。

3. 批复结语

一般采用比较固定的用语，如"特此批复""此复"等结束全文，也可省略结语。

（四）发文机关署名与成文日期

在正文的右下方写明批复的发文机关与成文日期。

五、批复的注意事项

（1）要核实请示事项的真实性及请示所提方案的可行性；同时，作出的批复要做到有依据，必须根据有关政策、法令或规章制度，根据本机关的职权范围作出批复。

（2）坚持一事一批原则。批复只能针对一份请示作出一份批复,而不能一份批复对应多份请示。

（3）态度鲜明,意见明确。批复必须做到观点明确,同意或不同意,立办或缓办,绝不能含糊其词、模棱两可,使下级不得要领。

（4）要及时批复。批复讲究时效,要做到及时批复,下级的请示一般都是希望上级尽快答复以便开展工作,因而,上级无论是否同意,都要及时批复。

（5）有请必复。只要下级机关有请示,上级机关不管是否同意请示的事项,都必须给予批复。

范文一：同意性批复

国务院关于同意承德市建设
国家可持续发展议程创新示范区的批复

河北省人民政府、科技部：

你们《关于承德市创建国家可持续发展议程创新示范区的请示》（冀政呈〔2019〕6号）收悉。现批复如下：

一、同意承德市以城市群水源涵养功能区可持续发展为主题,建设国家可持续发展议程创新示范区。

二、承德市建设国家可持续发展议程创新示范区,要以习近平新时代中国特色社会主义思想为指导,深入贯彻党的十九大和十九届二中、三中全会精神,坚持稳中求进工作总基调,坚持新发展理念,坚持推动高质量发展,统筹推进"五位一体"总体布局,协调推进"四个全面"战略布局,紧紧围绕联合国2030年可持续发展议程和《中国落实2030年可持续发展议程国别方案》,按照《中国落实2030年可持续发展议程创新示范区建设方案》要求,重点针对水源涵养功能不稳固、精准稳定脱贫难度大等问题,集成应用抗旱节水造林、荒漠化防治、退化草地治理、绿色农产品标准化生产加工、"互联网+智慧旅游"等技术,实施水源涵养能力提升、绿色产业培育、精准扶贫脱贫、创新能力提升等行动,统筹各类创新资源,深化体制机制改革,探索适用技术路线和系统解决方案,形成可操作、可复制、可推广的有效模式,对全国同类的城市群生态功能区实现可持续发展发挥示范效应,为落实2030年可持续发展议程提供实践经验。

三、河北省人民政府要建立健全相关工作协调机制,根据实际情况研究制定专门的支持政策,形成推进合力,支持承德市全面落实和实施好各项行动和工程,实现国家可持续发展议程创新示范区建设的目标。

四、科技部要会同国家可持续发展实验区部际联席会议各成员单位,结合各自职责,在重大项目安排、政策先行先试、体制机制创新等方面支持承德市建设国家可持续发展议程创新示范区,及时研究解决建设中的重大问题。

五、示范区发展规划、建设方案等事宜,请河北省人民政府、科技部会同相关方面按照有关规定另行办理。

国务院
2019年5月6日

 范文二:否定性批复

××县人民政府关于××乡人民政府兴建砖瓦厂的批复

××乡人民政府:

你乡2016年4月10日《关于兴建砖瓦厂的请示》(×乡发〔2016〕28号)收悉。经研究,现答复如下:

进入21世纪以来,农村盖房使用砖瓦量确实明显增加,因此各乡纷纷兴建了砖瓦厂。据调查,我县已经有60%的农户盖了新房;约2万农户近年内不拟盖新房,砖瓦需求量相对趋于缓和。其余拟盖房户所需砖瓦的数量,我县现有砖瓦厂完全可以满足。因此,凡申报新建砖瓦厂的请示一律不予同意,以免供过于求,出现新的问题。

特此批复。

××县人民政府
2016年4月20日

 **范文三：解答性批复**

××市人民政府关于留学回国人员申购住房问题的批复

市人事局：

你局《关于留学回国人员申购住房问题的请示》(×人专〔2018〕×号)收悉。经市政府研究，现批复如下：

一、放宽来××创业留学人员申购引进人才专项住房的准入条件，即持有中国护照，在国外学习并获得国外硕士以上学位或回国后取得副高级以上技术职称的在××落户的留学人员（含留学人员配偶是外国国籍的），申购引进人才专项住房的，对其收入不做限制、不予审查。

二、放宽在××落户的时间限制，即在××工作落户并签订五年以上工作合同的上述留学人员均可申请。

三、合法取得外国国籍并来××创业或从事科研、教育、管理的高层次留学人员凭"××市留学回国人员工作证"购买商品房，向房管部门办理产权证。

××市人民政府
20××年×月×日

第二节　意　见

一、意见的适用范围

意见适用于对重要问题提出见解和处理办法。

在公文文种中，意见是一个比较年轻的文种。最早把"意见"纳入正式文种的是中共中央办公厅1996年5月3日印发的《中国共产党机关公文处理条例》，该条例规定：意见"用于对重要问题提出见解和处理办法"。国务院办公厅也在2000年8月24日发布的《国家行政机关公文处理办法》中增加了"意见"这个文种，其适用范围、职能与《中国共产党机关公文处理条例》中规定的相同。

为确保国务院发布的《国家行政机关公文处理办法》的贯彻实施，国务院办公厅于2001年1月1日发布了《关于实施〈国家行政机关公文处理办法〉涉及的几个具体问题的处理意见》，专门就"意见"的适用范围作了明确规定："意见可用于上行文、下行文和平行文。作为上行文，应按请示性公文的程序和要求办理。所提意见如涉及其他部门职权范围内的事项，主办部门应当主动与有关部门协商，取得一致意见后方可行文；如有分歧，主办部门的主要负责人应当出面协调，仍不能取得一致时，主办部门可以列明各方理据，提出建设性意见，并与有关部门会签后报请上级机关决定。上级机关应当对下级机关报送的意见作出处理或给予答复。作为下行文，文中对贯彻执行有明确要求的，下级机关应遵照执行；无明确要求的，下级机关可参照执行。作为平行文，提出的意见供对方参考。"2012年4月16日中共中央办公厅、国务院办公厅联合印发《党政机关公文处理工作条例》，其中关于意见的适用范围的表述与以前完全相同。作为上行文的意见，主要是下级机关向上级机关提出工作建议，或供上级机关参考，或请求上级机关批转。

以前"意见"没被列为正式公文文种时，下级机关给上级机关或业务主管部门提出的建议性意见，或者用"请示"，或者用"报告"，做法非常不统一。自党政机关把"意见"列为正式文种，并对其运用范围和职能做了明确规定，同时取消了"报告"和"请示"中下级机关给上级机关提建设性意见的功能后，凡是给上级机关提建议性意见，不管是供上级机关参考，还是请求上级机关批转，就只能统一使用"意见"，不能再用"报告"或"请示"。而作为平行文的"意见"，主要"供对方参考"，即有关部门就自己职权范围内的有关事项提请有关平级机关或不相隶属机关注意。这从内容上看不属于"商洽工作、询问和答复问题、请求批准和答复审批事项"，故不宜使用"函"；按行文关系又不能以指挥或命令的口气行文，因而适合用"意见"。作为下行文的"意见"，在目的和适用范围上与"通知"比较接近，都是用来提出、传达要求下级机关办理或者执行的事项，目的都是解决问题。二者的区别在于："意见"针对的是"对重要问题提出见解和处理办法"，重点是阐明有关指导思想、相关政策，提出措施和执行要求；而"通知"则是传达需要下级办理、周知或者执行的"具体事项"。意见的要求原则性较强、比较宏观，而通知更具体、详细。

二、意见的特点

（一）行文的多向性

意见不受行文方向的限制，可以向多个方向行文，既可以用作上行文，又可以用作下行文，还可以用作平行文，具有行文的多向性特点。

（二）使用的广泛性

意见使用的广泛性主要体现在两个方面：一是内容的广泛性。意见表达的内容涉及政治、经济、文化、教育、科技等社会生活的各个方面。二是作者的广泛性。意见的作者不受机关性质和级别高低的限制，所有单位均可使用。

（三）功能的多样性

意见在其功用方面体现出多样性。作为下行文，意见多具有指导和指示功能，下级机关应贯彻执行；作为上行文，意见具有请示功能，上级机关应给予答复；作为平行文，意见仅体现参考性。

（四）要求的原则性

意见通常不是具体的工作安排，只是从宏观上提出有关指导思想、原则、建议、要求等，要求收文单位参照意见精神结合实际情况灵活办理。如下行意见，它提的要求不像通知那样详细、具体，一般是在宏观层面的原则要求。

三、意见的分类

（一）指导性意见

指导性意见是上级机关向下级机关就有关问题、工作传达指示或指导的文种。

（二）建议性意见

建议性意见是下级机关向上级机关提出工作建议的文种。建议性意见又分为两种，即呈报类建议意见和呈转类建议意见。呈报类建议意见是下级机关就某方面工作提出意见，仅供上级机关参考，而不请求批转的文种。呈转类建议意见是下级机关就某项工作向上级机关提出建议，并请求上级机关批转的文种。

（三）征询性意见

征询性意见是不相隶属机关之间提供的参考性意见。

四、意见的拟写

意见的结构主要由标题、主送机关、正文、发文机关署名与成文日期构成。

（一）标题

意见的标题有两种写法：一是"发文机关名称+事由+文种"，如《国务院办公厅关于加强政府网站建设和管理工作的意见》；二是"事由+文种"，如《关于进一步做好职业培训工作的意见》。

（二）主送机关

上行意见、平行意见要有主送机关。下行意见一般有主送机关，但有时可以省略主送机关。

（三）正文

正文部分一般由发文缘由、意见内容和结语组成。

1. 发文缘由

主要写明提出意见的原因、依据或目的，有时也交代背景。一般以"现提出以下意见"等过渡性的语句引起下文。

2. 意见内容

这是作为意见的主体部分，主要围绕中心问题，从不同方面和角度进行分析。注意在分析中要做到符合客观实际，注重可行性和可操作性。

3. 结语

意见的结语部分可根据不同的种类灵活处理，如上行文的意见，可写成"以上意见如无不妥，请批转"；平行文的意见，可写成"以上意见仅供参考"；下行文的意见可以提要求、发号召，也可省略结尾。

（四）发文机关署名与成文日期

在正文的最后写明发文机关，并用阿拉伯数字标明成文日期。

五、意见的注意事项

意见要根据不同的种类和行文方向选择不同的语言表述：上行文多表现

为建议性意见,一般采用请求性的语言表述;下行文多表现为指导性意见,常采用指导性的词语表述;平行文多表现为征询性意见,常选用商榷性的词语表达,多为谦恭性的语句,以争得对方的理解和支持。

 范文一:指导性意见(下行意见)

**教育部关于做好新时期直属高校
定点扶贫工作的意见**

各省、自治区、直辖市教育厅(教委),新疆生产建设兵团教育局,部属有关高等学校:

为深入贯彻党的十九大精神和习近平总书记关于扶贫工作的重要论述,进一步落实《中共中央 国务院关于打赢脱贫攻坚战的决定》《中共中央 国务院关于打赢脱贫攻坚战三年行动的指导意见》,按照《中共中央办公厅 国务院办公厅关于进一步加强中央单位定点扶贫工作的指导意见》和中央关于定点扶贫工作的总体部署要求,现就加强新形势下直属高校定点扶贫工作,提出如下意见。

一、重要意义

打赢脱贫攻坚战,是全面建成小康社会最艰巨的任务,是以习近平同志为核心的党中央向国内外作出的庄严承诺……

开展中央单位定点扶贫工作,是中国特色扶贫开发事业的重要组成部分,也是社会主义制度优越性的重要体现……

直属高校开展定点扶贫工作,联系到县,帮扶到村到户,有利于把党和国家各项方针政策落实到基层;有利于帮助解决贫困群众最关心最直接最现实的利益问题,把党和国家的温暖直接送到贫困群众身上;有利于更好了解国情民情,问政于民、问需于民、问计于民,促进各单位更好改进工作、转变作风。各直属高校要进一步深入学习贯彻习近平总书记关于扶贫工作的重要论述,把定点扶贫工作作为服务国家、服务社会、服务人民的重要阵地,作为贴近基层、了解民情的重要渠道,作为扎根中国大地办大学的重要途径,作为培养锻炼干部、转变作风的重要方式,强化政治担当,创新工作机制,拓宽工作领域,在推进脱贫攻坚上作出表率、作出引领、作出示范,为打赢脱贫攻坚战作出更大贡献。

二、主要任务

(一)落实帮扶责任,聚焦脱贫攻坚

开展脱贫攻坚调研;履行定点扶贫责任;选派干部挂职扶贫;加强扶贫工作指导;加大督促检查力度;巩固脱贫攻坚成果。(只列要点,具体内容略)

(二)发挥高校优势,创新帮扶形式

推进教育扶贫;推进产业扶贫;推进智力扶贫;推进健康扶贫;推进消费扶贫;推进精神扶贫;推进语言扶贫。(只列要点,具体内容略)

(三)广泛宣传动员,汇聚多方合力

激发内生动力;发动全校力量;鼓励社会参与;宣传推广典型。(只列要点,具体内容略)

三、工作要求

(一)加强组织领导。各直属高校要把定点扶贫工作摆上重要议事日程,成立定点扶贫工作领导小组或联席会议机制,定期研究帮扶工作。学校主要领导要亲自抓,切实承担第一责任人职责,单位领导每年至少要到定点扶贫县调研一次,研究部署工作,看望慰问贫困群众及挂职干部。定点扶贫县所在省、市、县级教育部门要进一步完善工作机制,主动对接直属高校做好定点扶贫工作。

(二)加强考核评估。按照《中央单位定点扶贫工作考核办法》要求,教育部牵头开展直属高校定点扶贫年度考核,考核结果经国务院扶贫开发领导小组审定后报党中央、国务院。国务院扶贫开发领导小组将向直属高校通报考核情况,指出存在的问题,提出改进工作的要求,考核结果送中央组织部。对考核等次为"较差"的直属高校,将予以通报并约谈学校负责同志。

(三)加强作风建设。落实《教育系统扶贫领域作风问题专项治理实施方案》要求,围绕"四个意识"不强、责任落实不到位、工作措施不精准、资金管理使用不规范、工作作风不扎实等问题,全面清除定点扶贫领域作风问题形成根源,较真碰硬压缩作风问题滋生空间,严惩严治形成对作风问题的强大震慑,标本兼治构建定点扶贫领域作风建设长效机制,确保定点扶贫工作风清气正,展现直属高校良好形象。

（四）加强工作交流。各直属高校要做好工作协同，联手开展"组团式"对口帮扶，共享各自优势资源，协力推进定点扶贫工作。加强定点扶贫的信息报送工作，每季度定期报送工作进展、成效及典型做法，并于每年年底前将年度工作总结和次年工作计划报送教育部。教育部将加强直属高校定点扶贫工作调研指导，及时传达党中央、国务院关于脱贫攻坚决策部署，督促做好定点扶贫工作；搭建工作交流平台，组织开展直属高校精准扶贫精准脱贫典型项目推选活动，总结扶贫经验，宣传先进典型，为直属高校定点扶贫营造良好氛围。

本意见适用于承担定点扶贫任务的直属高校。各省（区、市）教育厅（教委）、新疆生产建设兵团教育局要参照本意见要求，组织开展好本行政区域内的高校扶贫工作。

教育部

2019年4月17日

 范文二：建议性意见（上行意见）

××市农业农村局关于发展我市观光旅游农业的意见

××市人民政府：

随着我市农业产业结构调整步伐的加快和人民生活水平的不断提高，发展观光旅游农业已成为农村经济新的增长点。为科学有效地开发利用农业资源，促进农村经济发展，现就发展我市观光旅游农业的有关问题，提出如下意见。

一、指导思想、任务目标与原则

（一）指导思想：以党的十九大和十九届三中全会精神为指导，以农业资源综合开发利用和保护为基础，以提高经济和社会效益为中心，逐步把观光旅游农业培育成具有一定生机和活力的新兴产业，促进农村经济全面发展。

（二）任务目标：力争经过5—10年的努力，在旅游景区周围、交通干线两侧和主要农副产品生产基地，构筑起点、线、面相结合的全市观光旅游农业新格局;建立起一批不同特色、不同层次和规模,具有观光、休闲、体验和科普等多功能的观光旅游农业基地;通过发展观光旅游农业,进一步优化农村经济结构,增加农民收入,加快农村城镇化发展步伐。

(三)遵循原则:

1. 注重实效、循序渐进的原则。(略)

2. 全面规划、突出特色的原则。(略)

3. 用市场机制开发建设的原则。(略)

4. 开发与保护相结合的原则。(略)

二、区域布局与重点项目

全市发展观光旅游农业,按照由近及远,功能配套,点线面连接,依托农业资源,结合旅游景区建设的构思布局。

近期抓好以下重点项目:……

三、几项政策措施

(一)观光旅游农业享受农业税收的有关政策。利用"四荒"资源兴建的项目,执行"四荒"开发的相关政策。

(二)加大对观光旅游农业建设项目的投入。观光旅游农业是农业发展和农民增收的新增长点。市、县(市)区要作为扶持的重点,分别列出专项资金,用于项目基础设施的扶持投入或贷款贴息,市级、县级各直属单位和部门,要根据职责分工,对市里规划建设的重点项目给予积极支持。

(三)搞好观光旅游农业的服务设施建设。景区建设是观光旅游农业的基础,必须高起点、高品位规划,高标准、高质量建设,并与农田水利、农村小城镇、旅游景区、农业科技园区以及农业结构调整有机结合起来。根据项目进展情况,适时开辟农业观光旅游专线,为市民出游提供方便。加强导游人员的业务培训,搞好餐饮、娱乐和住宿等服务业的配套项目建设,并尽快开发观光农业产品、生态旅游商品,不断丰富观光旅游农业的内涵。

以上意见如无不当,请批转各县(市)、区及市政府各部门执行。

××市农业农村局
20××年×月×日

第三节　通　知

一、通知的适用范围

通知适用于发布、传达要求下级机关执行和有关单位周知或者执行的事项以及批转、转发公文。从实践来看,通知是使用频率最高的文种。

二、通知的特点

(一) 功能的多样性

通知功能众多:传达上级的指示、布置工作、发布要求下级机关必须执行或者周知的事项、转发上级或不相隶属机关的公文、知照一般事项等都可以使用通知。

(二) 使用范围的广泛性

一是内容广泛,政治、经济、文化、教育、科技等各个行业及领域均可使用通知行文;二是作者广泛,通知不受发文机关性质和级别高低的限制,任何单位均可使用。

(三) 内容的单一性

通知的内容单一、主题集中、一文一事,不允许把两件以上的事情放在一个通知中。

(四) 一定的指导性

用通知发布规章、传达指示、布置工作、转发文件,都体现了通知的指导功能。其内容既要提出"干什么",即明确具体任务,让人一目了然,又要规定"怎么办",即提出相应要求,以便让人照此办理。

(五) 严格的执行性

通知一般用于下行文,上级机关的通知一般对工作目标、任务、措施、步骤等作出明确说明和具体要求,下级机关应当严格遵照上级机关的通知要求认真贯彻执行,不得有误。

三、通知的分类

（一）指示性通知

指示性通知是用于上级机关指示下级机关如何开展工作，传达领导机关的指示精神的公文。

（二）任免性通知

任免性通知是用于任免和聘用有关人员的通知。

（三）事务性通知

事务性通知是用于处理日常工作中的具体事务的文种，也常用于办理临时性的工作事项。

（四）周知性通知

周知性通知是用于要求有关机关或单位周知某一活动或事项的公文，它一般不具有强制性。

（五）发布、批转、转发性通知

这类通知用于发布（印发）有关规定、办法，批转下级机关的公文，转发上级机关或不相隶属机关的公文。

（六）会议通知

会议通知是上级对下级、组织对成员或平行单位之间为部署工作和传达事情等而召开会议时所使用的公文。

四、通知的拟写

通知是由标题、主送机关、正文、发文机关署名与成文日期几部分构成。

（一）标题

通知的标题有两种形式：一是由"发文机关名称+事由+文种"构成，如《国务院办公厅关于五一劳动节放假的通知》；二是由"事由+文种"组成，如《关于召开全省教育工作会议的通知》。

要特别注意,如遇紧急情况而进行的发文,可在通知前加"紧急"二字。凡属于发布、批转、转发类公文,在标题中要写明"发布""批转""转发"等字样。

(二)主送机关

通知是下行文,有明确的受文对象,应写明主送机关。

(三)正文

通知的正文一般由通知缘由、通知事项、结语组成。

1. 通知缘由

在正文的开头部分写明发布通知的原因、根据、目的或意义。

2. 通知事项

这是正文的主体部分,有关指示的事项、安排的工作、提出的措施、实施的步骤等,都要有条理地表达,内容简单的可采用篇段合一的形式,内容复杂的可以分条列项,逐一阐释。

3. 结语

可在结尾处提出执行的要求,如无必要,这部分也可省略。

(四)发文机关署名与成文日期

在正文右下角部分,标明发文机关名称与成文日期。

 范文一:周知性通知

××大学关于启用新"××大学"印章的通知

各单位:

经 2019 年 2 月 16 日学校办公会议研究决定,自 2019 年 2 月 18 日起启用新"××大学"印章,印模附后。原"××大学"印章同时作废。

××大学

2019 年 2 月 16 日

范文二：转发性通知

国务院办公厅转发国家发展改革委关于
深化公共资源交易平台整合共享
指导意见的通知

各省、自治区、直辖市人民政府，国务院各部委、各直属机构：

国家发展改革委《关于深化公共资源交易平台整合共享的指导意见》已经国务院同意，现转发给你们，请认真组织实施。

国务院办公厅
2019 年 5 月 19 日

关于深化公共资源交易平台整合共享的指导意见（略）

 范文三：指示性通知

国务院办公厅关于开展
城镇小区配套幼儿园治理工作的通知

各省、自治区、直辖市人民政府，国务院各部委、各直属机构：

城镇小区配套建设幼儿园是城镇公共服务设施建设的重要内容，是扩大普惠性学前教育资源的重要途径，是保障和改善民生的重要举措。2018 年 11 月，党中央、国务院印发《关于学前教育深化改革规范发展的若干意见》，提出规范小区配套幼儿园建设使用，并对小区配套幼儿园规划、建设、移交、办园等情况进行治理作出部署。为落实相关要求，经国务院同意，现就开展治理工作有关事项通知如下：

一、总体要求

以习近平新时代中国特色社会主义思想为指导，全面贯彻党的十九大和十九届二中、三中全会精神，落实全国教育大会部署，坚持以人民为中心的发展思想，认真履行政府责任，依法落实城镇公共服务设施建设规定，着力构建以普惠性资源为主体的学前教育公共服务体系，聚焦小区配套幼儿园规划、建设、移交、办园等环节存在的突出问题开展治理,进一步提高学前教育公益普惠水平,切实办好学前教育,满足人民群众对幼有所育的期盼。

二、工作任务

1. 城镇小区严格依标配建幼儿园。严格遵循《中华人民共和国城乡规划法》和《城市居住区规划设计标准》(GB 50180),老城区(棚户区)改造、新城开发和居住区建设、易地扶贫搬迁应将配套建设幼儿园纳入公共管理和公共服务设施建设规划,并按照相关标准和规范予以建设。城镇小区没有规划配套幼儿园或规划不足,或者有完整规划但建设不到位的,要依据国家和地方配建标准,通过补建、改建或就近新建、置换、购置等方式予以解决。对存在配套幼儿园缓建、缩建、停建、不建和建而不交等问题的,在整改到位之前,不得办理竣工验收。

2. 确保小区配套幼儿园如期移交。已建成的小区配套幼儿园应按照规定及时移交当地教育行政部门,未移交当地教育行政部门的应限期完成移交,对已挪作他用的要采取有效措施予以收回。有关部门要按规定对移交的幼儿园办理土地、园舍移交及资产登记手续。

3. 规范小区配套幼儿园使用。小区配套幼儿园移交当地教育行政部门后,应当由教育行政部门办成公办园或委托办成普惠性民办园,不得办成营利性幼儿园。办成公办园的,当地政府及有关部门要做好机构编制、教师配备等方面的工作;委托办成普惠性民办园的,要做好对相关机构资质、管理能力、卫生安全及保教质量等方面的审核,明确补助标准,加强对普惠实效及质量方面的动态监管。

三、工作措施

1. 摸底排查。各地以县(市、区)为单位,对城镇小区配套幼儿园情况进行全面摸底排查,针对规划、配建、移交、使用不到位等情况,分别列出清单、建立台账。该项工作于2019年4月底前完成。

2. 全面整改。针对摸底排查出的问题,从实际出发,认真制定有针对性的整改措施,按照"一事一议""一园一案"的要求逐一进行整改。对于已经建成、需要办理移交手续的,原则上于2019年6月底前完成;对于需要回收、置换、购置的,原则上于2019年9月底前完成;对于需要补建、改建、新建的,原则上于2019年12月底前完成相关建设规划,2020年12月底前完成项目竣工验收。

3. 监督评估。对各地自查、摸排、整改等环节加强督导、监督和评估,并针对关键环节适时进行抽查,对落实不力、整改不到位的地区进行通报。

四、组织实施

1. 建立治理工作协调机制。(略)

2. 落实治理责任分工。(略)

3. 加强治理工作保障。(略)

各省(自治区、直辖市)治理工作方案、反映意见渠道以及摸底排查、整改等情况,要及时报送治理工作联合办公室。

国务院办公厅
2019 年 1 月 9 日

范文四:任免通知

中共教育部党组关于××同志任职的通知

中国高等教育学会秘书处:

中共教育部党组 2019 年 7 月 2 日决定,任命××同志为中国高等教育学会秘书处秘书长(试用期一年)。

中共教育部党组
2019 年 7 月 11 日

范文五:会议通知(培训通知)

教育部办公厅关于举办
2019 年教育系统信访工作培训班的通知

各省、自治区、直辖市教育厅(教委),新疆生产建设兵团教育局,部属各高等学校、部省合建各高等学校,部内各司局、有关直属单位:

根据 2019 年教育部干部培训班次计划安排,定于 2019 年 6 月 17 日至 21

日在国家教育行政学院举办教育系统信访工作培训班。现将有关事项通知如下。

一、培训主题

以习近平新时代中国特色社会主义思想为指导,全面贯彻党的十九大和十九届二中、三中全会精神,深入学习贯彻落实习近平总书记关于加强和改进人民信访工作重要思想,推动教育系统信访工作规范化、法制化、信息化建设,打造高素质专业化教育信访干部队伍,提升教育信访工作的质量、效率和公信力,为加快推进教育现代化、建设教育强国、办好人民满意的教育更好地服务。

二、培训对象

各省级教育行政部门、直属高校、部省合建高校、部内各司局和有关直属单位1位负责信访工作的同志。

三、培训时间、地点

时间:2019年6月17日至21日。

地点:国家教育行政学院(北京市大兴区清源北路)。

四、培训费用

培训期间食宿及培训费用由教育部承担,其他费用由派出单位承担。

五、报名方式

请各单位于2019年5月28日(星期二)前将报名表(见附件1)Word版发送到报名联系人电子信箱,并及时将本通知转发参训学员。

请参训学员收到网上报名短信提醒后,于2019年5月31日(星期五)前按照"网上报名操作指南"(见附件2)进行网上"学员情况登记表"填报和打印,加盖单位公章并贴照片,报到时交签到处。

报名联系人:×××

联系电话:010-××××××××   010-××××××××转×××

传 真:010-××××××××(自动)

电子信箱:××××××

六、报到事宜

1.报到时间:2019年6月17日(星期一)8时至17时报到。报到时须提交盖有单位公章的"学员情况登记表"原件(贴照片)、身份证、1寸彩色照片1张,以便办理学员证。

2. 报到地点:北京市大兴区清源北路国家教育行政学院校长大厦(乘车路线见附件3)。

接待联系电话:010-××××××××或××××××××-××××。

附件:1. 教育系统信访工作培训班报名表
  2. 网上报名操作指南
  3. 乘车路线

教育部办公厅
2019年5月7日

【练习题】

一、单选题

1. 对重要问题提出见解和处理办法时应使用的文种是(　　)。

 A. 报告　　　　B. 通告　　　　C. 意见　　　　D. 请示

2. 发布、传达要求下级机关执行和有关单位周知或者执行的事项以及批转、转发公文时应使用(　　)。

 A. 决定　　　　B. 通告　　　　C. 意见　　　　D. 通知

3. 答复下级机关的请示事项时应使用(　　)。

 A. 通告　　　　B. 通知　　　　C. 批复　　　　D. 意见

二、多选题

1. 以下关于意见说法正确的是(　　)。

 A. 意见行文方向灵活,可上行,可下行,可平行

 B. 意见的发文机关不受级别性质的限制,任何单位都可使用

 C. 意见一般没有约束和执行功能,只起参考作用

 D. 意见都使用"以上意见如无不妥,请批转"作结尾语

2. 以下关于通知说法正确的是(　　)。

 A. 通知不受内容的制约,应用广泛,使用频率高

 B. 通知不受发文机关性质和级别的限制,任何单位均可使用

C. 通知的内容单一,行文简便,要求主题集中、一文一事

D. 通知一般用于下行文,有时也可用于平行文和上行文

三、判断题

1. 批复一般是被动行文,有时也可主动行文。

2. 批复对下级机关具有极强的约束力和指示性,是下级机关工作的依据。

3. 批复是下行文,和下行通知的功能相同,批复可以代替通知行文。

4. 批复的观点和态度必须明确,不能态度含混,模棱两可。

5. 党政机关、社会团体、企事业单位等都可以使用意见。

四、简答题

1. 批复在行文关系上有哪些特点?

2. 通知有哪些类型?在写作通知时应注意哪些事项?

3. 意见有哪些特点?

五、写作题

1. 假如你所在的学院要于9月10日19点整举办迎接新生暨庆祝教师节文艺晚会,要求全院师生提前20分钟到场,请你以学院名义写一份通知,各要素自拟。

2. 高校大学生社团繁多,假如你所在的大学要加强对大学生社团的管理,请你以学校的名义写一份加强大学生社团管理的意见,各要素自拟。

练习题参考答案

第七章 晓谕类公文

学习重点

晓谕类公文,是指党政机关、社会团体或企事业单位就某些重要事项告知相关群体而使用的一种文种,包括公告、通告、公报、通报。这类公文或用于向国内外宣布重要事项或法定事项,或用于向一定范围内告知需要遵守或周知的事项,或用于发布重要决策或通报外国元首来访的情况以及达成的共识,或用于表彰、批评某(些)单位或个人。此类公文涉及范围往往较大,它的制发必须谨慎,一旦出错将会产生重大影响。因此,党政机关(特别是级别较高的机关)的工作人员必须学会规范、准确地起草此类公文。

通过本章的学习,重点了解公告、通告、公报、通报的适用范围和特点;明确它们的区别,掌握此类公文的写作方法;此外,对于社会团体或者企事业单位而言,通报是使用较为频繁的文种,应重点掌握。

晓谕类公文是指单位之间或管理机关之间向社会通报情况、沟通信息、公布事项、联系工作时使用的公文,主要包括公告、通告、公报、通报等文种。

第一节 公 告

一、公告的适用范围

公告适用于向国内外宣布重要事项或法定事项。

二、公告的特点

(一)发文机关的限定性

公告涉及的一般都是重要事项或法定事项,这就决定了其不是一般机关

可以随意使用的文种,其制发主体一般应是省部级及以上的国家机关。一般基层机关、地方主管部门以及群团组织、社会团体、企事业单位不能发布公告。任何单位都不准拿公告当广告或启事使用。

（二）题材的重大性

公告的题材一定是能在国际、国内产生一定影响的重要事项,或者依法必须向国内外公布的法定事项。一般性的决定、通知、通告、启事的内容都不能用公告的形式发布,因其不具有国际性的意义。

（三）传播方式的新闻性

公告不仅在内容上具有一定的新闻性,而且在传播方式上也具有新闻性的特征。在我国,公告经常是授权新华社,通过报纸、广播、电视、网络等新闻媒介公开发布。

（四）传播范围的广泛性

公告的对象不仅包括国内所有社会组织和公民个人,而且也包括国外人群。公告一旦发布,其涉及范围十分广泛,产生的影响重大。

三、公告的分类

（一）宣布重要事项的公告

凡是涉及国家的政治、经济、军事、科技、教育、人事、外交等方面需要告知全民的重要事项,都属于此类公告。这种公告也多为知照性的公告,发布公告的目的只是让公众了解即可,不需要公众遵守执行。例如,国家重要领导岗位的变动、全国人大代表资格确认的公告。

（二）宣布法定事项的公告

凡是按照我国宪法和法律规定必须予以公布的重大事项都属于此类公告。例如,全国人民代表大会关于公布人大常务委员会委员长、副委员长、秘书长,中华人民共和国主席、副主席,军事委员会主席、副主席、委员,最高人民法院院长,最高人民检察院检察长的选举结果的公告以及《国家公务员暂行条例》规定的国家录用公务员必须发布的招考公告。

四、公告的写法

（一）标题

公告标题的标准写法是由发文机关名称、发文事由、文种三部分构成，而实际撰写公告的过程中往往省略发文机关名称和发文事由的一项或者两项。所以公告的标题通常有四种写法：

第一种写法，由"发文机关名称+发文事由+文种"构成。例如，《国家统计局关于2011年年度国内生产总值（GDP）初步核实的公告》。

第二种写法，由"发文机关名称+文种"构成。例如，《中华人民共和国财政部公告》。

第三种写法，由"发文事由+文种"构成。例如，《关于2012年全国早稻产量的公告》。

第四种写法，只有"公告"二字。

（二）发文字号

公告不属于常规的版头文件，其发文字号一般不采用标准的格式，而是采用"×年+第×号"或者"第×号"的形式，写在标题的下方。

（三）正文

公告的正文一般由缘由、事项和结语三部分组成。"缘由"部分应写明发布公告的原因、目的和根据，但视具体情况而定，有的公告省略缘由直陈事项。"事项"可以根据具体内容确定写法：如果内容单一，可以采用篇段合一的方式；如果内容较多，可以采用分段叙述的方式。"结语"一般采用"特此公告"或"现予公告"等字样，于事项后另起一行书写。

（四）发文机关署名与成文日期

公告应标注发文机关或会议名称、成文日期。

五、公告的注意事项

（1）使用明确。公告的使用，不能违背"公告适用于向国内外宣布重要事项或者法定事项"的有关规定，不能和"通告"混用，更不能误将其当作"广告""启事"来使用。

（2）言简意赅。公告作为宣布重要事项和法定事项的公文，表达要简明，不宜采用议论式的语言去描述。

 范文一：宣布重要事项的公告

中华人民共和国财政部公告

2012 年第 60 号

根据国家国债发行的有关规定，财政部决定发行2012年第十一期储蓄国债（电子式）（以下简称第十一期）和 2012 年第十二期储蓄国债（电子式）（以下简称第十二期）。储蓄国债（电子式）是财政部面向个人投资者发行的，以电子方式记录债权的一种不可上市流通的人民币债券。现将有关事项公告如下：

一、本次发行的两期国债为固定利率固定期限国债，其中第十一期期限为 3 年，年利率4.76%，最大发行额为 210 亿元；第十二期期限为5年，年利率5.32%，最大发行额为 90 亿元。本次发行的两期国债发行期为 2012 年 9 月 10 日至 9 月 19 日。公告公布日至发行开始前一日，如遇中国人民银行调整同期限金融机构存款利率，这两期国债从调息之日起取消发行。发行期内，如遇中国人民银行调整同期限金融机构存款利率，这两期国债从调息之日起停止发行。

二、本次发行的两期国债从 2012 年 9 月 10 日起息，按年付息，每年 9 月 10 日支付利息，第十一期于 2015 年 9 月 10 日偿还本金并支付最后一次利息，第十二期于 2017 年 9 月 10 日偿还本金并支付最后一次利息。财政部通过 2012—2014 年储蓄国债承销团成员（以下简称承销团成员）于付息日或到期日将国债利息或本金拨付投资者指定的资金账户，转入资金账户的本息资金作为居民存款由承销团成员按活期存款利率计付利息。

三、本次发行的两期国债以 100 元为起点按 100 元的整数倍发售、兑付和办理各项业务，每个账户购买单期国债最高限额为 500 万元。本次发行的两期国债实行实名制，不可以流通转让，可以按照相关规定提前兑取、质押贷款和非交易过户。

四、投资者购买本次发行的两期国债，需持本人有效身份证件和承销团成员的活期存折(或借记卡)在承销团成员网点开立个人国债账户,个人国债账户不收开户费和维护费用,开立后可以永久使用。已经通过承销团成员开立记账式国债托管账户的投资者可继续使用原来的账户购买储蓄国债(电子式),不必重复开户。活期存折(或借记卡)的相关收费按照各行标准执行。

五、本次发行的两期国债在发行期内不能提前兑取,发行期结束后开始办理。从2012年9月10日开始计算,持有本次发行的两期国债不满6个月提前兑取不计付利息,满6个月不满24个月按发行利率计息并扣除180天利息;满24个月不满36个月按发行利率计息并扣除90天利息;持有第十二期满36个月不满60个月按发行利率计息并扣除60天利息。提前兑取本次发行的两期国债需按照兑取本金的1‰缴纳手续费。付息日(到期日)前7个法定工作日起停止办理提前兑取、非交易过户等一切与债权转移相关业务,付息日恢复办理。

六、38家2012—2014年储蓄国债承销团成员在全国已经开通相应系统的地区和营业网点销售本次发行的两期国债。

特此公告。

中华人民共和国财政部
2012年9月3日

范文二:宣布法定事项的公告

中华人民共和国全国人民代表大会公告

第二号

第十三届全国人民代表大会第一次会议于2018年3月17日选举习近平为中华人民共和国主席。

现予公告。

中华人民共和国第十三届全国人民代表大会
第一次会议主席团
2018年3月17日于北京

第二节 通　告

一、通告的适用范围

通告适用于在一定范围内公布应当遵守或者周知的事项。通告是党政机关、人民团体、企事业单位都可以使用的文种,属于下行文。

二、通告的特点

(一)应用的广泛性

通告的使用单位、涉及内容以及公布的方式都是多样的。机关、团体、企事业单位皆可就相关的政治、经济、文化等领域内需要社会公众周知或遵照执行的事项,通过张贴、登报、电视、广播等途径发布通告。

(二)受文对象的限定性

通告适用于一定范围内公布应当遵守或周知的事项,其范围具有一定的限制性,其对象一般只是涉及国内部分人群,而不同于公告拥有国内外公众这一广泛的受文对象。

(三)发文内容的周知性、法规性以及事务性

通告的内容要求在一定范围内的人们或特定人群普遍知晓,以使他们了解有关政策法令,遵守某些规定事项,所以通告的内容具有周知性;通告常用来公布地方性法规和规定,所以通告的内容又具有法规性;此外,通告是一种直接指向某项事务的文种,务实性比较突出,所以通告内容还具有事务性。

(四)作用效力的强制性

通告的内容一般都具有较强的行政效力和制约性,通告一旦发布,使用范围内的人民群众必须遵守和执行,不得违反,否则将受到处理或法律制裁。

三、通告的分类

按照法规性的强弱,可以将通告分为法规性通告和知照性通告两类。需要说明的是,虽然做了这样的划分,并不是说二者有明确的界限,法规性的通告同时也会有知照性,只是法规性较强而已。

（一）法规性通告

法规性通告是由各级权力机关、行政机关以及司法机关以通告形式发布的具有约束力的法规性文件。这种通告的内容一般是禁止做什么，强制性的措施较多。例如，北京市《关于依法查处人力三轮车无照经营和违法行驶的通告》就属于此类。

（二）知照性通告

知照性通告的内容是告知行文对象一些具体事务，其法规性较弱。这种通告的发文单位比较宽泛，所有单位均可以使用。例如，《北京市人民政府关于APEC会议期间调休放假的通告》就属知照性通告。

四、通告的写法

通告跟公告一样，由标题、发文字号、正文、发文机关署名与成文日期四部分构成。由于是公开发布的公文，所以无主送机关。

（一）标题

一是由"发文机关名称+发文事由+文种"构成。如《工业和信息化部关于计算机信息系统集成行业管理有关事项的通告》。

二是由"发文事由+文种"构成。如《关于加强中国2010年上海世博会期间寄递物品安全监管工作的通告》。

三是由"发文机关名称+文种"构成。如《山东省财政厅通告》。

四是由"文种"单独构成。这种写法常用于如停水、停电等临时性通告，一般不建议采用这种写法。

（二）发文字号

通告的发文字号一般分为三种情况：

一是按照标准发文字号格式由发文机关代字、年份和序号组成，如国邮发〔2010〕×号；

二是某一行业管理部门发布通告时常采用"××年第×号""第×号"的形式，置于标题下方正中；

三是基层单位发布通告时有时省略字号。

（三）正文

1. 通告缘由

通告缘由是用简洁的语言表述发布通告的原因、目的、依据和意义。如"为切实维护中国2010年上海世博会（以下简称上海世博会）期间寄递物品安全，规范寄递市场经营秩序，保障国家利益和人民生命财产安全，现就加强寄递物品安全监管工作的有关事项通告如下……"。

2. 通告事项

这是通告的主体部分，如何写视内容而定。若内容复杂，较多采用分条列项式的写法，使其条理分明、层次清晰；若内容单一，也可以采用贯通式写法。

3. 通告结语

通告的结尾常需要告知通告施行的时间，多采用"本通告自发布之日实施"或"特此通告"等固定用语。

（四）发文机关署名与成文日期

在文尾处标明发文机关和成文日期，同时加盖发文机关印章。

五、通告与公告的区别

（一）发布内容不同

公告用于发布重要事项和法定事项，涉及内容多是国家大事或省市级的行政大事，或者用于履行法律规定必须遵循的程序。小的局部性事项和非法定的事项，不能采用公告的形式发布。而通告是用来发布在一定范围内需要遵守或周知的事项，涉及的事项一般没有公告重大。

（二）发文机关不同

公告是一种高级别文种，只有涉及全局性的重大事项或法定事项时，才能由高级别的行政部门发布。而通告是一种高级别行政机关和基层单位都可以使用的文体，不仅行政机关可以制发，社会团体、企事业单位也可以制发。

（三）发布范围不同

公告是向国内外发布重要事项和法定事项时采用的文种。而通告虽然也是面向社会发布的，但多限定在一个特定的社会范围内，有时也指向特定的人群,要求特定范围内特定人群遵守或周知。

（四）发布方式不同

公告一般是委托新华社通过电视、广播、报刊等新闻媒体向国内外发布,一般不用红头文件的形式下发,也不能印成布告的形式张贴。而通告既可以在媒体上刊登,也可以用红头文件的形式下发,还可以公开张贴。

 范文一：法规性通告

济南市人民政府关于全面实施餐厨废弃物统一收运处置的通告

为规范餐厨废弃物管理,维护城乡环境卫生,保障食品安全,促进资源循环利用,根据《山东省餐厨废弃物管理办法》(省政府令第274号)等有关规定,确定在我市各区范围内全面实施餐厨废弃物统一收集、运输和处置。现将有关事项通告如下：

一、餐厨废弃物由依法取得餐厨废弃物收运、处置经营许可并签订经营协议的企业,采取定点、定时方式收运,按照有关作业标准进行处置。未签订经营协议的单位和个人不得从事餐厨废弃物收运、处置活动。

二、餐厨废弃物产生单位应当与取得相关经营许可的餐厨废弃物收运企业签订餐厨废弃物收运协议,负责将餐厨废弃物放入专用收集容器,并保持容器整洁完好;按规定安装油水分离器或建设隔油池等污染防治设施,不得将餐厨废弃物排入排水管道、河道、公共场所等处,不得与其他垃圾混合收集,或交由未取得餐厨废弃物收运经营许可的单位(个人)收运。

三、餐厨废弃物收运单位应当按照作业标准和收运协议收运餐厨废弃物,并将餐厨废弃物运输到指定处置场所。餐厨废弃物处置单位应当按照相关技术标准和特许经营协议依法处置餐厨废弃物,并自觉接受有关部门监管。

四、对违反本通告规定的单位(个人),依据《山东省餐厨废弃物管理办法》等相关规定予以查处。鼓励单位和个人向环境卫生主管部门据实举报违反餐厨废弃物管理规定的行为(投诉举报电话:16039)。

五、各区政府、济南高新区管委会为辖区餐厨废弃物管理第一责任主体,并建立健全工作协调机制。环境卫生主管部门负责本行政区域内餐厨废物监管,有关部门按照各自职责做好餐厨废弃物管理相关工作。

六、本通告自公布之日起施行,有效期5年。

济南市人民政府

2014年3月27日

范文二：知照性通告

济南市人民政府关于公布济南市 2008 年度享受经济适用住房和廉租住房政策有关标准的通告

各县(市)、区人民政府,市政府各部门：

根据《济南市经济适用住房管理办法》(市政府令第227号)和《济南市城市低收入家庭廉租住房管理办法》(市政府令第226号),现将济南市2008年度享受经济适用住房和廉租住房政策的有关标准公布如下：

一、享受购买经济适用住房政策的有关标准

(一)家庭低收入标准：家庭成员人均年可支配收入低于14404元(含)。

(二)家庭住房困难标准：家庭人均住房建筑面积低于17平方米(含)。

(三)经济适用住房保障面积标准：每户建筑面积不高于65平方米。

二、享受廉租住房保障政策的有关标准

(一)家庭低收入标准：家庭成员人均年可支配收入低于14404元(含)。

(二)家庭住房困难标准：家庭人均住房使用面积低于10平方米(含)。

(三)租金补贴保障面积标准：家庭人均使用面积14平方米。

(四)租金补贴发放标准：享受最低生活保障的家庭每人每月每平方米使用面积为13元；不享受最低生活保障,且家庭人均年可支配收入低于7670元(含)的,每人每月每平方米使用面积为11元；家庭人均年可支配收入在7670元(不含)至10000元(含)之间的,每人每月每平方米使用面积为10元；家庭人均年可支配收入在10000元(不含)至14404元(含)之间的,每人每月每平方米使用面积为9元。

济南市人民政府

2008年4月30日

第三节 公 报

一、公报的适用范围

公报适用于公布重要决定或重大事项。公报作为党的机关公文出现时,主要是党的中央机关用于发布重要决策。公报作为行政公文使用时,主要是国家和政府用以通报外国元首或政府首脑来访时的情况以及双方达成的共识,有时也用于政府统计机关发布统计结果。

二、公报的特点

(一)重要性

公报的发布机关级别很高,或者是以中共中央的名义,或者是以国家的名义,或者是以政府的名义发布。公报所涉及的内容,应是国内外普遍关心和瞩目的重大事件或重要决定。

(二)公开性

公报是公之于众的文件,无须保密,没有主送机关也没有抄送机关,是周知性的公文。

(三)新闻性

公报的内容都是新近发生的事件或者新近作出的决定,属于人民群众关心、应知而未知的事项,要求制作和发布迅速、及时,因此具有新闻性的特点。

三、公报的分类

公报可以分为四类:会议公报、新闻公报、联合公报、统计公报。

(一)会议公报

会议公报是党的重要会议就会议情况或重要决定事项公开发布的公报,其内容必须是经会议讨论通过并决定公开的。例如《中国共产党第十八届中央委员会第六次全体会议公报》。

（二）新闻公报

新闻公报是以新闻的形式将重大事件向国内外公布的文件。它往往通过新闻媒介公之于众，阅读范围没有限制，要求具有新闻的及时性和真实性。例如《上海合作组织成员国元首理事会会议新闻公报》。

（三）联合公报

联合公报是政党之间、国家之间、政府之间就某些重大事项或问题，经过会谈、协商取得一致意见或达成谅解后，双方联合签署发布的文件。例如《中华人民共和国和巴西联邦共和国联合公报》。

（四）统计公报

统计公报是用于国家和政府统计机关发布国民经济、社会发展方面情况的一种公文。例如《2017年我国卫生健康事业发展统计公报》。

四、公报的写法

公报一般情况下由标题和正文两部分构成，但是联合公报视情况而定，有时需要在尾部签署国家元首名字。

（一）标题

公报的标题常采用"会议名称+文种""会议名称+新闻公报""国名+联合公报""统计内容+文种"等形式，基本上都是两项式。会议公报需在标题下括号内注明"×年×月×日会议通过"，其他类型公报的标题下只需注明时间。

（二）正文

公报的正文一般都由开头、主体、结尾三部分构成。

1. 开头

会议公报的开头需写明会议基本情况，如会议的时间、地点、出席人员、主持人等；新闻公报的开头应当概述最核心、最重要的新闻事实，并写明事件的过程以及与此有关的立场、态度、做法、评价等；联合公报的开头部分包括时间、地点、人物、事件等；统计公报的开头需交代数据产生的背景和来源。

2. 主体

会议公报的主体部分介绍会议议定的情况和主要精神；新闻公报的主体部分以新闻的形式将重要决定或重大事项向党内外、国内外公布；联合公报的主体部分写双方议定的事项,必要时分条列项;统计公报的主体部分列出相关数据。

3. 结尾

会议公报的结尾常常发出号召、提出希望和要求等;新闻公报的结尾一般提出希望、发出号召,还可以补充意义、交代会议气氛或双方对会谈的肯定态度,也可省略结尾;联合公报的结尾可补充意义、交代会议气氛或双方对会谈的肯定态度,以及受邀回访的意向等,也可视情况省略结尾部分;统计公报一般没有结尾。

五、公报的注意事项

(1) 写作严谨。公报所涉及的都是重大事件、重要会议和重要决定,所以在文字阐述上一定要周密、严谨、准确、严肃。

(2) 内容确切。公报作为党和国家高级机关使用的公文,用以公布重大事项和重大决定,因此十分讲究用语的准确性和概括性,必须把准确意图传递给读者。

(3) 重点突出。公报的写作重点应该放在对时间的陈述和观点的阐述上,要紧扣全文的核心来写。

 范文一:会议公报

中国共产党第十八届中央委员会第六次全体会议公报

(2016年10月27日中国共产党第十八届中央委员会第六次全体会议通过)

中国共产党第十八届中央委员会第六次全体会议,于2016年10月24日至27日在北京举行。

出席这次全会的有,中央委员197人,候补中央委员151人。中央纪律检查委员会委员和有关方面负责同志列席会议。党的十八大代表中部分基层同志和专家学者也列席会议。

全会由中央政治局主持。中央委员会总书记习近平作了重要讲话。

全会听取和讨论了习近平受中央政治局委托作的工作报告,审议通过了《关于新形势下党内政治生活的若干准则》和《中国共产党党内监督条例》,审议通过了《关于召开党的第十九次全国代表大会的决议》。习近平就《准则

（讨论稿）》和《条例（讨论稿）》向全会作了说明。

全会充分肯定党的十八届五中全会以来中央政治局的工作。一致认为，面对复杂的国际国内形势，中央政治局高举中国特色社会主义伟大旗帜，坚持以马克思列宁主义、毛泽东思想、邓小平理论、"三个代表"重要思想、科学发展观为指导，全面贯彻党的十八大和十八届三中、四中、五中全会精神，深入贯彻习近平总书记系列重要讲话精神和治国理政新理念新思想新战略，把握时代大势，回应实践要求，团结带领全党全国各族人民同心协力、苦干实干，统筹推进"五位一体"总体布局和协调推进"四个全面"战略布局，开展"两学一做"学习教育，推动全面深化改革、供给侧结构性改革、国防和军队改革迈出重大步伐，党和国家各项工作取得新的重大进展。

全会高度评价全面从严治党取得的成就，认为党的十八大以来，以习近平同志为核心的党中央身体力行、率先垂范，坚定推进全面从严治党，坚持思想建党和制度治党紧密结合，集中整饬党风，严厉惩治腐败，净化党内政治生态，党内政治生活展现新气象，赢得了党心民心，为开创党和国家事业新局面提供了重要保证。

全会总结了我们党开展党内政治生活的历史经验，分析了全面从严治党面临的形势和任务，认为办好中国的事情，关键在党，关键在党要管党、从严治党。党要管党必须从党内政治生活管起，从严治党必须从党内政治生活严起。为更好进行具有许多新的历史特点的伟大斗争、推进党的建设新的伟大工程、推进中国特色社会主义伟大事业，经受"四大考验"、克服"四种危险"，有必要制定一部新形势下党内政治生活的准则。

全会强调，新形势下加强和规范党内政治生活，必须以党章为根本遵循，坚持党的政治路线、思想路线、组织路线、群众路线，着力增强党内政治生活的政治性、时代性、原则性、战斗性，着力增强党自我净化、自我完善、自我革新、自我提高能力，着力提高党的领导水平和执政水平、增强拒腐防变和抵御风险能力，着力维护党中央权威、保证党的团结统一、保持党的先进性和纯洁性，努力在全党形成又有集中又有民主、又有纪律又有自由、又有统一意志又有个人心情舒畅生动活泼的政治局面。

…………

全会提出，共产主义远大理想和中国特色社会主义共同理想，是中国共产党人的精神支柱和政治灵魂,也是保持党的团结统一的思想基础。必须把坚定理想信念作为开展党内政治生活的首要任务。全党同志必须把对马克思主义的信仰、对社会主义和共产主义的信念作为毕生追求,坚定对中国特色社会主义的道路自信、理论自信、制度自信、文化自信。领导干部特别是高级干部要以实际行动让党员和群众感受到理想信念的强大力量。全党必须毫不动摇坚持马克思主义指导思想,党的各级组织必须坚持不懈抓好理论武装,广大党员、干部特别是高级干部必须自觉抓好学习、增强党性修养。

....

全会决定,中国共产党第十九次全国代表大会于2017年下半年在北京召开。全会认为,召开党的十九大是党和国家政治生活中的一件大事,全党要全面贯彻党的十八大和十八届三中、四中、五中、六中全会精神,团结带领全国各族人民,坚定信心,奋发进取,进一步做好党和国家各项工作,特别是要切实做好思想理论准备工作、组织准备工作、经济社会发展工作、意识形态工作,切实维护社会和谐稳定,以优异成绩迎接党的十九大召开。

....

全会号召,全党同志紧密团结在以习近平同志为核心的党中央周围,全面深入贯彻本次全会精神,牢固树立政治意识、大局意识、核心意识、看齐意识,坚定不移维护党中央权威和党中央集中统一领导,继续推进全面从严治党,共同营造风清气正的政治生态,确保党团结带领人民不断开创中国特色社会主义事业新局面。

 范文二:新闻公报

上海合作组织成员国元首理事会会议新闻公报

(2018年6月9日至10日,青岛)

2018年6月9日至10日,上海合作组织成员国元首理事会会议在中国青岛举行。

印度共和国总理莫迪、哈萨克斯坦共和国总统纳扎尔巴耶夫、中华人民共和国主席习近平、吉尔吉斯共和国总统热恩别科夫、巴基斯坦伊斯兰共和国总统侯赛因、俄罗斯联邦总统普京、塔吉克斯坦共和国总统拉赫蒙和乌兹别克斯坦共和国总统米尔济约耶夫出席会议。

会议由中华人民共和国主席习近平主持。

上合组织秘书长阿利莫夫、地区反恐怖机构执委会主任瑟索耶夫参加会议。

阿富汗伊斯兰共和国总统加尼、白俄罗斯共和国总统卢卡申科、伊朗伊斯兰共和国总统鲁哈尼、蒙古国总统巴特图勒嘎，以及联合国常务副秘书长阿明娜、独联体执委会主席列别杰夫、集体安全条约组织秘书长哈恰图罗夫、东南亚国家联盟秘书长林玉辉、亚洲相互协作与信任措施会议秘书处执行主任宫建伟、欧亚经济委员会执委会主席萨尔基相、世界银行副行长克瓦、国际货币基金组织亚太部主任李昌墉与会。

成员国领导人讨论了2017年阿斯塔纳峰会决议落实情况和在国际政治和世界经济矛盾日益凸显的背景下上合组织下一步发展的首要任务。各方的一致立场体现在青岛宣言中。

各成员国坚定秉持上合组织宪章所规定的宗旨和原则，遵循"上海精神"，逐步完成《上合组织至2025年发展战略》规定的各项任务。成员国强调，印度共和国和巴基斯坦伊斯兰共和国加入后上合组织合作潜力不断扩大，已成为独一无二、极具影响力和威信的地区组织。

各方重申继续加强政策沟通、设施联通、贸易畅通、资金融通、民心相通，发展安全、能源、农业等领域合作。青岛峰会批准《〈上合组织成员国长期睦邻友好合作条约〉实施纲要（2018—2022年）》。

成员国领导人就当前重大国际和地区问题交换意见，强调应继续共同致力于维护上合组织地区的安全与稳定，推动建设新型国际关系，确立构建人类命运共同体的共同理念。

成员国一贯支持在公认的国际法准则和原则框架内调解阿富汗、叙利亚、中东地区、朝鲜半岛局势和其他地区冲突。指出持续落实伊朗核问题全面协议十分重要。

成员国重申坚决支持联合国为维护世界和平与安全所做的努力，指出应以协商一致方式通过联合国关于打击国际恐怖主义的全面公约，肯定哈萨克斯坦关于在联合国框架内制定实现和平、无恐怖主义世界行为准则的倡议。

…………

成员国领导人高度评价中华人民共和国担任上合组织轮值主席国期间所做的工作，对中方在青岛峰会期间给予的热情接待和周到安排表示感谢。

上合组织下任轮值主席国将由吉尔吉斯共和国担任。上合组织成员国元首理事会下次会议将于2019年在吉尔吉斯共和国举行。

范文三：联合公报

**中华人民共和国和萨尔瓦多共和国
关于建立外交关系的联合公报**

（2018年8月22日于北京）

中华人民共和国和萨尔瓦多共和国，根据两国人民的利益和愿望，兹决定自公报签署之日起相互承认并建立大使级外交关系。

两国政府同意在互相尊重主权和领土完整、互不侵犯、互不干涉内政、平等互利、和平共处的原则基础上发展两国友好关系。

萨尔瓦多共和国政府承认世界上只有一个中国，中华人民共和国政府是代表全中国的唯一合法政府，台湾是中国领土不可分割的一部分。萨尔瓦多共和国政府即日断绝同台湾的"外交关系"，并承诺不再同台湾发生任何官方关系，不进行任何官方往来。中华人民共和国政府对萨尔瓦多共和国政府的上述立场表示赞赏。

中华人民共和国政府和萨尔瓦多共和国政府商定，将根据1961年《维也纳外交关系公约》规定和国际惯例，尽早互派大使，并在对等基础上在各自首都为对方设立使馆和履行职务提供一切必要的协助。

中华人民共和国政府代表	萨尔瓦多共和国政府代表
×××（签字）	×××（签字）

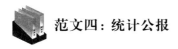
范文四：统计公报

2010年第六次全国人口普查主要数据公报
2011年4月28日

根据《全国人口普查条例》和《国务院关于开展第六次全国人口普查的通知》，我国以2010年11月1日零时为标准时点进行了第六次全国人口普查。在国务院和地方各级人民政府的统一领导下，在全体普查对象的支持配合下，通过广大普查工作人员的艰苦努力，目前已圆满完成人口普查任务。现将快速汇总的主要数据公布如下：

一、总人口

全国总人口为1370536875人。其中：

普查登记的大陆31个省、自治区、直辖市和现役军人的人口共1339724852人。

香港特别行政区人口为7097600人。

澳门特别行政区人口为552300人。

台湾地区人口为23162123人。

二、人口增长

大陆31个省、自治区、直辖市和现役军人的人口，同第五次全国人口普查2000年11月1日零时的1265825048人相比，十年共增加73899804人，增长5.84%，年平均增长率为0.57%。

三、家庭户人口

大陆31个省、自治区、直辖市共有家庭户401517330户，家庭户人口为1244608395人，平均每个家庭户的人口为3.10人，比2000年第五次全国人口普查的3.44人减少0.34人。

四、性别构成

大陆31个省、自治区、直辖市和现役军人的人口中，男性人口为686852572人，占51.27%；女性人口为652872280人，占48.73%。总人口性别比（以女性为100，男性对女性的比例）由2000年第五次全国人口普查的106.74下降为105.20。

五、年龄构成

大陆 31 个省、自治区、直辖市和现役军人的人口中,0—14 岁人口为 222459737 人,占 16.60%;15—59 岁人口为 939616410 人,占 70.14%;60 岁及以上人口为 177648705 人,占 13.26%,其中 65 岁及以上人口为 118831709 人,占 8.87%。同 2000 年第五次全国人口普查相比,0—14 岁人口的比重下降 6.29 个百分点,15—59 岁人口的比重上升 3.36 个百分点,60 岁及以上人口的比重上升 2.93 个百分点,65 岁及以上人口的比重上升 1.91 个百分点。

六、民族构成

大陆 31 个省、自治区、直辖市和现役军人的人口中,汉族人口为 1225932641 人,占 91.51%;各少数民族人口为 113792211 人,占 8.49%。同 2000 年第五次全国人口普查相比,汉族人口增加 66537177 人,增长 5.74%;各少数民族人口增加 7362627 人,增长 6.92%。

……………

十、登记误差

普查登记结束后,全国统一随机抽取 402 个普查小区进行了事后质量抽样调查。抽查结果显示,人口漏登率为 0.12%。

第四节 通 报

一、通报的适用范围

通报适用于表彰先进、批评错误、传达重要精神和告知重要情况。通报是党政机关、人民团体、企事业单位等广泛使用的下行公文。

二、通报的特点

(一)广泛性

通报的作者权限没有限制,无论是党政机关,还是人民团体和企事业单位,也不管级别高低,皆可使用。

(二)教育性

上级机关发通报的直接目的,就是让下属机构在知晓有关情况下,学习先进经验、总结教训，或者了解全局工作的进展情况，注意容易出现的问题等。

（三）典型性

通报建立在客观存在的事实基础上。无论是对全局情况的通报，还是对单一对象的通报，都离不开典型的事例。典型的事例是在一定范围内的普遍现象或者已经呈现出倾向性的现象。因此，才有制发通报的必要，才能发挥通报教育、引导的作用。

三、通报的分类

根据通报的内容，可将通报分为三种：表彰性通报、批评性通报和传达性通报。

（一）表彰性通报

表彰性通报顾名思义，就是为了表扬先进、树立榜样、鼓励学习而制发的一种公文，旨在宣传先进思想和事迹，倡导优良社会风尚，以及激励人们的工作热情和积极性。如《国务院关于表扬全国"两基"工作先进地区的通报》。

（二）批评性通报

批评性通报是用以批评错误或者普遍存在的不良风气，宣布纪律处分结果而制发的公文。其目的在于教育干部群众引以为戒，吸取教训。如《关于河北昌骅专用汽车有限公司违规行为及处理决定的通报》。

（三）传达性通报

传达性通报也称情况通报，是为了传递某些特殊社会动态、人的思想状况以及一定时期或在某些方面的工作进展情况，以引起公众广泛关注。如《国务院安委会办公室关于近期四起重特大道路交通事故情况的通报》。

四、通报的写法

通报一般由标题、主送机关、正文、发文机关署名与成文日期几部分构成。

（一）标题

因为通报需要通过标题把通报的事项阐述清楚，所以通报的"事由"不能省略。通报的标题有两种写法：

（1）由"发文机关名称+发文事由+文种"构成。如《国务院关于表扬全国"两基"工作先进地区的通报》。

（2）由"发文事由+文种"构成。如《关于河北昌骅专用汽车有限公司违规行为及处理决定的通报》。

（二）主送机关

通报通常需标明主送机关，根据实际情况也可以省略。例如，周知性的关于事故处理情况的通报常常省略主送机关。

（三）正文

通报类型不同，在写法上存在些许差异。

1. 表彰性通报

表彰性通报的正文大致由四部分组成：首先，概括先进事迹；其次，对事迹进行认定、分析和评价，指出其性质和意义；再次，对相关人员进行表彰，交代清楚给予何种表彰或何种奖励；最后，提出希望、发出号召。

2. 批评性通报

批评性通报首先概括犯错误的事实，包括事件发生的时间、地点、经过和结果；其次，分析事件的性质和造成的恶劣影响；再次，对相关人员进行批评或者作出处分；最后，提出希望和要求。

3. 传达性通报

传达性通报首先要说明通报缘由，即简要说明为何要对这一情况发出通报。如果是对某一具体情况进行通报，应该先扼要介绍这一情况，说明其性质及严重性，表明通报的目的；如果是对普遍存在的问题进行通报，也需要在开头先说明通报的原因。其次，告知通报传达的情况，陈述通报事项取得的成绩或存在的问题以及产生的影响。最后，根据需要对下一步工作提出要求。

（四）发文机关署名与成文日期

在正文右下角标注发文机关名称与成文日期。

范文一：表彰性通报

国务院关于表扬全国"两基"工作先进地区的通报

各省、自治区、直辖市人民政府，国务院各部委、各直属机构：

在党中央、国务院正确领导下，经过各地区、各部门和全国人民的共同努力，2011年我国全面实现九年义务教育，青壮年文盲率下降到1.08%。这是我国教育改革发展的重大成就。在实施"两基"（基本普及九年义务教育、基本扫除青壮年文盲）巩固提高和"两基"攻坚过程中，各地党委政府认真贯彻落实教育法律法规和方针政策，坚持教育优先发展，突出"两基"重中之重地位，加强组织领导，广泛宣传动员，上下一心，扎实工作，许多地区作出了显著成绩，创造了丰富经验。为表扬先进，激励和动员全社会进一步重视、关心、支持教育事业，推动义务教育工作迈上新的台阶，国务院决定，对北京市顺义区等80个"两基"工作先进地区予以通报表扬。

希望受到表扬的先进地区再接再厉，开拓进取，改革创新，把本地区的义务教育提升到一个新水平，开创教育改革发展新局面。各地区要向受到表扬的先进地区学习，坚持以科学发展观统领教育事业全局，坚持把义务教育摆在重中之重的位置，深入贯彻落实《国家中长期教育改革和发展规划纲要（2010—2020年）》，努力办好人民满意的教育，推动教育事业在新的历史起点上科学发展，为全面建设小康社会和中华民族伟大复兴作出新的更大贡献。

附件：全国"两基"工作先进地区名单（略）

国务院
2012年9月5日

 范文二：批评性通报

关于河北昌骅专用汽车有限公司违规行为及
处理决定的通报

各省、自治区、直辖市工业和信息化主管部门：

2011年3月，我部收到反映河北昌骅专用汽车有限公司（以下简称昌骅专用车公司)存在买卖合格证违规行为的举报材料。据该材料反映:在辽宁省盘锦地区,有十余家没有汽车生产资质的小加工厂非法生产专用汽车,其所生产的化工液体运输半挂车,全部配发从昌骅专用车公司购买的产品合格证,严重扰乱了东北地区专用车市场秩序,给人民生命和财产安全带来了隐患。

经核查,昌骅专用车公司从2010年初至2011年4月,共违规使用394张车辆产品合格证。该企业的行为严重违反有关法律法规和《公告》管理规定,扰乱了行业生产秩序,严重损害了消费者的利益。

为加强《道路机动车辆生产企业及产品公告》管理,严格执行有关法规和标准,进一步规范车辆生产企业经营行为,保护消费者利益,促进汽车行业健康发展,现决定对昌骅专用车公司予以通报批评,并给予如下处理:

一、撤销昌骅专用车公司违规使用的394张合格证所涉及的35个型号产品的公告。

二、责令该公司从即日起,进行为期6个月的整改。整改期间,暂停受理该公司申报新产品和上传产品合格证信息。

各地工业和信息化主管部门要切实加强对本地区车辆生产企业及产品的监管力度,督促车辆生产企业以此为鉴,规范企业生产经营秩序,依法合规经营,避免发生类似问题。

工业和信息化部
2011年7月18日

范文三:传达性通报

国务院安委会办公室关于近期四起重特大
道路交通事故情况的通报

各省、自治区、直辖市及新疆生产建设兵团安全生产委员会:

2012年8月中下旬,全国接连发生四起重特大道路交通事故,给人民群众生命财产造成重大损失。现将有关情况通报如下:

8月20日,重庆市合川区境内110省道22公里600米处,发生一起面包车与货车相撞的重大事故,造成12人死亡、1人受伤。据初步调查分析,事故的直接原因是小型面包车超速且违法占道行驶。

8月26日,陕西省延安市境内包茂高速延安段484公里95米处,发生一起客车与货车追尾相撞并引起燃烧的特别重大事故,造成36人死亡、3人受伤。事故原因正在调查。

8月26日,四川省广安市境内沪蓉高速1714公里400米处,发生一起小型普通客车与大型货车尾部相撞的重大事故,造成12人死亡。据初步调查分析,事故的直接原因是小型普通客车驾驶人操作不当。

8月31日,河南省三门峡市陕县境内连霍高速公路784公里420米处,发生一起客车侧翻滑坠至路边坡底的重大事故,造成11人死亡、14人受伤。据初步调查分析,事故的直接原因是驾驶员在暴雨、路面湿滑的情况下超速行驶,且临危操作不当。

上述事故尤其是包茂高速陕西延安"8·26"特别重大事故的发生,暴露出以下突出问题:一是一些道路运输企业安全生产主体责任不落实,生产运营过程中存在严重的安全隐患,对驾驶员日常安全培训教育不到位,导致驾驶员业务素质不高,应急处置能力不强。二是一些地区、部门对长途客运车辆的安全监管工作不得力,没有积极创造条件,督促客运企业在凌晨2时至5时将长途客车停止运行或实行接驳运输,部分运输企业动态监控没有发挥有效作用。三是部分地区和部门、单位开展道路交通"打非治违"和隐患排查工作不力,"三超一疲劳"等非法违规行为大量存在,一些道路安全防护设施不健全、不规范。四是社会车辆驾驶员安全意识不高,违法违章行为突出。

事故发生后,党中央、国务院高度重视,马凯国务委员作出重要批示,要求针对当前道路交通事故多发的严峻形势,特别是八月份以来连续发生重特大道路交通事故,采取断然措施,认真落实《国务院关于加强道路交通安全工作的意见》(国发〔2012〕30号,以下简称《意见》),进一步深入开展道路交通安全专项整治,立即召开全国紧急会议,通报形势,查找问题,分析原因,提出有针对性的措施和要求,对加强道路交通安全工作进行再动员、再部署,有效防范、遏制重特大事故发生。

为认真贯彻落实国务院领导同志重要批示精神,进一步加强道路交通安全工作,有效防范和坚决遏制重特大道路交通事故的发生,现提出以下要求:

一、迅速开展交通安全大检查。(略)

二、深入宣传贯彻落实《意见》。(略)

三、严格长途客车等重点客运车辆安全监管。(略)

四、狠抓路面执法管控。(略)

国务院安委会办公室
2012 年 9 月 7 日

【练习题】

一、单选题

1. 以下关于公文说法正确的是(　　)。

A. 向国内外宣布重要事项或法定事项时应使用公报

B. 表彰先进、批评错误、传达重要精神和告知重要情况时应使用通知

C. 公布重要决定或重大事项时使用公告

D. 在一定范围内公布应当遵守或者周知的事项时应使用通告

2. 以下关于通报说法不正确的是(　　)。

A. 通报的内容是对当前现实中人或事的客观反映,其内容必须是真实的

B. 通报的告知对象主要是一定范围内的广大群众,因此具有执行性特点

C. 通报的内容要求具有典型性、普遍性和代表性

D. 通报的作者不受机关性质和级别高低的限制

3. 以下公文标题文种使用不正确的是(　　)。

A.《×××关于表扬全国"两基"工作先进地区的通报》

B.《××省人民政府关于南水北调治污工作进展情况的通报》

C.《×××办公室关于近期四起重特大道路交通事故情况的通报》

D.《×××办公室关于进一步做好道路交通安全工作的通报》

二、多选题

1. 以下关于公告说法正确的是(　　)。

A. 公告的发文机关级别高,多为中央国家机关,省级机关也极少使用

B. 公告发布的内容反映的是重要事项或法定事项,一般事项不能用公告

C. 公告的告知范围十分广泛,包括国内和国外

D. 在国内，公告可以当广告或启事使用

2. 以下属于通告特点的是(　　)。

A. 通告的发文机关、内容以及公布方式都具有多样性和广泛性

B. 通告的对象具有限定性，一般是辖区内的居民

C. 通告具有周知作用

D. 通告具有较强的约束性和强制性

三、判断题

1. 公告的制发主体一般应是省级以上的高级领导机关或授权的专门机关。

2. 公告涉及的一般都是重要事项或法定事项。

3. 向上级机关汇报突发事件的处理情况时应使用通报。

4. 通告一般用于专业部门发布需要社会公众周知或遵守的事项，各级政府一般不用。

5. 道路施工、自来水公司管道施工、电力公司线路施工等事项可使用通告告知。

四、简答题

1. 公告、公报、通告、通报的特点是什么？

2. 公告和通告的区别主要表现在哪些方面？

五、写作题

1. 根据实际情况并结合通报的写法，写一篇关于单位或个人的表彰性通报，各要素自拟。

2. 最近学校保卫部发现在校园里有人遛狗，影响到学生的安全，请你以学校的名义写一份通告，禁止在校园遛狗，各要素自拟。

练习题参考答案

第八章 商洽、纪要类公文

学习重点

商洽、纪要类公文是发文机关与主送机关之间商洽、询问、答复相关事宜，请求批准或者答复审批事项，以及发文机关记载会议主要情况和议定事项时使用的文种。这类公文主要包括函和纪要两种文种。

通过本章的学习，明确函与纪要的适用范围、特点及类型；重点掌握函和纪要的写法。

第一节 函

一、函的适用范围

函适用于不相隶属机关之间商洽工作、咨询和答复问题、请求批准和答复审批事项。函是典型的平行文，用于平级或不相隶属的机关之间。

二、函的特点

（一）适用范围广泛

函是典型的平行文，不相隶属单位之间、平级机关之间均可用函行文，它不受系统、部门、行业、地域的限制。

（二）内容单一

函要求一文一事、内容单一、语言简洁明了。

（三）主体平等

函主要适用于不相隶属机关之间或平级机关之间，它们在业务上没有指

导与被指导的关系,行政上没有领导与被领导的关系,双方是平等的。

（四）效用的权威性

函代表的是发文机关的意志和主张,传达的是发文机关的意图和决策,对收文方的行为有强制性影响,因此,函在效用方面具有法定的权威性。

三、函的分类

（一）按性质划分

按函的性质,可以将函分为公函和便函两种。公函用于机关单位正式的公务活动往来;便函则用于日常事务性工作的处理。便函不属于正式公文,没有公文格式要求,甚至可以不用标题和发文字号,只需要在文尾注明机关单位名称和成文日期并加盖公章即可。

（二）按内容和用途划分

按内容和用途,可以将函分为以下几种:

（1）商洽函,即发文机关为商洽解决问题而使用的函。例如《福建省人民政府关于商请出台支持海峡西岸经济区信息化建设的意见的函》。

（2）询问函,即发文机关向主送机关询问有关情况的函。例如《××市文化局关于询问网络工程师在职培训班事宜致××高等职业技术学院的函》。

（3）请批函,即发文机关向不相隶属的主管部门请求批准的函。例如《陕西省人民政府办公厅关于陕西省临潼疗养院增挂陕西省临潼康复医院名称的函》。

（4）答复函,即答复询问函或请批函等主动来函的回函,属被动行文。例如《福建省发展和改革委员会关于省技术监督综合检测大楼项目的复函》。

（5）邀请函,即主动邀请收函方参加某项活动的公函。比如邀请某专家参加学术会议等。

（6）知照函,即不相隶属机关之间相互告知事项时使用的函。

（7）慰问函,即发函方为表示对因遭遇重大灾难而蒙受巨大损失方的关注与慰问,按照公务礼仪而发出的函。

(三)按行文方向划分

依据行文方向可将函分为发函和复函。由行文机关主动制发用以询问或商洽工作的函称为发函,商洽函、询问函、请批函等都属于发函;由发文机关被动制发用以答复来函的函称为复函。一般情况下,来函当以"函"复,即函来函往。

四、函的写法

函由标题、主送机关、正文、发文机关署名与成文日期构成。

(一)标题

函的标题常采用两种形式:一是由"发文机关名称+事由+文种"构成,如《国务院办公厅关于同意首都机场新建专机及公务机楼悬挂国徽的函》;二是由"事由+文种"构成,如《关于商洽委托代培涉外秘书人员的函》。值得注意的是,复函的标题通常在"函"前加上"复"字。

(二)主送机关

顶格写明主送机关的全称或规范化简称。

(三)正文

1. 发函的写法

首先,写明发函的缘由,包括原因、理由、背景、根据、目的等。其次,写清楚发函事项,这是发函的核心部分。应明确表达去函的意图,或是向对方询问有关问题,或是请求对方批准某一事项,或是告知对方某一信息,或是邀请参加某一活动,或是表示慰问。最后,发函的结尾通常是对对方的希望和要求。如"特此函询""请函复""请函复为盼"等。

2. 复函的写法

首先,写明复函的缘由,即在开头部分说明是对什么来文的答复。通常的做法是引述来文的标题与文号,如果本部门此次复函是奉领导机关之命对某一下级政府主送领导机关的请示等文种作回复,那么在缘由部分一定要按照行文规则写上"经××(上级机关)研究,现函复如下"之类的说明性文字。其次,写清楚复函内容,一定要针对来函的事项作答。若是回复询问函,应给予明确答复;若是回复商洽函、请批函,应该明确表态并说明意见。最后,可用"特此函复""特此函告"作为复函尾语。

（四）发文机关署名与成文日期

无论是发函还是复函,都应标明发文机关名称与成文日期,并加盖公章。

五、函的注意事项

（一）注意用语谦敬尊重

函是平行文,无论是哪一种函,用语都应该尊重对方,以诚恳友好示人,力求征得对方的理解、支持,尤其是请批函更要注意语气。在结尾可以使用一些致意性词语,如"不知贵方意见如何,请函告""请予以接洽为荷"等。但请求批准的一方不必卑躬屈膝、唯唯诺诺,负责审批的一方也不能自恃有权、颐指气使。

（二）注意区别请示与请批函

请示适用于下级机关向有隶属关系的上级机关请求批准相关事宜,而请批函适用于不相隶属的机关之间请求批准相关事宜。

（三）注意区别批复与答复函

批复适用于上级机关回复有隶属关系的下级机关的请示,而答复函适用于回复不相隶属机关的请批函。

范文一：商洽函(发函)

关于商洽委托代培涉外秘书人员的函

××大学文学院：

随着人才流动制度的启动,我厅部分秘书人员先后调整到很多涉外部门工作,新近上岗的秘书人员缺乏专门的涉外秘书知识,业务素质亟待提高。据报载,贵院将于今年9月起开办涉外秘书培训班,系统讲授涉外秘书业务、公关礼仪、实用文书写作等课程。这个培训项目为我厅新上岗的涉外秘书人员提供了一个难得的在职进修机会。为了尽快提高我厅涉外秘书人员的从业素质,我们拟选派8名在岗秘书人员随该班进修学习,委托贵院代培。有关代培费用以及其他相关经费,我厅将按时如数拨付。

如蒙慨允,即请复函为盼。

×× 省外贸厅
20××年×月×日

 范文二:请批函(发函)

××省人民政府办公厅
关于请求拨款维修省政府机关办公室的函

省财政厅:

省政府机关办公室大多数修建于20世纪80年代,不少门窗已经变形和破损,部分门窗漏水严重,亟须维修。为保证省政府机关正常办公,拟请拨给房屋修缮费××万元。

请予批准。

××省人民政府办公厅
20××年×月×日

 范文三:知照函(发函)

××省人民政府办公厅
关于××省人民政府驻福州办事处更名的函

福建省人民政府办公厅:

根据工作需要,我省确定,将××省人民政府驻福州办事处更名为××省人民政府驻福建办事处。特此函告,并请协助办理有关登记注册手续。

××省人民政府办公厅
20××年×月×日

范文四：同意性答复函（复函）

国务院办公厅关于同意建立养老服务
部际联席会议制度的函

民政部：

你部关于建立养老服务部际联席会议制度的请示收悉。经国务院同意，现函复如下：

国务院同意建立由民政部牵头的养老服务部际联席会议制度。联席会议不刻制公章，不正式行文，请按照国务院有关文件精神认真组织开展工作。

附件：养老服务部际联席会议制度（略）

国务院办公厅
2019 年 7 月 27 日

 范文五：否定性答复函（复函）

对《××省人民政府关于成立××（股份）银行的请示》的复函

××省人民政府：

经国务院办公厅转来的《××省人民政府关于成立××（股份）银行的请示》(×政发〔20××〕×号)收悉。现答复如下：

根据国务院的改革部署，目前区域性商业银行只限于在广东、福建两个综合体制改革试点省份，深圳经济特区和上海浦东经济开发区试办。

目前已试办五家区域性商业银行，在促进地方经济发展中发挥了积极作用，也存在不少问题。我行正在就此进行全面调查和总结，尔后，再请示国务院是否有必要扩大试点区域。

鉴此，目前不便考虑批准成立××（股份）银行。

中国人民银行
20××年×月×日

第二节　纪　要

一、纪要的适用范围

纪要适用于记载会议主要情况和议定事项。纪要主要是对会议的目的、要求、主要精神及决定的事项加以归纳概括，以上传下达、统一认识。

二、纪要的特点

（一）行文方向的灵活性

纪要的行文方向没有限定，既可以是向上级机关反映、汇报会议情况和精神的上行文，也可以是向下级机关传达会议精神的下行文，还可以是抄送平级机关和不相隶属机关的平行文。

（二）内容的概括性

纪要是综合、提炼会议情况而成的，并不是简单地记录会议的过程，而是要围绕会议主旨对会议情况，特别是会议的议定事项作完整而系统的阐述，具有高度概括性。这是纪要不同于会议记录的地方。

（三）功能的全面性

纪要可以用于上级机关向下级机关传达领导精神，指导下级机关的工作，统一对有关问题的认识，具有指导性；也可以用于下级机关向上级机关汇报会议情况，以便上级了解会议基本情况、主要精神、中心内容和主要成果，具有沟通性。此外，纪要往往也是就某一重大问题进行讨论、协商后形成的文字材料，其过程体现了协商性。

（四）适用范围的限定性

纪要来源于会议，但并不是所有会议都要制发纪要。只有会议情况和精神需要有关各方贯彻执行或周知时，才有必要制发纪要。否则，只做好会议记录即可。

三、纪要的分类

（一）专题性会议纪要

专题性会议纪要是各机关、团体、企事业单位的领导人主持召开的为研究某一议题或某一专门工作会议而形成的纪要。例如《全国农村工作会议纪要》。

（二）办公性会议纪要

办公性会议纪要也称日常工作会议纪要，是党政机关、团体、企事业单位的领导人或部门负责人定期召开的研究日常公务的会议而形成的纪要。例如《××市政府第一次办公会议纪要》。

（三）协议性会议纪要

协议性会议纪要又称协调性会议纪要，用于记载双边或多边会议达成的协议情况，以便作为会后各方执行公务和履行职责的依据，对协调各方工作具有约束作用，适用于多部门协调会和不同单位共同召开的联席办公会。例如《××省财贸工会与省有关厅、局工会联席会议纪要》。

（四）研讨性会议纪要

研讨性会议纪要用于记载专门职能部门或学术机构召开的专业会议或学术研讨会议的情况。此类型的纪要不一定需要作出统一决定，不必统一意见，只需要阐明各方意见和观点。例如《××大学关于采购标准的研讨会议纪要》。

四、纪要的写法

（一）标题

纪要的标题一般情况下由"会议名称+文种"构成。例如，《全国档案工作会议纪要》。用于发表或交流情况的座谈会、研讨会等会议纪要的标题常采用正副标题的形式，正标题概括会议基本精神，副标题由会议名称与纪要构成。对于定期召开的办公会议，往往设计专用的纪要版头，由某某会议纪要名称、期号（位于会议纪要名称下方居中）、编制单位（位于期号下一行版心的左侧）、编制日期（位于期号下一行版心的右侧）构成。

在纪要的标题下方居中位置标明会议时间,有时权威机关发文也使用标准的发文字号。

(二)正文

无论是何种类型的会议纪要,正文部分都应该包括会议概况、会议精神和议定事项等内容。

1. 会议概况

可以采用概述式或者分项式将会议的时间、地点、出席人、列席人、会议议程、主持人以及会议讨论的主题等基本情况作概括性介绍。

2. 会议精神和议定事项

这部分要根据会议记录分析、概括、提炼会议研究的问题,讨论的意见,做出的决定和对今后提出的任务、要求和措施等。纪要要将会议的主要精神和成果反映出来,而且要层次清楚、脉络分明。如果是座谈会纪要,可以集中介绍会议达成的共识;如果是学术研讨会纪要,可以在介绍一致观点的基础上再说明会议的不同观点。

五、纪要的注意事项

撰写纪要除了提前做好充分准备,把会议资料收集齐全,做到描述客观、用语准确之外,最值得注意的是要做好两个区别和一个把握。

(一)区别纪要与会议记录

会议记录是有会必录,记录在案是其主要目的,而纪要是针对重要会议制发,并非有会必发;纪要是正式公文文种,而会议记录不是正式公文文种;会议记录要求全面、客观,对会议涉及的各个要素如时间、地点、人员、议题、发言内容等要全面记载,而纪要概括性较强,对会议要素有较大的选择余地;纪要起到引导、指导、沟通、协调的作用,而会议记录的作用只是记录在案。

(二)区别纪要与决议

纪要与决议都能反映会议的议决事项,但是,决议适用于依据"多数决原则"进行决策的会议,如人代会、党代会等代表会议。一个决议围绕一个主题,如果会议有多个主题,相应可以产生多个决议,每个决议都有很强的权威性和约束力。而纪要适用于各种工作会议、座谈会、研讨会等,属于总结记录性文件,一个会议只有一个纪要,不需要表决通过,由会议主持机关负责人审定即可制发。

(三)把握纪要的发文形式

1. 单体行文

这种发文形式适用于日常工作会议(包括办公会议、常务会议等)的纪要。此类纪要一般都有事先印制的、符合会议纪要特殊格式要求的固定版头。纪要内容形成后,逐项表明会议的届数、时间、地点、主持人、出席人、列席人、记录人以及会议议题和议定事项。不必加盖公章,独立直接发出。

2. 复体行文

尽管纪要也属法定公文文种,理应独立行文,但是实践中常常采用复体行文的发文方式。这种发文方式把纪要以"报告""通知""函"的附件形式发布,随同主件共享一个版头和版记,使用主件的公文格式制发。

范文一:专题性会议纪要

青岛市人民政府会议纪要

(单体行文方式)

〔2010〕第 126 号

关于浮山生态建设专题会议纪要

2010 年 11 月 29 日,市政府副市长王××在市城乡建设委召开会议,专题研究浮山生态建设工作。副秘书长刘××,各有关部门和单位的负责同志参加了会议。

会议听取了市城乡建设委关于浮山果艺生态园规划设计方案的汇报,各有关部门和单位对方案进行了认真的讨论研究。会议指出,浮山生态建设和管理工作意义重大,加强浮山管理工作不能局限于被动保护、维持现状的发展方式,必须创新思路,在坚持浮山自然性、生态性和公益性的前提下,尊重现实,兼顾社区权益,探索一条可行的利于浮山保护、建设和管理以及可持续发展的新路。会议确定：

一、进一步明确浮山北麓生态建设的指导思想和工作目标。按照"自然保护、依山就势、生态恢复、惠及民生"的指导思想，坚持自然性保护，不进行商业性开发；充分利用原有地形、地貌，随山而设，防止大兴土木、大开大挖；引种栽植优良树种，恢复山林植被和生态环境，营造生态园艺特色；坚持环境改造与生产经营相结合，兼顾社区和居民利益；坚持政府主导、统一规划、统一建设、部门管理与社区经营相结合的基本原则，力争用1—2年的时间，将浮山北麓建成集植物科普、生态体验、休闲观光、登山健身为一体的综合性生态园。

二、进一步优化浮山北麓生态建设规划方案。要在浮山生态公园总体规划的基础上，按照统一规划、分批实施、配套建设的原则，合理确定建设时序，注重细节和品质，构筑人性化自然生态公共开放空间。基础设施建设要本着生态、环保、节能的基本思想，严格控制建筑数量和体量，充分利用现有条件，保护生态，节约投资，原则上不新建建筑物、构筑物，园区内的现有房屋能够作为管理用房使用的可适当进行改造利用，违法建筑要坚决拆除。可增加必要的公厕、景亭、垃圾箱等配套设施。建筑外观尽量采用木质结构，与生态环境相协调。压缩道路建设规模，减少支线道路，适当增加人行通道，保留兼顾消防、管理功能的必要主线道路。上下水、电力及电信管线等基础设施暂不安排建设，照明可利用太阳能、风能解决。要搞好水系规划，将功能性与观赏性相结合，既能满足蓄水、灌溉、消防和防洪的功能，又能形成生态景观。

三、结合生态园建设解决迁坟问题。原则同意在园区内东部边缘地带规划一处地下式坟墓集中安置点，上部覆土绿化，与周边环境相协调。墓地建成后由社区集中管理，改革殡葬方式，倡导文明祭奠，禁止焚烧纸张、燃放鞭炮等行为。

四、按程序加快推进工程建设。各部门要密切配合，按程序尽快办理各项手续，抓住20××年春季有利时节，争取在植树节期间开始苗木种植工作。鉴于时间紧迫，部分紧急事项应本着特事特办、急事急办的原则抓紧办理，有关部门提前介入，确保项目如期推进。（略）

五、强化舆论宣传引导。由市城乡建设委负责，把浮山北麓生态园建设作为"保护母亲山"的主题行动之一，加大宣传力度，加强舆论引导，统一思想认识，争取社会各界的理解和支持。

六、继续大力推进浮山综合整治工作。结合生态园建设,彻底清理浮山绿线内的非法种植、养殖场所,严肃查处乱搭乱建和违法经营行为,坚决拆除违法建筑,及时清除垃圾,加强环境整治,确保浮山保护和管理任务的全面落实。

七、关于浮山果艺生态园建设方案。由市城乡建设委负责,在进一步优化、深化、细化的基础上,尽快向市人大常委会和市政府汇报,获准后抓紧组织实施。

出席:

王×× 　　市发展改革委副主任

(其他人员和单位名单略)

范文二:办公性会议纪要

××省人民政府省长办公会会议纪要

(单体行文方式)

××××年×月×日上午,×××省长主持召开第××次省长办公会议,讨论研究了全省抗旱工作情况和表彰依法行政活动先进单位的意见。纪要如下:

一、听取了××厅×××同志关于当前抗旱工作情况的汇报

会议认为,前段全省围绕抗旱做了大量工作,取得了很大成绩,但由于持续干旱无雨,当前面临的形势仍十分严峻。据气象部门预测,近几天我省仍是高温天气,无大的降雨过程,旱情有继续发展的趋势。黄河三门峡水库已无水可放,目前入库出库都在200立方米每秒左右,进入我省流量在65立方米每秒左右,今后短期内也难以有大的增加。××峡、××峡水库离我省太远,即便立即开闸放水,半月内也不能到达我省。省内水库存水不多,地下水位下降。如果抗旱工作抓不好,后果将十分严重,不仅造成秋季农业大的减产,而且直接影响全省整个国民经济发展,各级各行各业必须充分认识旱情的严重性和抗旱夺丰收的紧迫性,加强领导,发动群众,打一场抗旱夺丰收的攻坚战。

会议确定:

(一)要把抗旱工作作为当前全省压倒一切的最紧迫的中心任务来抓。在当前旱情继续发展的关键时刻,全省各级领导要集中精力,抓好抗旱工作,

深入基层,帮助群众解决实际问题。要做到抗旱防汛两手抓,在抓好抗旱的同时,注意抓好防汛。要继续发动群众,把当前旱情的严重性向广大人民群众讲清楚,把人民群众真正动员起来。新闻宣传部门要把抗旱作为当前工作的一个突出重点,搞好宣传,坚定干部群众抗旱的信心和决心。

(二)要突出抗旱重点,主要保人畜吃水、保夏种和出苗作物的成活,有条件的地方,要尽量保证工业用水。对没有种上和已经死苗的地块,农业部门要抓紧筹集晚秋作物种子,做好改种准备。

(三)组织动员全省党政机关、企业事业单位,给人畜吃水困难的地方送水,并尽力帮助群众抢种和保苗。省直各部门各单位,分别由省委机关工委、省政府机关工委和省委、省政府两个办公厅具体组织,每个机关、企事业单位出1—2辆车,有条件的可以多出几辆,到干旱严重地区包村包片。要搞好动员工作,切实把这项活动组织好。

(四)广泛发动搞好水利建设。去年省政府确定,在我省境内的各级党政机关、事业单位、社会团体、学校,各类国有、集体、乡镇企业的干部职工,以及城乡个体工商业者,每人每年集资××元,用于水利建设;这项工作要立即组织实施,动员社会力量,搞好水利建设。

(五)进一步组织人力、物力、财力支援抗旱斗争。省人行要拿出一部分贷款指标、石油公司再拿××万吨柴油支援抗旱。由×××同志带领省计委、经委、石油部门的负责同志,到××厂求援。各市地、县也都要尽最大努力,挤一部分资金、物资投入抗旱。

(六)向××部发电,反映××、××等市地因黄河断流造成的人畜吃水困难的严重情况。要求立即从××峡、××峡水库放水,以解××、××等地人畜吃水和××油田生产用水的燃眉之急,并请国家在抗旱资金、物资方面继续给予支持。沿黄地区要从今年的大旱中吸取教训,加强水利建设,特别是平原水库建设。水利部门要会同有关市地、县尽快拿出方案,付诸实施。

二、听取了省法制办×××同志关于表彰依法行政先进单位意见的汇报

会议原则同意省法制办的汇报意见。同意以省政府名义召开新闻发布会,对6个市地、32个县(市、区)、6个省直部门进行表彰。

(参加会议人员名单略)

范文三：研讨性的会议纪要

关于印发《全国文物拍卖管理工作座谈会纪要》的通知
（复体行文方式）

各省、自治区、直辖市文物局（文化厅）：

2011年1月11日，国家文物局在江苏省南京市召开了全国文物拍卖管理工作座谈会。现将此次会议纪要印发给你们，请贯彻执行。

特此通知。

国家文物局
2011年2月17日

全国文物拍卖管理工作座谈会会议纪要

2011年1月11日，国家文物局召开全国文物拍卖管理工作座谈会。来自全国24个省、自治区、直辖市文物行政管理部门的负责同志，以及商务部、海关总署、国家工商行政管理总局、北京市工商局有关同志参加了会议。国家文物局副局长宋××出席并作了重要讲话。

会议认为，在党中央、国务院加快振兴文化产业和推动文化大发展大繁荣的大背景下，近年来文物艺术品拍卖市场取得长足发展，市场规模不断扩大，拍卖经营活动日趋规范与活跃。同时，我国的文物拍卖市场在发展规模、发展方式、自身定位甚至社会责任、法律意识等方面还存在诸多不足和需要亟待完善的方面，这其中有企业自身的问题，有社会经济整体环境的问题，也有相关法律法规不健全、政府主管部门管理服务不到位的问题，需要各有关部门认真面对和加以解决。

与会代表充分肯定了文物拍卖市场在吸引海外中国文物回流、满足人民群众多层次的文化需求、推动文化产业的发展振兴、提升我国的文化软实力、促进文化大发展大繁荣等方面发挥的积极作用，对当前文物拍卖管理工作中存在的文物拍卖标的备案复核程序、文物拍卖标的审核范围和重点、文物拍卖专业人员资格认定等问题进行了深入的分析,提出了明确的解决思路和措施。

经过会议认真讨论,会议确定以下事项:

一、认真执行《关于加强文物拍卖标的审核工作的通知》及《关于加强文物拍卖标的审核备案工作的通知》规定的文物艺术品拍卖标的审核和备案制度。各省级文物行政部门必须在拍卖公告发布15日之前向国家文物局报送拍卖会拍卖标的清单、图录及省级文物部门审核意见;或拍卖会结束30个工作日内向国家文物局报送拍卖会成交记录。

二、严格确定文物拍卖标的重点。会议重申以下文物不得作为拍卖标的或应加以严格审核的内容:①出土(水)文物;②以出土(水)文物名义宣传的复仿制品;③国有不可移动文物的附属构件;④国有文物购销经营单位收藏的珍贵文物;⑤损害国家利益或有可能产生不良社会影响的实物;⑥被盗掘、盗窃、走私的涉案文物或明确属于历史上被非法掠夺的中国流失文物;⑦涉嫌危害国家安全和损害民族利益的物品;⑧涉嫌丑化国家形象及政治人物的非主流艺术品;⑨带有黄色暴力内容等的物品等。

三、认真研究治理拍卖企业"知假拍假"问题。会议认为,文物部门要认真反思以往拍卖标的审核"管真不管假"的不正确做法和认识,要进一步认识拍卖标的审核工作对文物艺术品拍卖市场健康有序发展的积极作用。通过拍卖标的审核工作从制度上完善文物艺术品拍卖市场的各项规范。同时,应对拍卖企业宣传及拍卖图录加强管理,制定相关规范标准。

四、加强对文物网络交易活动监管,对现有涉及文物经营的交易所和网站进行评估,提出相关规范政策,逐步建立经营准入和网上拍卖标的审核制度。

五、加强文物拍卖管理队伍建设和完善文物拍卖专业人员培养。针对省级文物行政主管部门管理机构和队伍建设薄弱现状,各地文物部门要高度重视和切实加强机构建设;进一步加强文物拍卖专业人员培养工作,扩大培训考核的范围和增加科目;不断完善文物拍卖专业人员资格管理制度,稳步扩大文物拍卖专业人员的试点范围。

第八章 商洽、纪要类公文

【练习题】

一、单选题

1. 以下关于公文说法正确的是( )。

A. 不相隶属机关之间商洽工作时应使用意见

B. 不相隶属机关之间咨询和答复问题时应使用请示和批复

C. 不相隶属机关之间请求批准和答复审批事项时应使用请示

D. 记载会议主要情况和议定事项时应使用纪要

2. 以下关于函说法不正确的是( )。

A. 函是典型的平行文

B. 函一般用于不相隶属机关之间行文

C. 函是平行文,一般不具有法定效用和权威性

D. 函的发文机关不受性质和级别的限制,任何单位均可使用

3. ××县农业局给本县财政局的《关于请求拨专款维修农业局机关办公楼的请示》,该标题的错误是( )。

A. 错误使用文种,应使用函

B. 错误使用文种,应使用通报

C. 错误使用文种,应使用报告

D. 错误使用文种,应使用通知

二、多选题

1. 以下关于纪要说法正确的是( )。

A. 纪要必须真实反映会议的内容和议定事项

B. 纪要必须对会议内容进行评论,并发出号召

C. 纪要是对会议主要情况和议定事项的记载和概括

D. 纪要具有凭证作用和资料文献价值

2. 以下关于纪要说法正确的是( )。

A. 纪要应当把会议的所有内容都事无巨细记录下来,以保证内容的真实性

B. 纪要一般对有关与会单位或下属单位具有约束力

C. 纪要的行文方向灵活,可上行、可下行、可平行

D. 上行的纪要可用报告呈送

三、判断题

1. 纪要的内容代表着主持单位和与会单位的共同意志并具有法定权威性。

2. 纪要必须用通知印发。

3. 函一般用于平级机关之间,级别不同的机关之间不能使用函行文。

4. 函是平行文,对收文方没有约束性。

5. 同一件审批事项,如果是向上级机关行文,则用请示;如果是向平级机关或不相隶属机关行文则用函。

四、简答题

1. 简述函的分类及特点。

2. 简述纪要的分类及特点。

五、写作题

1. 假如你所在的班级要举办一次模拟市长大赛,拟邀请学院5位老师做评委。请你以班委名义给这几位教师写一份邀请函,各要素自拟。

2. 假如你校为改变学生居住条件,决定新建设一栋学生宿舍楼,学校上级机关已批复同意,但还得征得市城管部门的同意才能开工建设。请你以学校的名义给市城管局写一份请批函,各要素自拟。

练习题参考答案

第九章　计划、总结类公文

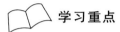 **学习重点**

　　无论是党政机关、企事业单位还是社会团体，在开展工作时无疑都需要事前制订计划，事后及时总结，在年度或任期结束时常常还要做述职报告，这些都属于计划、总结类公文的范畴。

　　通过本章的学习，我们需要了解计划、总结和述职报告各自的特点，在此基础上掌握它们的写作规范，并学会撰写计划、总结和述职报告。

　　计划、总结类公文是党政机关、企事业单位、社会团体对未来一定时期内的工作进行预想性的部署和安排所形成的文件，或是机关、单位或个人在立足现实和追忆过去的基础上，对前一时期工作、思想等进行回顾、检查、分析以及找出经验教训，用以指导今后工作的文种。计划总结类公文主要包括计划、总结、述职报告等文种。

第一节　计　划

一、计划的含义

　　计划是党政机关、企事业单位、社会团体依据本地区、本部门、本单位的具体情况，对未来一定时期内的工作进行预想性的部署和安排所形成的文件，是常用的事务性文种。其内容包括：对将要开展的工作提出具体的目标和要求，制定相应的措施，写明进行的步骤与方法，明确完成的时限。常见的规划、部署、安排、设想、打算、方案、要点等都属于计划性文体的范畴。

二、计划的特点

（一）目的性

制订计划是为了及时、高质量、有条不紊地完成工作任务，具有很强的目的性。要达到这一目的，往往首先需要确定出总体目标和任务，然后再将其分解成若干个分目标，确定具体一段时间内的工作任务、措施与方法。

（二）预见性

计划本身就是在工作开展之前根据本单位的具体情况而做的预想性的设计，所以有较强的预见性。

（三）可行性

计划必须有可行的措施和办法。若没有可以具体操作和实施的工作措施和办法，这样的计划就不会是一份完善的计划，也就失去了计划的真正意图。

（四）约束性

计划无论是在党政机关、企事业单位还是在社会团体，一旦经过批准，就成为其今后行动的指南，必须遵照执行，具有权威性和约束性。

三、计划的分类

从不同的角度，可把计划分为多种类型：按照性质划分，计划可分为综合计划和专项计划；按照内容划分，计划可分为生产计划、销售计划、产品开发计划、学习计划、教育计划等；按照作用划分，计划可分为指令性计划和指导性计划，二者的区别在于是否直接下达强制性的任务；按照范围划分，计划可分为国家计划、地区计划、单位计划、部门计划等；按照时限划分，计划可分为长期计划、中期计划、短期计划、年度计划、季度计划、月度计划等；按照格式划分，计划可分为条文式计划和表格式计划。

四、计划的写法

（一）计划的结构

1. 标题

计划的标题一般有三种写法。一是由"发文机关（单位）名称+适用时限+

事由+文种"构成,如《××大学"十三五"科研工作规划》。这里的文种不只限于"计划",也包括其同类词"规划""方案""纲要"等,如《××市医院关于中层干部聘任的实施方案》。二是由"发文事由+文种"构成,一般省略单位和时限,如《学习计划》。三是文章式标题,如《团结奋进,再创辉煌,为实现我市经济腾飞而努力奋斗——××市"十三五"经济与社会发展规划》。

2. 正文

正文部分由前言、主体和结尾三部分组成。前言作为计划的导语部分,需交代制订计划的背景、目的和依据。主体部分要写明计划的目标、措施以及步骤安排,亦即人们习惯称为"三要素"的内容。这部分是计划的核心,在前言基础上展开。从表述方式上看,要视计划的内容而定,可以围绕主题,将计划的目标任务、措施、步骤分别单列展开说明,可以按照不同的工作任务分别阐述任务、措施和步骤,也可以按照任务的不同阶段分别阐述,还可以通过图表的方式将计划的具体要素显示出来。结尾部分通常说明计划的执行要求、注意事项以及对远景的展望,也可省略。

3. 发文机关署名与成文日期

计划通常需写明发文机关的名称和成文日期。

(二)计划的撰写过程

计划的撰写包括准备、平衡和确定三个阶段。

1. 准备阶段

在撰写计划之前一定要做好充分的准备,深入调查计划相关的要素,掌握单位内、外部的情况,总结以前的教训以及可吸收借鉴的先进经验。最终在此基础上形成一个对工作计划的初步构想。

2. 平衡阶段

经过前期的准备,根据上级的指示与部门的具体情况,确定工作方针、工作任务、工作要求,进而确定工作的具体办法以及具体步骤。然后,由领导部门指导,由具体执行部门负责,进行具体的可行性探讨,也就是把初步构想拿出来进行广泛的讨论,提出意见,进行修正。

3. 确定阶段

经过讨论后,就需要把计划构想具体落实到文字上,也就是要开始计划的写作。在这个过程中,要对计划中的数字、文字进行复核,不允许出现差错,最终把计划确定下来。

五、计划的注意事项

(一)计划必须服从国家的政策方针

在制订计划时,必须以国家方针、政策为依据,认真学习国家的有关法律、法规、政策,使制订的计划与国家的方针政策保持一致;同时,还要做到小局服从大局,局部服从整体,下级服从上级,眼前利益服从长远利益。

(二)计划必须做到集思广益

计划不是按个人意志去制订,而是需要深入基层、深入群众,鼓励群众出谋献策,虚心听取不同意见。坚持自上而下和自下而上相结合的办法,使计划更加完善可行。

(三)计划必须做到明确具体

制订计划时一定要突出工作的重心,做到主次分明,特别是任务、要求、措施、步骤、完成的期限等一定不能模糊不清和分工不明。

(四)计划必须做到现实可行

计划的制订切忌好高骛远,一定要根据本单位的具体情况而不是主观愿望、主观意志来制订。确定的目标、指标应该是清晰适度的,而不是含糊不清、或高或低的。提出的措施办法应该得力有效,而不是空洞的口号。

范文:专题工作计划

中共山东大学委员会 2019 年党建工作要点

2019年是中华人民共和国成立70周年,是深入贯彻落实全国教育大会精神开局年,是学校实现"由大到强"历史性转变关键年。

2019年学校党建工作总体要求是:以习近平新时代中国特色社会主义思想为指导,深入贯彻党的十九大和十九届二中、三中全会精神,全面贯彻全国教育大会精神和第26次全国高校党建工作会议精神,深入落实学校第十四次党代会精神,坚定不移加强党的全面领导,全面贯彻党的教育方针,坚持党要管党、全面从严治党,增强"四个意识"、坚定"四个自信"、做到"两个维护",以党的政治建设为统领,全面推进党的政治建设、思想建设、组织建设、作风建设、纪律建设,将制度建设和反腐败贯穿其中,坚持重点发力,抓好基层基础,不断提高党的建设质量,切实增强党的创造力、凝聚力、战斗力,为学校实现"由大到强"的历史性转变提供坚强政治保证、思想保证和组织保证,以优异成绩庆祝中华人民共和国成立70周年。

一、深入推进学习贯彻习近平新时代中国特色社会主义思想

1. 坚持不懈推动理论武装。(略)

2. 开展"不忘初心、牢记使命"主题教育。(略)

二、充分发挥学校党委领导核心作用

3. 认真抓好意识形态工作。(略)

4. 着力推进人才队伍建设。(略)

5. 深入推动改革发展。(略)

6. 扎实推进决策部署落实落细。(略)

三、抓实抓好师生思想政治工作

7. 着力加强教师队伍思想政治工作。(略)

8. 不断提升学生思想政治工作质量。(略)

9. 深入推进重点马院建设和思想政治工作研究。(略)

10. 重视做好学生会和学生社团工作。(略)

四、推动基层党建全面进步全面过硬

11. 加强党的组织体系建设。(略)

12. 加强党支部标准化规范化建设。(略)

13. 加强党员教育管理监督。(略)

14. 加强统战群团老干部工作。(略)

五、着力培养忠诚干净担当的高素质干部队伍

15. 充分激发干部队伍活力。(略)

16. 发现培养使用优秀年轻干部。(略)

17. 建立健全干部教育培训体系。(略)

六、持之以恒正风肃纪

18. 深入推进全面从严治党。（略）

19. 深化巩固巡视整改成果。（略）

20. 持续强化监督执纪问责。（略）

21. 巩固深化机关作风建设。（略）

七、积极构建文明和谐稳定校园

22. 打造师生精神文化家园。（略）

23. 维护校园稳定。（略）

24. 加强校内宣传。（略）

中共山东大学委员会

2019 年 × 月 × 日

第二节 总 结

一、总结的含义

总结是单位或个人在立足现实、回顾过去的基础上，对前一时期的工作、思想等进行回顾、检查、分析，并找出经验教训，用以指导今后工作的文种。总结与计划是相辅相成的一对文种，总结是对计划的检验，同时又是制订计划的基础。

二、总结的特点

（一）广泛性

无论是党政机关、社会团体、企事业单位还是个人都能使用总结，这种公文的制发主体没有任何限制，其应用十分广泛。就其内容而言，总结也涵盖各个领域，既可以是对工作的总结，也可以是对思想的总结。

（二）经验性

总结就是为了把实践中的成功经验和失败教训归纳出来，用以指导以后的工作。对于未来的工作来讲，无论是成功的经验还是失败的教训，都具有参考价值。

（三）理论性

总结的指导意义要求总结的经验或教训要具有理论的高度，不是零散肤浅的感性认识，而是从材料中提炼出来的具有规律性的理性认识。只有在理论指导下提取出来的具有理论性的经验才会对未来工作具有很好的指导、借鉴作用，这也是衡量一篇总结质量好坏的关键。

（四）过程性

总结不是对工作中的某一个环节单独进行的，而是对工作的整个过程进行系统的回顾，包括工作是在什么背景下安排的、完成任务的情况、工作成效如何等，即做了什么工作、达到了什么效果、是通过哪些具体措施完成的。

三、总结的分类

按照不同的角度，总结可以划分为不同的种类。按照内容分，有工作总结、学习总结、生产总结、活动总结；按照范围分，有行业总结、单位总结、部门总结、个人总结；按照时间分，有年度总结、半年总结、季度总结、月份总结；按照性质分，有全面总结、专题总结。在写作实践中最常用的是全面总结和专题总结。

（一）全面总结

全面总结是机关、部门对一定时限内所做的各方面工作进行全面的总结。这类总结对工作进行总的回顾检查，肯定成绩，指出问题，形成经验教训，明确今后的努力方向。如年终总结就属此类。

（二）专题总结

专题总结是对某项工作或某项活动的专题性总结。如领导体制改革的总结、加强产品竞争力的总结、提高教学质量的总结、加强学生思想政治工作的总结等。这类总结的内容比较单一、集中，有的偏重讲经验，有的偏重讲教训。

四、总结的写法

(一) 总结的结构

总结由标题、正文、发文机关署名与成文日期构成。

1. 标题

总结标题的写法比较灵活。常规的写法有两种：一种是公文式标题，即由"机关名称+时间+发文事由+文种"构成。例如《××市政府关于2018年城市道路改造工作的总结》。另一种是文章式的标题。文章式标题又分为两种：单标题和双标题（正副标题）。例如《我们是怎样做好社区工作的》《既要金山银山又要绿水青山——××市环境保护工作总结》。

2. 正文

正文一般由前言、主体和结尾三部分组成。

总结的前言通常是概括基本情况，交代总结所涉及的时间、背景和缘由，内容以简洁为原则。

主体部分主要包括基本情况、成功经验、失败教训、今后努力的方向几部分。其中，基本情况主要是介绍进行了哪些工作，起到了什么作用或达到了什么效果，采取了哪些措施、方法和步骤；成功经验主要是分析取得成功的原因是什么；失败教训主要是找出工作中的缺点和不足，说明给工作带来了哪些影响；今后的努力方向主要是总结之前工作中存在哪些尚未解决的问题，针对这些问题在总结经验教训的基础上提出今后工作的设想以及努力的方向。

对重点工作的总结，一定要有开展了什么工作、起到了什么作用（或达到了什么目的）、采取了哪些措施来完成的这项工作。现实中，许多单位的工作总结往往只是简单罗列干了什么工作，而忽视了对该项工作所起到的作用、达到的效果的总结，也没有对为完成这项工作而采取的具体措施的归纳和概括，因而内容上层次不完整，显得干巴巴的。

结尾部分一般是提出新的奋斗目标以及进行前景展望。

3. 发文机关署名与成文日期

文尾标明发文机关署名与成文日期。

（二）总结的形成过程

总结和计划类似，在成文之前都需要经过充分的准备，成文后还需要进行修正校对。

1. 准备阶段

首先，进行调查研究，进而占有充分的材料。其次，要熟悉国家政策方针，用以指导总结的撰写。再次，在确定好主题之后，要精心挑选出最能表现主题的材料。最后，根据这些材料，结合主题撰写一个提纲。

2. 成文阶段

根据总结的结构，写明标题、正文、结尾并落款。正文是总结最为关键的部分，特别是成绩、做法、经验和教训部分应该是下重墨的地方。

3. 修正阶段

要仔细斟酌总结中的字句、段落，对不规范的字句进行调整，避免烦琐冗余。

五、总结的注意事项

（一）不能记"流水账"

一篇好的总结要让读者能从中获得主要的成功经验、了解主要的问题和教训，不能把总结写成流水账。

（二）不能歪曲事实

总结必须准确反映客观情况，不能脱离实际、歪曲事实、生编硬造。建立在虚假事实之上的总结就会失去指导意义。

 范文一：全面总结

××县人民政府工作总结

今年以来，××县在地委、行署的正确领导下……着力加快新农村建设和新型工业化进程，致力于完成为民承诺的16件实事，抢抓机遇，奋力拼搏，全县呈现出社会稳定、经济发展、人民生活水平进一步提高的大好局面。现就我县1—10月各项工作完成情况简要总结如下：

一、国民经济保持持续快速健康发展

1—10月，全县经济总量持续增长，实现生产总值5.77亿元，同比增长10.1%，完成全年计划的85.1%，其中第一产业2.35亿元，同比增长3.4%；第二产业1.2亿元，同比增长7.2%；第三产业2.21亿元，同比增长21.2%。财政收入2635万元，同比增长26.9%，完成全年计划的96.9%。农牧民人均纯收入1033元，完成全年计划的92.8%。

（一）农村经济快速发展

今年以来，农业和农村经济工作围绕贯彻落实"两个加速、一个突破"的目标，坚持"内涵挖潜、因地制宜、科技支撑、优化结构"的工作思路，大力发展特色经济，打造精准农业，推进科技示范应用和农业特色化、产业化进程，不断开拓粮、棉、果菜、畜产品等农副产品市场，延长产业链，提升竞争力，努力实现农牧民收入的突破性增长。

1. 加速农村富余劳动力向非农产业转移。（略）

2. 加速精品林果业发展。（略）

3. 加快发展特色农作物种植。（略）

4. 新农村建设取得新进展。（略）

5. 农牧民收入持续增长。（略）

6. 加大科技含量和科技示范推广力度。（略）

（二）城市经济稳步发展

围绕"强县"目标，紧扣财政增收核心，把招商引资作为"一号工程"来抓，按照落实优惠政策、提供优质服务、用好优势资源为主要内容的"三优"要求，在更广领域、更高层面上开展招商引资，推进新型工业化发展。

1. 招商引资成效显著。（略）

2. 固定资产投资增势平稳。（略）

3. 新型工业化建设取得突破。（略）

4. 财政税收工作。（略）

5. 城市基础设施建设成效明显。（略）

二、社会政治大局保持稳定（略）

三、社会事业全面发展（略）

四、存在的主要问题

一是农业生产基础设施比较薄弱，投入不到位，特色农作物管理跟不上，影响了农业生产效益，给农业增产、农民增收带来一定影响。

二是工业企业规模较小，科技含量不高，工业效益呈现低速增长，企业融资极难的问题仍未得到改善。

三是群众生活必需品价格持续高价位运行，给人民群众尤其是弱势群体生活带来了较大影响。

四是安全生产形势仍十分严峻。

五是就业、信访等社会热点及难点问题依然存在，维护社会大局稳定任重道远。

××县人民政府

20××年×月×日

范文二：专题总结

加强医德修养　　树立医疗新风

——南方医院惠侨科精神文明建设的经验

中国共产党第一军区大学南方医院委员会

我院惠侨科于1979年成立，是全军创办最早的对外开放的综合性医疗科室。1995年，成为全军唯一的涉外医疗中心。现有床位400张，工作人员200余名，相当于一个中等医院的规模。20年来，惠侨科先后收治了来自70个国家和地区的5万余名患者，没有出现任何政治、经济问题和医疗差错、事故，取得了良好的社会效益，赢得了广大患者的信赖；先后三次荣立集体二等功，两次荣立集体三等功。多次被广东省和广州市评为文明服务先进单位和精神文明建设先进单位。在1987年的全军英模代表大会上，惠侨科被誉为"卫生界南京路上好八连""传播社会主义精神文明的窗口""新时期社会主义医德医风建设的一面旗帜"。

近年来，在人们感叹卫生系统一些单位和个人医德滑坡、医风不正的时候，惠侨科之所以能够成为一方"净土"，主要是院党委不断加强该科以医德医风为主要内容的精神文明建设。

我们的主要做法如下。

一、把医德医风教育真正落到实处

随着改革开放和社会主义市场经济的逐步发展,医疗系统的精神文明建设遇到了前所未有的挑战和考验。人们不仅抱怨"看病就医难",而且对那些态度生硬、吃、拿、卡、要等医风不正及医德不好的现象表示了强烈不满。我们通过调查分析认为,惠侨科总的来说医德医风是好的,但仍存在一些不良现象和苗头。为此,我们把搞好医德医风的教育作为惠侨科全面建设中的基础工程,坚持不懈地抓实抓好。

（一）实施医学伦理教育,增强做合格医务工作者的使命感。（略）

（二）实施宗旨教育,增强全心全意为患者服务的责任感。（略）

（三）实施传统教育,增强职业自豪感。（略）

（四）实施"窗口"教育,增强文明行医、廉洁行医的紧迫感。（略）

通过医德医风教育,惠侨科医务人员的精神面貌发生了很大变化,好人好事层出不穷。该科常年危重病人多、手术病人多、卧床病人多,在"一切为病人"的口号下,大家超负荷工作,毫无怨言。为了照顾危重病人,有的医生护士连续上几十个夜班。家住院外的同志,有时为了抢救危重病人,半夜打出租车也要赶到医院。对患者,不论是有钱的老板,还是穷困的外来务工人员,一视同仁。有的在护理精神病人时,无端受到打骂,依然面带微笑,劝慰、关心病人。有的病人经济上有困难,医务人员就慷慨解囊。据统计,20年来,工作人员共向病人捐款13万元。大家身在都市,心系基层。广州军区某特种兵大队的指战员训练强度大,患腰腿痛的多,由于远离城镇,看病很不方便。惠侨科医务人员自己组织起来,利用周末时间,为他们送医送药。被中央军委授予"哈喇昆仑模范医疗站"荣誉称号的兰州军区三十营房医疗站,是全军条件最艰苦的医疗站之一。1996年,惠侨科组织医疗队,克服重重困难,与该站的医护人员一起登上海拔5800米的全军最高哨卡——"神仙湾钢铁哨卡",为官兵查体看病。有的人因高山反应晕倒了,醒来后又投入工作,使哨卡的官兵深受感动。

二、推行强有力的监控机制

加强医德医风建设,既要加强思想教育,又要有严格合理的规章制度的保证。这些年来,我们推行并依靠三个有效的监控机制,使惠侨科的医德医风建设逐步走上制度化、规范化的轨道。

（一）靠健全的约束机制规范形象。（略）

（二）靠严格的监督机制维护形象。（略）

（三）靠有效的奖惩机制完善形象。（略）

强有力的监控机制,促进了惠侨科一流的服务。许多患者以当地最普遍的赠送礼品、红包等方式,表达真诚的谢意,但都被医务人员婉言谢绝。有的实在推辞不了,收下后马上交给组织处理。20年来,工作人员上交红包30多万元,金项链、金戒指等物品2000余件。有一位入住惠侨科的患者,不相信这里不收红包。出院前,她试探性地给教授、主治医生、护士、卫生员等5人各送了一个红包,但都被原封不动地退还给她。她以为送的钱太少,索性又加倍送去,还是无一人收下。她感叹地说:"我算服了。"

三、建立适应新形势和医德医风要求的激励模式

在医德医风建设中,教育是基础,监控机制是保证,而激励模式也是不可缺少的动力。这些年来,我们针对人们利益观上的新变化,不断拓宽思路,建立了适应医德医风内在要求的激励模式。

（一）以荣誉激励为主导。（略）

（二）以经济补偿为杠杆。（略）

（三）以排忧解难为后盾。（略）

我们认为,要使激励真正成为医务人员树立医疗新风的强大精神动力,必须在两个方面下功夫:一方面,要以精神激励为主;另一方面,要在创造良好的事业环境上下功夫。与此同时,党委坚持科学民主决策,经常召开医务人员座谈会,就医院的建设问题虚心听取群众的意见。

资料来源:《求是》1998年第20期,第44—46页。（有删改）

第三节 述职报告

一、述职报告的含义

述职报告是担任一定职位的领导干部向上级领导部门、组织人事部门或

者职工群众陈述一定任期内执行岗位职责的情况,以供上级组织考核或群众评议的一种文种。述职报告既是对自己工作的总结,又是向群众或主管部门所做的汇报。因此,述职报告是上级部门考察了解干部的重要途径、强化干部职责观念的好方法,同时也是评议干部、发扬民主的好形式。

二、述职报告的特点

（一）述职的自述性

述职报告是从第一人称的角度进行自我评述的文种,通过自我陈述把任期内的工作情况、工作业绩陈述出来;同时,还要对工作情况和业绩进行分析并做出自我评议,总结成绩与不足、经验与教训、体会和认识,自述性是其重要的特征。

（二）标准的明确性

评价述职者工作实绩的标准和依据都是十分明确的,也即述职者所在岗位的职责和目标。述职报告的撰写要紧紧围绕这个标准,不可随心所欲、漫无边际地述说。

（三）内容的客观性

述职报告与工作总结十分类似,都必须基于客观、真实的业绩。必须实事求是地评价自己的工作,而不能夸大成绩或回避问题。

（四）风格的严谨性

严谨是指态度要认真负责,内容要真实;分析问题要辩证,论断要科学;报告中涉及的时间、地点、数字和事例等必须准确真实。从某种角度来看,述职报告比总结、工作汇报的要求更为严格。

（五）功能的鉴定性

述职报告一般是当着上级委派的考核人和职工群众宣读,在评议后上交主管部门作为上级了解述职者的情况并作为升迁、留任、降职等的重要依据,所以带有一定的鉴定性。

三、述职报告的分类

（一）从时间上划分

任期述职报告是指针对从任现职以来的总体工作进行报告，涉及的时间较长、范围较广（领导干部任职期满，常常要做此类报告）；年度述职报告是单位或个人以一年为考核期限所做的例行述职报告，现行的公务员制度考核多采用这种形式；临时述职报告是指担任某一项临时性职务时，在工作完成后，写出任职情况（比如，负责某一期的招生工作，或者人力资源招聘，或是策划一个活动等）。

（二）从内容上划分

综合性述职报告是对任职期间的工作和业绩的全面、系统、完整的报告；专题性述职报告是指针对某一方面具体工作的专题反映，有时也是临时性的专项工作。

（三）从范围上划分

个人述职报告是以领导个人名义所做的述职报告；集体述职报告是以领导班子的名义所做的述职报告。

（四）从表达形式上划分

口头述职报告是指需要向选区选民述职，或向本单位职工群众述职的，用口头形式述职的报告；书面述职报告是指向上级领导机关或人事部门汇报的书面述职报告。

四、述职报告的写法

（一）述职报告的结构

述职报告由标题、称谓、正文、署名及日期四部分构成。

1. 标题

述职报告的标题可以采用单标题或者双标题形式。单标题是由"作者+时限+事由+文种"构成。如《×××2017—2018年担任局长职务的述职报告》，也可以将除了文种之外的其他几项进行适当省略，直接写成《述职报告》。双标题即主副标题形式，这一点与计划和总结类似。如《加强自身革命化建设，做树立"四个自信"的带头人——市机关党委书记×××2018年述职报告》。

2. 称谓

与总结不同,述职报告必须有主送机关或称谓。向上级领导机关书面行文应该写明主送机关,如"组织部""人事部";口头宣讲的述职报告应该写明称谓,如"各位领导、同志们"。

3. 正文

述职报告的正文包括前言、主体和结尾三部分。前言主要写出何时任何职务,分管什么工作,也可用简洁概括的语言对工作进行总评。主体是述职报告的主要内容,是述职者向考核者具体、详细地报告任职期间本人取得的成绩以及不足,大致包括:岗位职责的介绍,工作实绩的陈述,存在的主要问题及经验教训。结尾表明述职者的愿望与态度。

4. 署名及日期

在文尾处或标题之下,注明述职单位或述职人员名称以及日期。

(二)述职报告的形成过程

1. 回顾工作

这是撰写述职报告的第一步,需要回顾任职期间自己主持开展的工作、工作的效果、国家的新政策、上级领导机关的指示以及已有的经验教训。

2. 收集材料

写述职报告也必须有充分的材料支撑。如有关岗位职责的材料,有关本职工作的计划、要点、安排、意见,有关本职工作的上级公文、下级请示以及经本人签发的外发公文,反映本职工作的工作日志、工作简报、工作信息、工作报告、工作总结,工作过程中形成的调查报告等。

3. 构思成文

撰写述职报告时,要按照述职报告的格式写明标题、称谓、正文、发文机关署名和成文日期。其中,正文部分一般采取倒叙的形式,即先写结果(对本职工作的结论性看法),后写原因、取得结果的做法、经验、体会、教训。同时,还要保证内容的真实全面,结构安排得当,语言尽量通俗易懂。

4. 检查修正

述职报告是要上报领导机构或者当众宣读的,所以一定要确保用词的准确性。成文后要对字、句、段进行仔细检查,发现并修正错误。

五、述职报告的注意事项及与总结的异同

(一)述职报告的注意事项

写作述职报告时,要实事求是,严肃认真,客观公正。要注意论断准确,重点突出,有针对性:既不要脱离自己的职责范围和工作目标,又要分析概括,不能写成流水账;既要突出政绩,又要评价正确、适当,不能故意夸大或缩小,缺点和不足的地方也要叙述充分。

(二)与总结的异同

1. 相同之处

述职报告与总结都不是法定公文,属于党政事务文书;都是事后进行撰写;都要求内容的客观真实;都采用第一人称叙述;结构基本上都是由标题和正文组成,正文常包括成绩、不足以及今后的打算等部分。

2. 不同之处

(1)主体上的差异。工作总结多是党政机关、企事业单位的组织行为,而述职报告多是述职者的个人行为。

(2)标准上的差异。工作总结常常是以一定时期所做的具体工作为标准,虽然述职报告也是基于之前的工作,但是还需要紧紧围绕岗位职责这一标准。

(3)角度上的差异。工作总结主要是介绍某单位的工作情况,而述职报告主要是从完成岗位职责情况的角度,讲班子或个人的工作态度、工作成绩,两者虽有交融,但看问题的角度却完全不同。

 范文一:个人述职报告

述职报告

各位领导、各位同志:

我是2017年12月调到工业局任局长职务的。一年来,在县委、县政府的正确领导下,在全局系统干部职工的共同努力下,我局进一步深化和加快了

工业生产和经营的改革,取得了一定的成绩。

一、主要目标的完成情况

1. 工业生产提前三个月完成全年计划,销售提前两个月完成全年计划,预计今年可实现产值××亿元,实现利税××亿元。

2. 技术输入有了明显进展,局属主要企业技术改造工作稳步发展。

3. 经济效益明显提高。去年全县工业系统亏损××万元,今年预计可实现利润××万元,一举扭亏为盈,增长幅度较大。

4. 职工素质、业务水平有了提高。今年为局属企业举办了3期计算机技术培训班、2期质量检测技术培训班,有320名局属企业职工参加了培训,使企业职工的素质和业务水平有了明显提高。同时,选派部分干部、职工到高等院校和上级主管部门接受业务培训,收到良好效果。

二、一年来的工作回顾

今年我县工业生产是在十分困难的情况下取得较快发展的。一年来,市场行情瞬息万变,原材料价格上涨,资金紧缺、电力紧缺等,都给工业生产带来严重的干扰。在这种艰难的情况下,全局干部职工同心同德,求新创新,取得了一定的成绩。具体地说,这一年有以下新的变化。

1. 观念不断更新

随着政治体制改革不断深入和市场的全面发展,工业生产面临着新的形势和挑战。针对这种情况,我们组织干部职工认真研究新形势,积极治理生产环境,自觉整顿生产秩序,转变经济思想,强化服务意识,保证了工业生产的顺利进行。

2. 承包不断完善

今年,全局对局属企业全部实行了承包经营,对企业的经理厂长全部实行了聘任制,并签订了承包责任书。各企业也根据本单位的实际情况分别实行了各种形式的责任制,取得了良好的效果。

3. 合作不断扩大

工贸结合是促进工业生产的根本途径。今年,全局各企业积极主动实行工贸结合,加快了生产销售的步伐。在开展工商联营的同时,我们转变经营作风,密切工贸关系,积极为销售部门排忧解难,受到销售部门好评,从而保证了产品销售的稳步发展。

三、我本人所做的几项工作

1. 抓学习贯彻党和政府的方针政策

这是保证生产顺利开展的根本一环。凡是党和政府的政策、方针、法令，我都结合局工作实际学习好、领会好、运用好，并把精神落实到工作中去。

2. 抓目标管理

一年来，我用改革总揽全局，紧紧抓住改革这个机遇，积极在全局上下推行目标管理，同时主动与有关部门协商，制定改革方案，主持制定全局目标管理实施办法，不断督促检查，确保各项目标的落实。

3. 抓综合协调

对于局里的重大事件，在各副局长分工负责的前提下，我主动出谋划策，帮助综合协调，特别是有关全局的业务规划、技术改造，涉及上下关系、业务工作、思想工作中的难题，我都尽量参与，与各副局长一起深入实际，帮助解决。

四、存在问题和改进措施

由于年龄关系，本人工作能力和业务水平较低，虽然平时尽心尽力，但有些工作仍然是没有想到或虽然想到了却没有做到。今后要注意改进以下几方面工作：

1. 进一步加强经营管理工作

由于受到环境的干扰，自己的认识高度不够，在经营活动中，虽然我也要求和强调管理，但实际上要求过宽。今后要切实把经营管理当作大事抓，做到严格管理。

2. 进一步搞好调查研究

虽然工作中我也强调现场办公、调查研究，但一年来还是浮在上面多、开会研究多，下企业基层少、调查研究少。今后要制订深入调查研究的具体计划，并付诸行动。

3. 进一步加强局内建设

一年来我忽视了局风建设问题，导致机关干部和企业职工思想混乱，不上班和上班干私活，职工之间、干部之间发生矛盾的事时常出现，影响了全局工作的顺利进行。今后要从局机关抓起,树立团结、求实、进取、创新的新局风。

　　以上述职报告,请领导和同志们评议,欢迎对我的工作多提宝贵意见。借此机会,向工作中支持、帮助过我的各级领导和同志们表示诚挚的谢意。

××县工业局局长×××
2018年12月6日

范文二:集体述职报告

县人力资源和社会保障局领导班子述职报告
20××年×月×日

县委考察组:

　　去年以来,县人力资源和社会保障局一班人同心同德,在县委、县政府的正确领导下,在市人社局的精心指导下,高度重视领导班子思想政治建设、党风廉政建设和服务能力建设,以习近平新时代中国特色社会主义思想为指导,以稳定和扩大就业、完善社会保障体系、深化人事制度改革、开发人力资源、构建和谐劳动关系等工作为重点,求真务实,开拓创新,各项工作取得了长足发展,在推动经济发展、保障改善民生、维护社会稳定等方面发挥了重要作用。干成了一批大事实事,引资创办了××制衣有限公司,建成了人力资源市场综合楼,筹备召开了全省境外劳务输出工作现场会,成功创建全国农村劳动力转移就业工作示范县,劳务经济受到省政府表彰奖励,多方争取列入全省第二批新型农村社会养老保险试点县,考录安置高校毕业生708人,创历史新高,为全县经济社会发展做出了积极的贡献。

　　一、坚持理论武装,不断加强领导班子思想政治建设

　　一是坚持集体学习制度,不断用党的方针政策武装头脑。人社局领导班子提出了在全局上下开展学理论、学业务、学电脑、改进机关作风的"三学一改"活动。在学习时间上,始终坚持周一集体学习制度,要求每个职工书写1.5万字的读书笔记,每人2篇以上心得体会或调研文章,并由办公室定期不定期地检查学习笔记,不断督促职工形成自觉学习的习惯。

二是建立健全规章制度,坚持管人与管事相结合。进一步健全和完善机关工作制度和纪律制度,规范行政管理,简化工作程序,努力提高工作水平。(略)

二、加强自身建设,努力提高领导班子工作水平

去年以来,县人社局领导班子认真贯彻落实习近平新时代中国特色社会主义思想,把贯彻落实县委、县政府和上级主管部门重大决策的自觉性和坚定性体现到人力资源和社会保障工作实践中,用发展的理念、创新的方法,推动各项改革健康有序开展。(略)

三、坚持求真务实,不断推进人力资源和社会保障工作

一是拓宽渠道抓就业,缓解了城乡就业压力。(略)

二是创新机制抓扩面,健全了社会保险体系。(略)

三是强化监察抓执法,构建了和谐劳动关系。(略)

四是完善制度抓改革,推进了人事人才工作。(略)

四、坚持勤政廉政,不断加强党风廉政建设

县人社局领导班子坚决贯彻执行中央关于《建立健全教育、制度、监督并重的惩治和预防腐败体系实施纲要》和领导干部廉洁自律的各项规定,做到"政治上清清楚楚,经济上清清白白"。要正确行使组织赋予的权力,不滥用职权,不以权谋私。局领导班子各成员以身作则,做好表率,认真落实党风廉政责任制,加强对权力运用的监督和制约,推动党风廉政建设深入开展。坚持领导干部述职述廉制度和重大事项报告制度,自觉接受上级组织的监督。带头自觉树立公仆意识,弘扬党的优良传统,加大党风廉政建设力度。从规范办事行为,提高服务质量,强化民主监督入手,逐步建立制度完备、办事公开、运转协调、行为规范、职责明确的运行系统。多次召开班子会、职工会议,要求每个干部职工对近几年来工作、学习、生活中的不足深刻地进行自我剖析,对于成绩给予了肯定,对于存在的问题和不足能知能改,对今后工作都提出了各自的打算和努力方向。组织职工进行谈心交流活动,每个职工对班子及自己的工作得失进行了自我剖析、表态发言,大家都能从服从大局的高度认识和要求自己,在此基础上,制定了对内对外公开的各项制度和做法,通过

整顿,机关秩序、办事效率和工作作风也都明显有所改进。对人事人才、社会保险、就业与劳务输出等业务制作了流程图和政务公开栏。同时,坚持依法行政、依法管理,教育职工规范办事行为,做到职责明确,责任到人,一人一事或一人多事,该办的事迅速办,不推诿;能办的事坚决办,不搪塞;难办的事想法办,不敷衍;违反原则或规定的事坚决不办;把权利和责任,依法行政与优质服务统一起来,把为人民服务的宗旨落实到具体行动中,自觉接受社会和群众监督。

五、存在的问题及今后努力方向

全县人社事业在发展上还有许多困难,在工作上还有不少问题,群众还有一些不满意的地方,多年积累的深层次矛盾从根本上解决还需要多方联动、艰辛努力。突出表现是:就业压力依然较大,待就业人数持续增加与就业岗位有限的矛盾十分突出。社会保险扩面和市级统筹推进较慢,灵活就业人员断保现象严重,医疗保险基金财政预算不到位。紧缺人才短缺的问题近期内难以缓解,由于投入不足,人才培养和开发的项目较少,服务四大产业发展的人才相对匮乏,对经济社会发展的支撑作用不够突出。基层社会保障服务机构尚不健全,影响和制约了工作的开展。

今后,县人社局领导班子将对这些矛盾和问题认真研究、逐步解决。以"整风纪、强队伍、树形象、促发展"为主题,着力解决干部宗旨观念不牢、责任意识不强、遵守纪律不严、精神状态不振、形象素质不佳、服务质量不优、推动落实不力、工作成效不实、质量效率不高等突出问题,全面加强党支部的思想作风、学风、工作作风、领导作风和生活作风建设,切实提高干部队伍的整体素质,为推进民计民生集中突破、加快经济社会又好又快发展提供坚强保证。重点突出"四抓":

一是抓学习,提高干部队伍素质。(略)

二是抓纪律,切实转变干部作风。(略)

三是抓管理,提高干部工作效率。(略)

四是抓服务,树立部门新形象。(略)

第九章 · 计划、总结类公文

【练习题】

一、单选题

1. 对未来一定时期工作作出打算和安排的公文文种是(　　)。

   A. 简报　　　　B. 总结　　　　C. 调查报告　　　D. 计划

2. 单位或个人在立足现实、回顾过去的基础上,对前一时期的工作和思想等进行回顾、检查、分析,并找出经验教训,用以指导今后工作的文种是(　　)。

   A. 简报　　　　B. 总结　　　　C. 调查报告　　　D. 计划

3. 报告人向选举或任命机构、上级领导机关、主管部门及本单位的群众汇报介绍自己在一定时期内履行职责的情况时应使用的文种是(　　)。

   A. 总结　　　　B. 报告　　　　C. 述职报告　　　D. 调查报告

二、多选题

1. 下列标题中符合计划类公文标题要求的是(　　)。

   A.《××省财政厅2017年度干部培训计划》

   B.《××省教育厅2015年主要工作安排》

   C.《封山育林计划》

   D.《××市财政局计划》

2. 下列标题符合总结标题写法的有(　　)。

   A.《××市政府关于2018年下岗工人再就业工作的总结》

   B.《深化城乡改革,建设小康农村》

   C.《怎样结合实际做好企业管理工作》

   D.《创新科技,掌握核心——××公司2018年科研开发工作总结》

三、判断题

1. 计划具有约束性的特征,所以计划一经制订,不容再修改。

2. 总结可以上报或下发,也可以存留本单位;而报告只能用作上行文。

3.《中共××市委关于开展党员评议工作的总结》属于全面总结。

4. 述职报告作为现今常用的一种考核方式,述职者在写作时只需写明自己在所在岗位所取得的成绩,不足之处可提可不提。

5. 述职报告常常以一定时期所做的具体工作为评判标准，总结则更多的是依据岗位或部门职责作为评判标准。

四、写作题

1. 请结合自己的情况，写一份你上学期的学习情况总结。

2. 假设你是学校消防办公室的负责人，请拟订一份关于"学生消防演习"的工作计划。

练习题参考答案

第十章 调查、简报类公文

> 📖 **学习重点**

调查、简报类公文主要用于机关团体研讨工作、交流信息、报道动态、记载情况等,主要包括简报、调查报告、会议记录等文种。简报体现在"简"上,以简单精练为特征,主要用于工作情况、会议情况以及事件动态等的报道;调查报告除了具有报告的作用之外,最大的特征是具有计划、总结、简报所不具有的"研讨"功能,在学术领域的应用也十分广泛;会议记录体现的是"实",要求真实地记录会议的具体情况。

通过本章的学习,了解简报、调查报告、会议记录的特点,掌握它们的写作要领,能写出符合标准的简报、调查报告、会议记录。

调查、简报类公文属于日常事务性公文,主要包括简报、调查报告、会议记录等文种。

第一节 简 报

一、简报的含义

简报是国家机关、社会团体和企事业单位在汇报工作、交流经验、反映情况、沟通信息、报道动态时编发的内部常用的事务文书。就其字面理解,简报的内容简洁,读者可以花较少的时间获取大量的信息,同时简报也具备报告、报道、通报的功能。

二、简报的特点

(一)范围的限定性

简报的发文范围是在单位内部或者不同单位之间,不面向社会。

（二）内容的简明性

之所以被称为简报，就是因为简单明了是简报的主要风格。简报要求内容主旨集中，重点突出，遵循一文一事的原则，篇幅短小，布局严谨，条理清晰，表达直接。

（三）制发的及时性

简报具有新闻性，需要将新经验、新动态、新情况在最短时间内反映出来；特别是某些突发性事件、重要会议、重大决策，都需要在很短时间内编写简报并上报，以便上级部门及时掌握情况。

（四）行文的灵活性

简报可用来向上级机关行文，以反映工作情况；也可用来向下级单位行文，以便下级单位掌握领导层的最新动态或者指导方针；还可用来向不相隶属机关行文，以交流重要信息。

三、简报的分类

根据简报反映的内容范围和所起的作用，可将其分为工作情况简报、专题简报、会议简报和动态简报。

（一）工作情况简报

这类简报主要用于反映本地区、本部门、本单位日常工作的重要情况，如典型事例、经验教训、意见和建议等，以此推动日常工作的开展。工作情况简报具有一定的稳定性，常常有固定的期数。

（二）专题简报

专题简报是为推动某项重大工作或中心工作而专门编发的临时性简报。可以是在某项工作全面开展时编写，以反映工作的开局情况；也可以是在工作告一段落后编发，用来总结阶段性成果。这种简报时效性很强，往往随着工作的结束，简报也就停办了。

（三）会议简报

这是简报中数量最多的一种，用于反映重要会议情况，通常由秘书组编发。对于会期较长的会议，其简报往往也印发多期，多是一日一报；对于会期较短的会议,一般只印发一期;若是由多个代表团参加的大型会议,往往分别编写简报,以便相互沟通情况、交流信息。

（四）动态简报

这类简报主要用于反映工作动态和思想动态,及时反映工作中的新事件、新成绩、新问题、新建议,特别是发生的重大问题或事故,以便上级有效指导下级工作或及时掌握有关情况,采取得力措施。

四、简报的写法

简报由报头、报核、报尾三部分构成。

（一）报头

报头相当于公文的版头部分,由简报名称、期号、编发机关、编发日期以及间隔线构成。简报名称位于报头上方居中位置;期号在简报名称的正下方,按期序编号,有的还编上总期数;编发机关多为秘书部门,位于左侧下方间隔线之上位置;编发日期写简报实际编发的日期,用阿拉伯数字标明年月日,位于间隔线上方右侧顶格;间隔线用于把报头和报核分开,位于编发机关与编发日期下方。值得注意的是,如果涉及不宜公开的事项,应在报头左上方标明"内部参考　注意保存"字样或者注明密级。

（二）报核

报核由标题、按语、正文组成。

（1）标题。简报的标题类似新闻的标题,要揭示主题,简短醒目。一般采用单标题,如《全国食品安全整顿工作动态》;视情况也采用双行标题,即正副标题的形式,如《找准角色位置　增强服务意识——××区人事局军队转业干部培训班圆满结束》。无论采用什么形式,标题都应该体现"是谁""干什么""结果如何"几个要素。

（2）按语。按语是对所编发的简报进行提示、评论、阐述或补充说明的文字。可以交代编发意图、强调其重要性、提示要点、传达领导指示或者指出工作要求。按语不是必须具备的要素,而是根据编者的需要,视具体情况而定。

（3）正文。正文由导语、主体和结尾三部分组成。导语即简报的开头,简明扼要地概括全文的主旨或主要内容,采用的写法有提问式、结论式、描写式和叙述式。主体需要用足够的、典型的、有说服力的材料将导语的内容加以具体化。写作这部分可以采用新闻报道的方法，也可以采用并列形式，还可以根据事物发展的因果关系来组织材料。结尾常常用于深化主题或归纳全文，当然如果主体部分已经说清楚也不必刻意安排结尾。

（三）报尾

报尾相当于公文的版记部分，在末尾间隔线下端左侧写明发送范围，"报（上级机关）""送（同级或不相隶属机关）""发（下级机关）"。在最后间隔线下端居右标明印刷份数。由于简报是内部常用事务文书，若在本单位内制发就不存在"抄""送""发"，所以有时也可以没有报尾部分。

五、简报的注意事项

（一）注意区别简报与新闻

两者都要迅速、及时、客观地报道新情况，但传播内容和范围存在很大区别。新闻是公开发表的，面向全社会，报道的内容是公众所感兴趣的一切新人新事；而简报所报道的内容多为本单位内部相关的新情况、新问题，一般不公开发表。

（二）注意区别简报与通报

两者都要及时、真实地反映内部重要情况，但是在目的、用途和表达等方面有较大不同。通报主要针对正反两方面典型或具有倾向性的情况进行通报，目的在于教育，一般在叙述情况后要做评价分析；而简报所报道的情况、信息，主要用于反映问题、交流信息、沟通情况，只要求客观报道，不做主观分析和评论。

（三）注意区别简报与调查报告

两者都有报告情况、反映问题的作用，都要求用事实说话，但它们写作的目的和写作侧重点不同。调查报告是通过深入全面的调查，获得对事实的系统性把握，并在此基础上通过分析上升为规律性的认识；而简报注重对事实进行简要快速的反映，以达到传递信息、交流情况的目的，少有或没有理论性分析。此外，只有那些具有典型性的新问题才需要深入调查分析，形成调查报告；但是只要是新问题，都有形成简报的必要。

第十章 · 调查、简报类公文

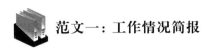

范文一:工作情况简报

食品安全整顿工作简报

(第 12 期)

××工作办公室	20××年12月21日

全国食品安全整顿工作动态

一、全国××办工作情况

20××年11月26日,全国××办召开了全国食品安全整顿工作电视电话会议,总结前一阶段工作情况,对下一阶段工作进行安排部署。收集汇总各地区、各部门食品安全整顿阶段性总结情况,向国务院报告全国食品安全整顿阶段性进展情况。××部根据《食品安全法》的规定,组建了由42名委员组成的第一届国家食品安全风险评估专家委员会,并于12月8日在北京举行了第一届国家食品安全风险评估专家委员会成立大会。××部、××部、××部、××总局、××总局、××局等六部门联合印发通知,要求进一步落实食品安全风险监测工作,并积极准备召开研讨会,研究制订20××年国家食品安全风险监测计划。××部制定了《全国生猪屠宰行业发展规划纲要》,确定了行业发展总体规划和目标。××部于11月上旬开展了对生鲜乳收购站清理整顿工作的督查。××总局发布了《供港澳蔬菜检验检疫监督管理办法》,进一步强化对供港澳蔬菜的检验检疫监管。

二、重点环节整顿情况

(一)违法添加非食用物质和滥用食品添加剂整顿。(略)

(二)农产品质量安全整顿。(略)

(三)食品生产和进出口环节整顿。(略)

(四)食品流通环节整顿。(略)

(五)餐饮消费环节整顿。(略)

(六)畜禽屠宰整顿。(略)

(七)保健食品整顿。(略)

三、整顿措施

各地根据××工作办公室统一部署,积极组织开展食品安全整顿工作督查。福建省××办于2009年10月下旬至11月上旬在全省范围内以治理"餐桌污染"、建设"食品放心工程"工作的开展情况为重点,开展了食品安全整顿工作督查,形成情况通报印发各地,并根据督查中发现的具体问题,专门发函当地,要求认真抓好整改。安徽、新疆等地也组织开展了食品安全整顿工作督查考核。

范文二:会议简报

中国共产党××大学第一次代表大会
简　报
第 3 期

校党代会筹备工作领导小组编印　　　　　　　　20××年12月25日

我校召开党委会研究通过
中共××大学第一次党代会工作报告

12月21日,党委召开专题会议,对中国共产党××大学第一次代表大会的工作报告进行了认真讨论,并原则通过。在讨论中,与会同志就前一段时间大家对报告提出的一些建议和意见,进行了认真研究。会议认为,对一些涉及学校建设和发展方面的意见和建议,能够吸收的都应写进报告,对不宜在报告中体现的一些具体意见,也要高度重视,从健全制度、加强管理上解决。会议一致同意今后四年必须要做的三件工作:一是要疏通各个政策环节,加快建成教职工住宅楼在建项目进度,启动和完成住宅楼待建项目,彻底改善中青年教师的住房条件;二是从20××年起逐步提高教职工福利待遇;三是必须解决××校区供暖和××校区教职工的就餐问题。

最后,×××书记强调,从现在起到放寒假所剩时间不多了,但我们要做的事还很多,大家都要有紧迫感,把各自分管的工作认真梳理一下,能够完成的绝不能拖到下学期。党代会也是一样,不能等,要在积极完成筹备工作的同时,加强同省委的联系,我们要为尽快召开党代会而努力。

抄送:中共××省委教育工委;校党政领导、校党委委员
发:各党总支、各党支部

第二节 调查报告

一、调查报告的含义

调查报告是基于对现实生活中较为重大的事件、情况或问题的实地调查,经过归纳整理和分析研究,以揭露事件真相、总结工作经验、探索问题解决方法、探讨事物发展规律而形成的书面报告。调查报告是领导和实际工作者认识事物、掌握情况、指导工作所不可或缺的重要依据,具有广泛的用途和很强的实践性。

二、调查报告的特点

(一)针对性

针对性是调查报告的灵魂,调查报告的写作通常具有明确的目的性,或是为了解决某一具体问题,或是为了总结、推广典型经验,或是为了给领导决策提供现实依据。针对性越强,其指导意义就越大,作用也就越大。

(二)客观性

客观性是调查报告的生命,调查报告作为调查研究的成果反映,必须以客观事实为依据。所使用的材料是撰稿人在实际调查中所得到的真人真事,人物、时间、地点、数字都要求是真实的,不容许虚构捏造。

(三)典型性

典型性是开展调查研究的基本标准,如果某一事件、某一问题或某一情况不具备典型性的特征,就不能代表同类事物的优缺点,对这类事物的研究往往得不到具有代表性的经验和教训,也就失去了调查的意义。

(四)研讨性

研讨性是调查报告区别于计划、总结、简报、报告等文种的重要方面之

一。它不仅要求客观反映调查对象的真实情况和典型材料,而且还要进行分析、研究和讨论,发表作者的见解,提出符合客观规律的结论。

三、调查报告的分类

按照调查报告的性质和内容可分为:反映情况的调查报告、总结典型经验的调查报告、揭露问题的调查报告。

(一)反映情况的调查报告

这类调查报告指为了着重反映某一地区在某一阶段内政治、经济、文化、社会、科教等领域的工作情况或某一问题的社会状况而撰写的调查报告。这类调查报告主要反映某方面工作的基本情况、规律和存在的问题,为制定或修改方针政策提供科学依据。例如《关于社区服务工作开展情况的调研报告》。

(二)总结典型经验的调查报告

这类调查报告指反映典型事例、典型经验的专门调查报告。通过发掘各行各业的先进典型,把有代表性和普遍意义的做法、体会、经验总结提炼出来,揭示其成长规律和发展趋势,引导大家学习先进典型。例如《城乡客运公交一体化建设的经验与做法》。

(三)揭露问题的调查报告

这类调查报告指为了弄清某一重要事实、案件、问题的真相而进行专门调查后写成的调查报告。通常把事件的来龙去脉都要调查清楚,为有关部门作出结论、进行处理提供参考或依据。例如《"7·23"甬温线特别重大铁路交通事故调查报告》。

四、调查报告的写法

(一)调查报告的结构

调查报告由标题、正文、发文机关署名与成文日期组成。

1. 标题

调查报告的标题通常采用单标题或双标题的写法。单标题通常由"调查对象+时限+事由+文种"四部分构成,例如《关于××村2017年农民负担问题的调查报告》;有时也省略"调查对象"或"时限"中的一个或两个要素,例如《关于社区服务工作开展情况的调研报告》。双标题,即正副标题的形式,例如《直面网络图片 飞扬多彩青春——网络图片对××大学本科生的影响》《情窦初开的爱情何去何从?——关于××大学本科生恋爱观的调查报告》就属此类写法。

2. 正文

调查报告的正文通常由导语、主体和结尾三部分组成。导语即前言,以简要的文字交代调研的目的、时间、地点、调研对象、调研方法以及取得的结果。写作这部分的目的在于帮助和吸引读者阅读和理解文章内容。主体是调查报告的主干部分,主要通过典型生动的事例和客观具体的数据介绍调查对象本身,概括调查情况,然后通过理性的分析和提炼形成研究结果。反映情况和总结经验的调查报告,主体部分包括基本情况、成绩与做法、经验与不足、今后打算;揭露问题的调查报告,主体部分包括基本情况(或主要过程)、问题、原因分析、对策。结尾可以根据全文归纳出结论,提出启发性的问题,提炼报告的内容或主旨,还可以强调调查报告的重要性。

3. 发文机关署名与成文日期

此部分位于文尾右下方。调查报告的作者可以是调查单位的名称,也可以是调查小组的成员,还可以是单个调查人的姓名。有的调查报告在标题下方署名,这样的情况在文尾就只需写明报告的日期。

(二)调查报告的形成过程

1. 准备阶段

在做调查研究之前,必须做好充分的准备。首先,必须从思想上做好调研的准备,要预测调研过程中遇到的困难,同时也要领会领导的意图;其次,选择与领导工作密切相关、人民群众普遍关注的、对决策有价值的问题作为调研题目;再次,要学习政策理论,使调研工作有一个正确的指导思想;最后,形成一个调研提纲,确定调研方案(计划)。

2. 调查阶段

运用科学的调查方法,按照设计好的调查方案,深入实际、留心观察,灵活运用问卷、访谈、座谈、田野等手段,多层次、多渠道地获取数据资料,为分析研究提供尽可能详尽的支持。

3. 研究阶段

调查阶段获取的材料多种多样,在"去粗取精、去伪存真、由此及彼、由表及里"的加工基础上,分析得出研究结论。

4. 撰写成文

通过前面几个步骤,接下来就是将调查研究结果形成书面报告。按照调查报告的结构一步一步地撰写。调查报告的主体部分通常采用三种结构:一是横向式结构,即将主体部分概括成几个并列的问题分别阐述;二是纵向式结构,即按照事物的发生发展过程或调查顺序展开议论和叙述,便于读者了解事实的来龙去脉和前因后果;三是复合式结构,即综合运用横向式与纵向式结构。在以横向结构为主的基础上,某些部分按照事物的由来和发展过程交代;或者在以纵向结构为主的基础上,在某个部分按照横向展开叙述。

五、调查报告的注意事项

(一) 注意材料与观点并重

调查报告重在用事实说话,但远不是事实材料的简单堆砌,需要在分析事实材料的基础上形成自己的观点。观点来源于材料,材料又必须能够说明和支持观点。如果只有观点,没有材料,就很难让人信服;如果只有材料,没有观点,文章就成了事实罗列,缺少理论价值。所以,在调查报告中材料与观点是并重的,必须处理好二者的关系。而将数据材料和结论有机联系起来的桥梁就是分析。

(二) 注意叙述与议论结合

事物的发生发展过程主要是通过叙述来完成的。但是描述清楚事物的发生发展过程远不是调查报告的目的,调查报告的目的是通过事实阐明道理、揭示事物的发展规律。因此,写作调查报告必须以叙述事实为基础,并结合议论的方式将其升华,做到叙议结合。

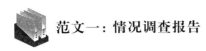

范文一：情况调查报告

济南农村居民中国梦社会认知度调查与分析

一、项目概述

（一）研究背景

2012年11月29日，习近平总书记在参观《复兴之路》展览时指出："每个人都有理想和追求，都有自己的梦想。现在，大家都在讨论中国梦，我以为，实现中华民族伟大复兴，就是中华民族近代以来最伟大的梦想。"此后，习近平总书记在不同场合，从不同角度对中国梦进行阐述，中国梦的思想内涵不断得到丰富。中国梦成为新一届党中央治国理政的重要理论。中国梦的提出，体现了全体中华儿女的共同心声，彰显了中国共产党对自己执政使命认识上的清醒和自觉，对推动中国特色社会主义现代化事业，推动中华民族早日实现伟大复兴具有重要意义。

在中国走向现代化的进程中，农业、农村、农民的现代化有着至关重要的意义。在一定意义上可以说，没有农业、农村、农民的现代化，就不会有中国特色社会主义事业的现代化，就不会有中华民族的伟大复兴。由此，农村居民对中国梦的认知和认同问题，就不再仅仅是个理论问题，而是一个事关中国特色社会主义现代化事业的实践问题。特别是在全面深化改革实现中华民族复兴的时代背景下，要全面认识中国梦的内涵，切实研究中国梦的实现路径，以中国梦理论武装农村居民这一推动实现中国梦的主体力量，就需要对农村居民的中国梦认知状况进行专门研究，以更好地发挥中国梦战略理论的凝心聚力作用，推动农业、农村、农民又好又快地走向现代化，推动中国特色社会主义事业不断取得新进展。基于此，本研究着眼于农村居民这一群体，选取济南部分农村居民为调查研究对象，对农村居民中国梦的认知状况进行调查研究。

（二）研究目的及调查研究过程

本研究以济南地区农村为例，了解农村居民对中国梦理论的基本认知状况，分析影响农村居民中国梦认知度的因素，提出提升农村居民中国梦认知度的建议，以更好地发挥中国梦在农村居民中的凝心聚力作用，推动农业农村农民走向现代化,促进中华民族伟大复兴中国梦的早日实现。

研究以济南部分农村居民为研究对象,采用自编的"济南农村中国梦公众认知度调查问卷"(见附录),选取济南市历城区遥墙镇、仲宫镇、济阳县太平镇、孙耿镇、章丘市普集镇、官庄镇等部分村庄,在2014年6—8月间共发放、收回调查问卷600份,以此为依据,对农村居民中国梦认知状况进行分析研究。

二、济南农村居民中国梦社会认知现状

整体而言,农村居民对中国梦理论的认知既有值得肯定的一面,也存在一些需要加强教育引导的方面。

(一)对中国梦整体上有一定的了解,但有待于深入全面

习近平指出:"实现中华民族伟大复兴的中国梦,就是要实现国家富强、民族振兴、人民幸福。"这是对中国梦内涵的全面揭示。经过宣传学习,农村居民在一定程度上对中国梦理论有所了解。在对"您听说和了解中国梦吗"的回答中,分别有13.00%、57.67%和29.33%的农村居民表示"有较全面了解""略知一二"和"不了解"。(表1)这表明,多数农村居民对中国梦理论仍然缺乏全面和深刻的了解。

(表1略)

…………

(二)能够将中国梦的实现与自己的工作生活联系在一起,但认同度有待提高(略)

(三)对中国梦的认知存在群体性差异(略)

(四)了解认知中国梦的途径多样化(略)

(五)能够在一定程度上认识和把握中国梦的实现途径(略)

三、影响济南农村居民中国梦认知度的因素分析

综合上述分析可见,我国农村居民对中国梦理论有一定程度的了解,但目前大多数农村存在一些影响农村居民对中国梦认知水平的因素,认真查找这些因素,有利于有的放矢、因地制宜地进行农村中的中国梦宣传教育工作。

(一)农村经济发展状况从根本上影响中国梦的认知度

现如今我国农村的人口大致分为三种:一是务农,二是经商,三是外出打工。调查结果显示,留在农村务农的大多是中老年男子或者是妇女,他们所

能掌握的农业生产技术有限,农业生产结构单一,农村基础设施相对落后,这些不足阻碍着农村经济的发展。

目前我国对农业的科技投资存在严重不足,很多农村还存在"靠天吃饭"的现象。然而,当生产力发展仅能满足人最基本的生活需要时,人们就不得不放弃其他方面的需要。调查结果显示,大部分受访农村居民满意自己目前的生活状况,有更多的时间和条件关注政治,对中国梦理论的认知水平也相对较高。但也有部分受访农村居民不满意自己目前的生活状况,他们不得不把更多的时间花费在保障基本生活的需要上,空闲时间有限,影响了对中国梦的认知。(表13)

(表13略)

(二)农村居民的政治关注度直接影响中国梦的认知度

农村居民对政治的关注度在一定程度上会影响他们对中国梦理论的认知。调查结果显示,绝大部分受访的农村居民对政治的关注度比较高,期待听到和了解党和政府的声音的农村居民达到74%……

(三)中国梦宣传的方式方法影响中国梦的认知度(略)

(四)基层干部的作风影响中国梦的认知度(略)

(五)农村居民的个性化差异影响中国梦的认知度(略)

四、提升农村居民中国梦认知度的建议

综合上述原因分析,结合调研中发现的其他问题,我们就提升我国农村居民对中国梦理论的认知度问题提出以下建议。

(一)贴近农村实际加强中国梦宣传教育,增强农村居民对中国梦的思想认同(略)

(二)充分发挥基层党员干部的模范带头作用(略)

(三)完善农村公共文化服务设施建设,开展多种形式宣传教育活动(略)

(四)了解不同农村居民的多元需求,进一步提升中国梦共识(略)

(五)坚持正确舆论导向,营造共识共筑中国梦的舆论环境(略)

附录 济南农村中国梦公众认知度调查问卷(略)

资料来源:丁兆梅、史家亮、宋美桦、郭继文等:《济南社会科学》2016年第3期。(有删改)

范文二：问题调查报告

滨保高速天津"10·7"
特别重大道路交通事故调查报告

2011年10月7日15时45分许，滨保高速公路天津市境内发生一起特别重大道路交通事故，造成35人死亡、19人受伤，直接经济损失3447.15万元。

事故发生后，党中央、国务院高度重视，×××、×××、×××等几位中央领导同志先后作出重要批示，要求全力抢救伤员，迅速查明事故原因，妥善做好善后处理工作，维护社会稳定。

根据中央领导同志重要批示精神和有关法律法规规定，并报请国务院批准，2011年10月12日，成立了由××总局、××部、××部、××部、××部、××总局、全国总工会和天津市人民政府、河北省人民政府组成的国务院滨保高速天津"10·7"特别重大道路交通事故调查组（以下简称事故调查组）。同时，聘请了车辆技术、公路工程、交通事故处理等专业领域的专家参加事故调查。

事故调查组通过现场勘察、检验测试、技术鉴定、调查取证、综合分析和专家论证，查明了事故发生的经过、原因、应急处置、人员伤亡和直接经济损失情况，认定了事故性质和责任，提出了对有关责任人员及责任单位的处理建议和事故防范及整改措施建议。现将有关情况报告如下：

一、基本情况

（一）事故车辆驾驶人情况

云×，冀B×××××号大客车驾驶人，男，33岁，河北省承德市人。持准驾车型为A1A2的机动车驾驶证，发证机关为河北省唐山市公安局交警支队，初次领证日期为1997年9月25日，2002年1月增驾取得大型客车驾驶资格，有效期至2015年9月25日。2002年10月，云×取得道路旅客运输从业资格证书，2011年6月以来被多个个体车主私自雇佣作为大客车替班驾驶人。

袁×，鲁A×××××号小轿车驾驶人，女，39岁，山东省济南市人。持准驾车型为C1的机动车驾驶证，发证机关为山东省济南市公安局交警支队，初次领证日期为2003年7月3日,有效期至2015年7月3日。

经勘验,没有发现云×、袁×酒后驾驶迹象,两名驾驶人的驾驶培训、驾驶科目考试、驾驶证发证及审验情况均正常。

(二)事故车辆情况

号牌为冀B×××××的大型普通客车,生产企业为厦门金龙旅行车有限公司,厂牌型号为金旅牌XML6127E2。……

号牌为鲁A×××××的小轿车,品牌型号为丰田牌TV7251Royal。……

经检验鉴定,事故车辆的行驶证、运营资质齐全且均在有效期内,车辆制动性能无异常。其中,冀B×××××号大客车的车身上部结构强度、侧倾稳定性等安全性能符合国家相关标准和规范要求。

(三)事故道路情况

事故发生路段位于滨保高速公路天津市武清区境内59公里500米处至61公里700米处,……事故发生时天气晴朗,路面干燥。

经检验鉴定,事故发生路段道路平纵线形及波形钢护栏的设计指标符合国家相关标准和规范要求。

(四)事故相关单位情况

冀B×××××号大客车的注册登记所有人为……

(五)事故大客车挂靠情况

冀B×××××号大客车的实际所有人(车主)为唐山市人……

(六)事故大客车包车客运组织情况(略)

二、事故发生经过及应急处置情况

(一)事故发生经过

2011年10月7日9时15分,云×驾驶冀B×××××号大客车由唐山市瓦官庄出发前往保定市,车上共有乘客52名。13时,车辆到达保定市,中途无人上下车。13时32分,该车在保定市搭载另外54名乘客,起程返回唐山市,中途无人上下车。当日12时左右,崔××驾驶鲁A×××××号小轿车,与妻子袁×、儿子崔×一起由山东省济南市出发前往天津市宝坻区,其间崔××、袁×轮换驾驶车辆。

14时49分开始，小轿车由袁×驾驶，当车辆行驶至滨保高速公路60.7公里附近时，遇云×驾驶的冀B×××××号大客车在右前方行驶。袁×继续驾驶小轿车以不低于120公里/小时的速度超越大客车。当小轿车与大客车并行时，袁×采取减速措施，并在小轿车越过大客车车头后两次左右调整方向盘。15时45分许，小轿车以113.2公里/小时的速度在第一车道靠右侧行驶，大客车以115.6公里/小时的速度在第二车道靠左侧行驶，大客车左侧车轮位于一、二车道分道线处，由于两车横向距离较近，大客车车身左侧前部与小轿车右侧后部发生擦蹭撞击。

发生撞击后，云×在未采取紧急制动措施的情况下向右转向，大客车偏离车道并冲向道路右侧波形钢护栏。当大客车接近右侧护栏时云×又急向左转向，造成大客车向右倾覆，靠压在护栏上滑行62米（其中，大客车斜靠在护栏上滑行26米，大客车压倒、压弯护栏约36米）。在此期间，护栏波形板和护栏立柱持续冲击大客车车身右侧，大客车右前风挡玻璃立柱和车门后立柱受冲击变形，上部结构开裂。此后，护栏未被压弯部分在大客车惯性力的作用下，插入大客车右前上角并贯穿车窗插入车内，继续冲击右侧车窗立柱，造成车窗立柱与车身骨架在焊接部位断裂，大客车车顶右侧与车身骨架开裂。大客车在右上部被护栏贯穿的情况下继续滑行约80米，护栏在车内对大客车乘车人形成切割和撞击，造成35人死亡、19人受伤，两车不同程度损坏，部分公路设施损毁，直接经济损失3447.15万元。

至事故发生时，大客车驾驶人云×连续驾驶6小时31分，行驶里程600余公里，其间大客车单次停车时间均不足20分钟，累计超速31次，超速行驶时间共2小时51分；小轿车行驶时间未超过4小时，行程里程不足400公里。

（二）事故应急处置情况

10月7日15时46分，天津市公安局"110"指挥中心接到群众报警后，立即下达出警指令，同时向上级报告了事故情况。16时6分，消防官兵、救护人员、公安交警先后赶到现场，迅速开展事故救援、现场勘查、秩序维护等工作，并对事故现场实施了交通管制。接到事故报告后，天津市立即启动应急预案，成立了由市政府相关领导同志和部门负责同志组成的事故处置指挥部，市委、市政府主要领导同志及时作出批示，7名市委、市政府领导同志带领安全监管、公安、卫生、民政等部门人员先后赶到事故现场和伤员救治医院,指挥协调事故救援和现场清理,并全力开展人员救治和善后处理工作。天津市共抽调40名专家对受伤人员会诊救治,组织1000余名干部参与遇难人员核查、辨认、赔付以及死伤人员家属接待工作。

河北省人民政府接到报告后,迅速委派省政府领导同志率省应急办、安全监管局、公安厅、教育厅、交通运输厅等部门和唐山、保定两市负责同志赶赴天津,共同开展善后处理和维护稳定等工作。与此同时,河北省连夜部署唐山市6所高校开展全面排查,在查清事故伤亡人员身份的基础上,进一步组织600余名干部分别在保定市和天津市认真做好伤亡家属安抚工作,积极与天津市相关部门沟通交流,大力协调保险公司和企业及时拨付赔偿资金,并耐心对涉及遇难和受伤人员的唐山市6所高校学生进行劝解疏导,做好社会稳定维护工作。

…………

在各方积极努力下,事故救援及善后处理工作平稳有序。10月8日7时,事故现场清理完毕,事发路段恢复通行。10月9日凌晨,伤亡人员的基本情况全部查清。10月14日,35名遇难人员的赔付工作全部完成。

三、事故原因及性质

(一)直接原因

在大客车驾驶人云×超速行驶、措施不当、疲劳驾驶三项交通违法行为的共同作用下,大客车与小轿车发生擦撞并侧翻,是发生事故的主要原因;小轿车驾驶人袁×在超越大客车时车速控制不当,两次左右调整方向,未按照操作规范安全驾驶,也是发生事故的原因;大客车超员载人,加重了事故后果。

(二)间接原因

1. 唐山交通运输集团有限公司及其下属公司安全生产责任制不落实,安全管理制度不健全。(略)

2. 唐山市交通运输管理部门开展道路运输安全管理和监督检查工作不到位。(略)

3. 河北省、保定市、唐山市和天津市公安交通管理部门开展道路交通安

全管理和监督检查工作不到位。(略)

(三) 事故性质

经调查认定,滨保高速天津"10·7"特别重大道路交通事故是一起责任事故。

四、对事故有关责任人员及责任单位的处理建议

(一) 建议依法追究刑事责任人员

1. 云×,事故大客车驾驶人。因涉嫌交通肇事罪,2011 年 10 月 8 日被天津市公安机关刑事拘留;2011 年 10 月 15 日被天津市检察机关依法逮捕。

2. 张××,事故大客车车主。因涉嫌重大责任事故罪,2011 年 10 月 21 日被天津市公安机关刑事拘留;2011 年 11 月 3 日,强制措施由刑事拘留改为监视居住。

3. 幺××,事故大客车包车组织者。因涉嫌非法经营罪,2011 年 10 月 21 日被唐山市公安机关刑事拘留。

(二) 建议给予党纪、政纪处分人员(共涉及 33 人,略)

(三) 对相关人员和单位的行政处罚建议

1. 袁×,鲁 A×××××号丰田牌小轿车驾驶人,在高速公路上超速行驶,违反了《中华人民共和国道路交通安全法》第四十二条第一款"机动车上道路行驶,不得超过限速标志标明的最高时速",以及第二十二条第一款"机动车驾驶人应当遵守道路交通安全法律、法规的规定,按照操作规范安全驾驶、文明驾驶"的规定,建议天津市公安交通管理局依据《中华人民共和国道路交通安全法》对袁×予以罚款。相关部门要监督袁×履行相应的事故赔偿责任。

2. 依据《安全生产法》《生产安全事故报告和调查处理条例》(国务院令第 493 号)和有关法律法规的规定,建议河北省相关部门对唐山交通运输集团有限公司、通达客运分公司及其主要责任人给予相应行政处罚。

五、事故防范和整改措施建议

滨保高速天津"10·7"特别重大道路交通事故给人民生命财产带来了重大损失,后果十分严重,教训十分深刻。为了进一步细化工作措施,切实落实企业安全生产主体责任和相关部门的监管责任,有效防范类似事故再次发生,特提出以下措施建议:

（一）清理道路客运企业挂靠车辆，建立良性发展的道路客运产业体系。（略）

（二）整顿旅游包车客运市场经营秩序，切实加强旅游包车客运的安全管理。（略）

（三）健全道路客运企业内部安全制度，督促客运企业落实安全生产主体责任。（略）

（四）完善客运车辆驾驶人监管教育制度，强化道路交通安全源头管理。（略）

（五）严厉打击各类道路交通违法行为，营造良好的道路交通环境。（略）

（六）修订道路交通安全相关法规、标准，从本质上提高道路安全保障能力和水平。（略）

国务院滨保高速天津"10·7"
特别重大道路交通事故调查组
2012年7月12日

第三节　会议记录

一、会议记录的含义

会议记录是用于记载会议的基本情况、会议报告、讨论发言、会议决议等内容，与会议同步产生的书面材料或者媒体材料。它是会议情况的真实反映，是会后了解会议召开情况、研究有关问题、贯彻会议精神和拟定有关文件（纪要）的重要依据。

二、会议记录的特点

（一）同步性

会议记录是与会议同步产生的材料，所以具有很强的同步性。严格来说，会议记录都是在会议过程中形成的。但实际上，为确保会议记录的完备性和准确性,往往需要在会后进行整理和校对,即使这样也离不开同步产生的音频、视频文件。

(二)客观性

会议记录要按照会议的真实情况如实、完整地记录下来,不能加入记录者的个人偏好和观点,也不能随意增加或者省略其重要的内容。

(三)全面性

会议记录是会后了解会议召开情况、研究有关问题、贯彻会议精神和拟定有关文件(纪要)的重要依据。所以,从开会的时间、地点、主持人、与会人员、缺席人员等会议基本情况,到会议议题、会议决定事项等会议内容都必须完整、全面地记录下来。

三、会议记录的分类

按照会议内容的重要性,可分为一般会议记录和重要会议记录;按照形成的方式,可分为笔录、录音和录像,笔录形成的会议记录又可分为文章式会议记录和表格式会议记录。

(一)按照会议内容的重要性划分

1. 一般会议记录

一般性会议是指涉及内容的重要程度、复杂程度不是很高的会议,如办公会、行政例会、筹备会等。对于这类会议,往往采取摘要式记录。

2. 重要会议记录

重要会议往往讨论十分复杂的问题,要求尽可能地记录发言者的原话,而不能采用摘要式的记录方法,对于会议有争议的问题、分析意见、要害问题以及会议决议都需要详细记载。

(二)按照形成的方式划分(笔录)

1. 文章式会议记录

文章式会议记录是使用最为普遍的会议记录,是按照写文章的方式来记录会议的情况和内容。由标题、会议概况、会议主要内容、文尾四部分组成。

2. 表格式会议记录

表格式会议记录顾名思义就是通过表格的形式记录会议情况和内容,是文章式会议记录的表格化,各个单位可根据自己的要求自行设计记录用纸的格式。

四、文章式会议记录的写法

（一）标题

文章式会议记录的标题一般是按照"会议名称+文种"的格式来写,例如《××市人民代表大会常务委员会第二次会议记录》。

（二）会议概况

会议概况写明会议的一些基本情况,包括时间、地点、与会人员、缺席人员、主持人、记录员等。

（三）会议主要内容

会议的主要内容包括会议的议程与议题、会议发言讨论情况、与会者的意见和建议、会议议定事项、会议重要文件以及决策事项的表决结果等。这部分根据会议的具体情况,可以选择摘录或详录等不同的方式。

（四）文尾

文尾位于会议记录的右下角,主要是用于标明会议主持人和记录人,以示负责。

五、会议记录的注意事项

（一）注意把握要点

在做会议记录时要尽可能做到详尽,但是也要注意把握会议的突出要点。例如:

（1）会议中心议题以及围绕中心议题展开的有关活动;

（2）会议讨论、争论的焦点以及各方的主要见解;

（3）权威人士或代表人物的言论;

（4）会议开始时的定调性言论和结束前的总结性言论;

（5）会议已议决的或议而未决的事项；

（6）对会议产生较大影响的其他言论或活动。

（二）注意详略得当

记录的详细与简略，要根据情况决定。一般地说，决定、建议、问题和发言人的观点及论据材料等要记得具体而详细。对于一般情况的说明，可抓住要点，略记大概意思。

（三）注意保持一致

对于时间较长的会议，记录者一定要保持始终如一，从会议的开始到会议的结束都要认真负责地记录，这是记录者应该具备的态度。

（四）注意掌握技巧

记录者应该掌握一定的记录技巧以提高记录的速度和质量。一般来说，有四条技巧：（1）快，字可以写得小一些、轻一些，使用连笔。（2）要，即择要而记。（3）省，即在记录中正确使用省略法，多使用简称、简化词和统称。（4）代，即用简要的写法代替复杂的写法。例如，可以用姓代替全名，可以用拼音代替生僻字等。

范文一：文章式会议记录

××市代表团第一组会议记录

会议名称：小组会议

会议议程：讨论《政府工作报告》

会议议题：教育问题

时间：3月11日

地址：第二会议室

主持：刘××

出席：全组代表13人

列席：××日报社记者

许××代表说:"××县教师去年几次闹事,主要矛盾是上边给政策,下边没有钱,老师的奖金不好兑现。应当说,××县整个教育工作在全省不算落后,最大的问题是经费问题。农村中小学除人头费外,其余费用都是由农民负担。在5%的定项限额中,拿出12%给教育,比例不算小,有800多万元,可是去了人头费,剩不下几个钱。去年上边要求给教师增加补贴、资金,县里拿不出钱,经多方筹措只兑现了一部分,因而引起教师不满。教师们说,教育是治国之本,教师的地位提高了,为什么连奖金、补贴还解决不了。最后财政拿出一部分,乡镇拿出一部分,学校勤工俭学解决一部分。勤工俭学一块绝大多数没有解决。越是穷的地方,问题越多。"

赵××代表说:"从××区的情况看,近几年教育事业发展比较快,二部制的问题解决了,倒房的问题也基本上得到解决,但是教学质量普遍不高。区内7所中学,唯有×中好一点,小学升中学非常困难。在我们那里,学生进好学校要多交钱,转学也要多交钱。好的学校超额,差的学校没人愿意去。家长对学生读书也失去了信心。条件比较好的××校,其实那里的老师也很可怜的,平时上市里开会,车票还得自己报销。"

…………

谷××代表说:"目前教育方面存在的问题比较多,也比较突出,已经引起了上上下下的高度重视。从现在教育的状况看未来是可怕的,特别是学校的思想政治工作,德育问题亟待加强。"

于××代表、曾××代表说:"现在师生压力都比较大。一些年轻教师向钱看,不安心工作,学生两极分化。我们建议,要切实加强学校的思想政治工作,加强共青团和少先队建设。今后在招生时,对班级团、队干部的分数应适当放宽,以便调动、鼓励他们参与管理学校的积极性。希望省里在这方面做出决定。"

主持人:××
记录人:××

范文二：表格式会议记录

项目例会　会议记录

会议名称	××大学数字校园平台项目例会		
会议时间	20××-×-× 15：00—16：30	会议地点	××大学网络与计算中心小会议室
会议历时	90分钟	会议主席	孙×
参加会议的单位名称及人员名称： 　　××大学：余××、孟××、孙×、李××、赵××、王× 　　东软公司：师×、张××、李××			
会议议程：			结论
[议程一]	师×介绍前一段时间的调研情况。		通过
[议程二]	与会人员就调研工作的遇到的问题和调研结果进行讨论。		通过
[议程三]	确定下一步的调研计划。		通过
会议结果：(记录对各议程进行讨论后的建议/意见) 　　1. 校办调研的问题：其他部门的数据与档案馆的数据不能对接，与公文流转的数据要整合，数据标准问题继续分析。 　　2. 党办调研的问题：有教育部的OA系统，主要上传和接收一些文件，标准尚未反馈。 　　3. 组织部调研的问题：组织部和统战部可以维护组织部的信息，数据编码规则没有规范，数据能导出不能导入，由于数据编码不规范因此不能使用在公开数据库上，干部管理信息由于人不在，等下次讨论。 　　4. 体育部调研的问题：有学生体育检测系统，每年导入一次，定为每周四下午看系统。 　　5. 后勤调研的问题：有一套完整的住宿管理系统，但与财务处的信息没有接口。 　　6. 研究生院调研的问题：问题等待总结。 　　7. 人事处调研的问题：人事系统与校园网物理隔离，代码集与教育部标准有一定的差别。			
记录人	李××	审批人	王××

　　1. 对于部门例会，表格编号时使用"部门代号"；项目例会，表格编号使用"项目编号"；客户会晤，根据实际情况选择适当的编号方式。

　　2. 本页不足记录时，可以有附页，附页格式自定。

第十章 · 调查、简报类公文

【练习题】

一、单选题

1. 机关内部向上级反映情况和汇报工作或向下级/平级机关沟通情况、交流经验、了解信息、指导工作的一种简短灵活的事务性公文是指(　　)。

　　A. 报告　　　　B. 简报　　　　C. 总结　　　　D. 纪要

2. 调查报告中能使读者对调查内容很快获得总体认识的部分是(　　)。

　　A. 主题　　　　B. 结尾　　　　C. 前言　　　　D. 标题

3. 如实记载有关会议基本情况和主要内容的文书是(　　)。

　　A. 会议记录　　B. 会议纪要　　C. 会议决议　　D. 会议简报

二、多选题

1. 下列对于简报与报告描述正确的有(　　)。

　　A. 简报与报告都属于《党政机关公文处理工作条例》规定的常用公文文种

　　B. 报告是上行文种,简报在上行的同时也可以平行或下行

　　C. 简报和报告都需按照通用公文格式制作

　　D. 报告用第一人称(如我、我们),简报多用第三人称(如他、他们)

2. 下列调查报告的标题符合要求的是(　　)。

　　A.《关于当前棉花购销体制改革的调查报告》

　　B.《山东大学是怎样做好大学生通识课教学工作的》

　　C.《家庭养老前途广阔》

　　D.《一蟹难求——山东省昌邑市中秋前夕梭子蟹市场销售情况的调查》

三、判断题

1. 简报由报头、报核、报尾三部分构成。

2. 按语,又称"编者按",是对所编发的简报进行提示、评论、阐述或补充说明的文字。

3.《关于中学生思想品德状况的调查报告》属于揭露问题的调查报告。

4. 调查报告的写作应做到夹叙夹议、叙议结合。

5. 会议记录是会议情况的真实反映,是拟定纪要的重要参考资料。

四、简答题

1. 简述简报、调查报告及会议记录的特征。

2. 会议记录与会议纪要的区别主要表现在哪些方面?

五、写作题

请你利用课余时间就某一个具体问题,如大学生手机使用情况、大学生网购情况、大学生叫外卖情况等进行调查,并写出调查报告。

练习题参考答案

第十一章 讲话类公文

 学习重点

讲话类公文具有明显的口语化特点,相对于其他类公文,能运用艺术化的语言处理方式,更容易表达丰富的情感,承担了传递领导意图、实现领导职能的重要作用。一篇出色的讲话稿,既要遵循讲话类公文的各种写作要领,还要注重公文的语言艺术感染力。

在本章的学习过程中,要了解讲话稿的定义、种类、特点和结构,重点是掌握起草讲话稿包括政论性讲话稿和礼仪性讲话稿的基本要求和写法,学会写作各种讲话稿。

第一节 讲话类公文概述

一、讲话稿的含义

讲话稿是指在会议或集会期间用于讲话或演说的预先拟制的文字底稿。讲话稿种类很多,主要分为政论性和礼仪性两种类型,具体包括会议报告、专题讲话、形势报告、开幕词、闭幕词、欢迎词、欢送词、答谢词、主持词、祝酒词、演说词、贺词、致辞等。

二、讲话稿的特点

(一)口语化

讲话稿需直接讲给现场观众听,是一种口语化的表达,现场观众是讲话人的接受者、欣赏者和评判者。因此,既要让讲话人讲得顺口,又要使听众听得明白,需要避免使用艰涩难懂的词语。但讲话稿又不同于日常口语,日常

口语带有一定的随意性和即景性,有特定语境,不用刻意讲究辞章也能使谈话双方会意、明白;而讲话稿的语言必须经过严格加工,既要讲究遣词造句、语法修辞,符合现代语言的规范,又要兼顾日常谈话用语明白通畅的特点,让观众容易接受。

(二)感情化

演讲者都懂得讲话时以情感人的重要性,出色的讲话稿应是哲理和情感的融合体。一篇高质量的讲话稿是沟通讲话人与听众感情的纽带,不但需要以理服人,更需要以情感人,只有将讲话的内容传达到听众的内心深处,打动听众并使听众折服,才能产生感人至深的艺术魅力。

(三)艺术化

讲话稿具有多姿多彩的艺术化风貌,能够充分展示讲话人的艺术才华。尽管讲话稿在文体性质上具有政论文的特点,但在表达方式上非常灵活。根据内容需要,讲话稿不仅经常采用叙述、议论、说明等表达方式,也可以采用抒情、描写等方式。讲话稿不是靠领导人的权威和地位去震慑听众,而是凭借毋庸置疑的事理说服教育听众,用语言艺术的力量感染听众。因此,讲话稿的艺术化风貌是增强表达效果的重要因素。

三、起草讲话稿的基本规则

(一)摸清情况,有的放矢

为了增强讲话稿的针对性,动笔写作前应当进行必要的调查研究。

1. 了解听众

领导人讲话就是要与听众沟通思想、交流信息,不了解听众的具体情况就写不出具有针对性的讲话稿。动笔之前要了解听众是些什么人,他们的文化程度、理论水平、理解能力如何,围绕讲话内容他们能了解哪些情况。只有摸清这些情况,才能写出有针对性的文章,才能把话讲到听众心里。

2. 了解讲话人

讲话稿是为讲话人准备的,必须符合讲话人的身份、地位、文化素质、语言风格、讲话习惯等。如果讲话稿与讲话人的真实情况"错位",不仅讲话人自己在讲话过程中感到不适,听众在接收信息过程中也会别扭,难以达到讲话应有的效果。

3. 了解会议情况

会议情况涉及的内容相当广泛,如会议性质、会议进程、会场气氛、讲话与整个会议的关系等。只有了解了这些情况,才能写出与会议"合拍"的优质讲话稿。

4. 掌握有关材料

要充分准确地掌握与论题有关的各方面材料,并做好收集、整理工作,为着手起草工作做准备。

(二) 中心明确,写出新意

讲话稿必须确定一个明确的中心,绝不能主次不分;同时,要注意写出新意,力争在主旨、标题、结构、层次、材料、角度等方面有所创新。

(三) 以理服人,以情感人

讲话稿作为一种政论性文章,要靠说理论证取胜,因而必须注意讲清道理,以理服人,平等待人,而不是以权压人。为此,要有具体事实,有确凿可信的数据,有严密的逻辑推理,有充分的分析论证,这样才能深入浅出,把道理讲深讲透。同时,配合吸引人的表达手法,流露真情实感,用真诚来感染听众。

(四) 语言贴切,运用得当

讲话稿的语言是有声语言(听觉语言),它与书面语言(视觉语言)虽属同一语言系统,但是表达方式不同。书面语言若第一眼没看懂,可以反复琢磨;有声语言则听到即逝,必须一言出口即让听众理解。为此,起草讲话稿,在语言运用上要符合以下要求。

1. 适当口语化

(1) 少用长句式。理论文章中长句子较多,结构严谨,逻辑性强。讲话稿的句子不宜过长,否则听众难以理解,影响传达效果。

(2) 少用倒装句。倒装句只适合视觉语言,不适合听觉语言。文学作品,特别是翻译过来的西方文学作品,用倒装句的情况较多。讲话稿非文学作品,宜少用或不用倒装句。

(3) 少用冷僻词语。有些人认为冷僻词语显得有学问,其实适得其反。冷僻词语说者绕口,听者费解,讲话稿宜用通俗易懂的语言。

（4）少用单音节词。单音节词虽然简洁，但是不容易上口。例如，"在这次会上"不如"在这次大会上"读起来顺口；"质量很好，且效益很高"，"且"字改为"并且"更适合口语表达。另外，注意选用声音响亮的词汇，便于讲出气势、讲出感情。例如，"望各位努力，把工作做好"，就不如改为"希望大家共同努力，不断取得新的更大的成绩"，这样表达抑扬顿挫，效果会更好。

2. 庄重平实

所谓庄重，就是严肃规矩；所谓平实，就是通俗实在。这应当成为讲话稿的重要语言特色，特别是党政机关领导人在法定会议上讲话，更应如此。

3. 形象生动

讲话稿不能枯燥无味，而要充满情感，讲究文采，可以适当修辞。例如，毛泽东主席在1949年6月15日《在新政治协商会议筹备会上的讲话》中，讲到新中国前景时说："中国人民将会看见，中国的命运一经操在中国人民自己的手里，中国就将如太阳升起在东方那样，以自己的辉煌的光焰普照大地，迅速地荡涤反动政府留下来的污泥浊水，治好战争的创伤，建设起一个崭新的强盛的名副其实的人民共和国。"①在这里，他把新中国比喻为初升的太阳，把反动政府留下来的东西比喻为污泥浊水；用"辉煌"修饰太阳的光焰，用"崭新""强盛"和"名副其实"修饰人民共和国，用"荡涤"说明对反动政府毫不留情、彻底扫除的坚定态度和立场。这样的语言不仅生动形象、鲜明感人，非常富有文采，而且对比强烈、感情充沛、激动人心。

4. 避免听众误会

汉语当中存在一些同音不同义的词汇，在书面语言中不会使读者误会，但在听觉语言中则较容易产生误解。例如，讲话稿中"全部参加""全部合格"当中的"部"容易误听为"不"，不如用"全都要参加""全都合格"或"百分之百合格"为好；"计委"和"纪委"最好用全称"计划委员会"和"纪律委员会"，这样可以使听众避免误解讲话内容。

四、讲话稿的写法

讲话稿由标题、称谓、正文、落款等部分组成。

---

① 《毛泽东选集》第四卷，人民出版社1991年版，第1467页。

（一）标题

讲话稿的标题写作灵活多样，有单标题、双标题之分，总的原则是新颖鲜明、概括内容、提示主题。例如：《在马克思墓前的讲话》《最后一次的演讲》《学习贯彻党的十九大精神 开启新时代学雷锋的新征程——在学雷锋"两会"年会上的讲话》等。

（二）称谓

称谓即讲话人对与会者的称呼。称呼要礼貌、亲切、得体，应针对不同的听众，选用不同的称呼用语。称谓可以分为两类：一类是泛称，如"各位代表""同志们""同学们"等，它适用于代表大会或同类型人员的集会；另一类是类称，即将与会者分为几类，分别称呼，如"主席团、诸位代表、来宾们"或"各位领导、各位来宾、老师们、同学们"等，它适用于听众成分复杂、场合隆重的集会。使用称谓用语总的原则是：注意场合，区别对象，依照惯例，使用尊称，不用俗语。

（三）正文

正文包括开头、主体、结尾三部分。总体要求是观点明确、中心突出、层次清晰、逻辑严密。

1. 开头

开头也称开场白，一篇讲话要抓住听众，深入人心，关键是要开个好头。写好开场白要注意做到三点：一是观点鲜明，以肯定的语气表明观点或说明讲话的要点，以达到制造气氛、争取群众的目的；二是要新颖独特，力求新颖的言语形式，如用提问式、悬念式、引语式吸引听众；三是要充满激情，以激发听众的热情，切忌空话、套话。

2. 主体

这是讲话稿的核心，必须围绕讲话的中心问题分析和论述。一般按照时间跨度或内容的逻辑关系逐层展开，也可以按内容的轻重缓急程度安排。围绕主题展开讨论，注意重点处要铺陈展开，次要处一言带过，做到主次分明，切忌语言拖沓、文不达意。不同的讲话稿，主体的内容各不相同，可以根据实际需要安排结构。

为了使讲话稿的层次更加清晰、便于收听，在不同层次转换之处可以适当穿插称谓用语,如"同志们"或"朋友们"等。这种提示对于区分层次很有效,而且调节了讲话氛围。

3. 结尾

讲话稿的收尾既要简明扼要、干脆利落,给人以明确结论,又要"余音绕梁,三日不绝",令听众思索、回味,受到启发和鼓舞,留下深刻印象。讲话稿常用的结尾方式有:号召式、誓言式、总结式、幽默式。不论采取什么方式,要能对听众产生过耳不忘的效果。

(四)落款

落款标注讲话人职务、姓名和日期。

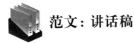**范文:讲话稿**

在香港特别行政区政府欢迎晚宴上的致辞

(2017年6月30日)
习近平

行政长官梁振英先生,

候任行政长官林郑月娥女士,

同胞们,朋友们:

大家晚上好!时隔9年,重临美丽的香江,同大家共同庆祝香港回归祖国20周年,我感到十分高兴。在此,我代表中央政府和全国各族人民,向在座各位并通过你们,向全体香港居民致以诚挚的问候和良好的祝愿!

——岁月不居,时节如流。转眼间,香港特别行政区迎来20周年的生日。回想当年,游子回归母亲怀抱的一幕幕感人场景仍历历在目。我们还记得,香港政权交接时,中华人民共和国国歌雄壮奏响、中华人民共和国国旗和香港特别行政区区旗冉冉升起的神圣庄严。我们还记得,中国人民解放军驻港部队进驻时,香港同胞冒着瓢泼大雨热烈欢迎的兴奋激动。我们还记得,在喜迎回归的日子里,神州大地张灯结彩,男女老少载歌载舞,举国同庆的幸福欢乐。这些历史画面已成为全体中国人的集体记忆。

——春耕夏耘,万物生长。20年间,"一国两制"在香港的实践,就像一棵幼苗,在风雨中茁壮成长,结出了累累硕果。中华人民共和国宪法和香港特别行政区基本法确立的特别行政区制度有效运作,民主政制依法推进,政府效能、法治水平等多项指标均比回归前大幅提升;经济平稳增长,竞争力和自由度在全球名列前茅;社会大局保持稳定,各项事业长足发展,人均预期寿命位居世界前列。这些成绩的取得,离不开中央和祖国内地的大力支持,但主要还是香港特别行政区政府和广大香港同胞团结奋斗的结果。在这里,我要为香港同胞点赞!为所有作出贡献的香港社会各界人士点赞!

——承前启后,继往开来。"一国两制"是中国的一个伟大创举。在统一的国家之内,国家主体实行社会主义制度,个别地区依法实行资本主义制度,这在过往的人类政治实践中还从未有过。前人用超凡的勇气探索和突破,后人要以坚定的信念实践和发展。前进道路并不平坦,但我们实行"一国两制"的初心不会改变,决心不会动摇。我们要以"长风破浪会有时,直挂云帆济沧海"的信心,以"千淘万漉虽辛苦,吹尽狂沙始到金"的恒心,推动"一国两制"在香港的实践取得更大成就。

在这里,我想对香港同胞讲"三个相信"。

第一,相信自己。中国人是了不起的。我们有5000多年源远流长的文明历史,是世界古代文明中唯一没有中断而延续至今的。在有史籍记载的多数时间里,中华民族在经济、科学、文化、艺术等诸多领域都走在世界前列,为人类文明进步作出过巨大贡献。尽管中国在近代以后落后了,但新中国成立以来,在中国共产党领导下,经过几代人艰苦卓绝的奋斗,中华民族已经巍然屹立在世界民族之林。香港从一个默默无闻的小渔村发展成为享誉世界的现代化大都市,是一代又一代香港同胞打拼出来的。香港同胞所拥有的爱国爱港、自强不息、拼搏向上、灵活应变的精神,是香港成功的关键所在。我要特别指出的是,香港同胞一直积极参与国家改革开放和现代化建设,作出了重大贡献。对此,中央政府和全国人民从未忘记。香港同胞不仅完全有能力、有智慧把香港管理好、建设好、发展好,而且能够继续在国家发展乃至世界舞台上大显身手。

第二,相信香港。香港发展具有很多有利条件和独特优势。香港经济高度自由开放,人员、货物、资金等要素自由流动,这是吸引国际资本、留住本地资本的重要因素。香港法律、会计、监管等制度同国际接轨,服务业完备,政府廉洁高效，营商环境便利，深得外来投资者信任。香港是重要的国际金融、航运、贸易中心，是连接内地和国际市场的重要中介，是国家"引进来"、"走出去"的双向服务平台。迄今香港仍是内地最大的外来直接投资来源地和境外融资平台，同时也已成为内地最大的境外投资目的地和全球最大的离岸人民币业务中心。更为重要的是，香港享有"一国两制"的制度优势，不仅能够分享内地的广阔市场和发展机遇，而且经常作为国家对外开放"先行先试"的试验场，占得发展先机。"沪港通"、"深港通"以及即将开通的"债券通"都在香港试点。香港只要巩固和提升这些优势，就一定能够留住并吸引各方投资和人才，在经济全球化和区域合作中把握机遇，促进本地创新创业，开发新的增长点，续写狮子山下发展新故事、繁荣新传奇！

第三，相信国家。不论是过去、现在还是将来，祖国始终是香港的坚强后盾。经过近40年改革开放，中国实现了从站起来到富起来再到强起来的伟大飞跃。目前，我国是全球第二大经济体，世界第一制造大国和货物贸易大国、第一外汇储备大国，是全球经济增长的最大贡献者。我国科技实力日益强大，高性能计算机、载人航天、探月工程、量子通信、北斗导航、载人深潜等尖端成就相继问世，高铁走向世界，自行研制的大飞机首飞成功。我们的朋友圈越来越大，倡导的亚投行已批准成员达80个，发起的"一带一路"倡议有100多个国家、地区和国际组织积极参与。一个多月前在北京举行的"一带一路"国际合作高峰论坛取得圆满成功，中国倡议引领世界发展，为推动构建人类命运共同体注入强劲动力。祖国日益繁荣昌盛，不仅是香港抵御风浪、战胜挑战的底气所在，也是香港探索发展新路向、寻找发展新动力、开拓发展新空间的机遇所在。国家好，香港会更好！

同胞们、朋友们！

正如香港一首流行歌曲中唱到，"自信好要紧，应该放开胸襟，愿望定会一切都变真"。只要我们相信自己、相信香港、相信国家，坚持全面准确贯彻落实"一国两制"、"港人治港"、高度自治的方针和香港特别行政区基本法，聚精会神搞建设，一心一意谋发展，齐心协力、团结奋斗，就一定能够开创香港更加美好的明天。

我提议：

为国家繁荣富强和中华民族伟大复兴，

为香港长期繁荣稳定,

为在座各位朋友及家人的健康,

干杯!

第二节 政论性讲话稿

一、政论性讲话稿的含义

政论性讲话稿是领导人在大型会议或重要场合上,所做的有关重大问题的讲话,如在党代会、职代会上做的工作报告。政论性讲话稿语言庄重,带有较强的指导性和部署性。政论性讲话稿经过大会批准通过后,往往能够转化为指导性文件,对下阶段的工作具有纲领性作用。

二、政论性讲话稿的写法

政论性讲话稿种类繁多,这里主要介绍工作报告、专题讲话、形势报告的写法。

(一)工作报告

工作报告是反映领导者对所在单位前一个阶段工作情况的总结,其正文一般包括五项内容。

1. 基本情况

简单叙述工作概况,如对工作的总体评价,完成任务的基本情况,取得成绩的依据、条件等,使听者掌握概貌,为后面的内容定下基调。

2. 主要工作

这部分是会议报告的重点内容,或按照时间顺序,或从不同方面,或按具体问题进行叙述。着重叙述"做了什么"和"结果如何"两个方面。其中"结果如何"既要有具体数字,也要有产生的经济和社会效益情况。表达要领是:一要重点突出,讲出具有代表性的重要内容,不能泛泛而谈;二要条理清楚,把材料组织好,分类说明,给人以清晰的印象;三要准确真实,对取得成绩的情况以及相关数字如实介绍。

3. 原因分析

会议报告要分析取得成绩的原因。其目的,一是为今后保持和发扬成绩提供依据;二是对先进单位和个人给予肯定和表扬,树立典型,以点带面,推动工作的开展;三是突出本阶段工作的特点,给人们留下鲜明印象。因此,要从实际出发,进行认真分析,要有新鲜感,避免空话、套话。

4. 主要体会

这是对前一阶段工作情况的理性认识,是透过现象对本质的分析,是对事物内在规律性的揭示。这对深化人们对客观事物的认识、指导今后工作、提供可借鉴的经验,都是十分有益的。这一部分往往成为报告的精华,在思想内容上要求缜密、精辟,在语言上要求简练而富有哲理。

5. 努力方向

报告中还可以写出存在的主要问题和今后努力的方向。

(二) 专题讲话

专题讲话是领导人在会议上对有关工作或问题的处理发表指示性意见时使用的讲话,是会议的重要文件。

专题讲话的正文包括开头、主体、结尾三部分。

1. 开头部分

开头部分要开门见山地提出问题,或者概括讲话内容,或者说明指导思想,或者阐述会议的重要意义。行文要简洁有力,能够引起听众的注意力,同时也要控制好现场气氛。

2. 主体部分

主体是专题讲话的核心部分,要围绕中心论题进行论述、分析,提出解决问题的主张和见解。要根据讲话的不同性质(例如有的属于阶段性总结讲话,有的属于对下一步工作的动员讲话,有的属于针对问题表明立场态度的讲话等),合理安排主体内容,中心突出,层次明确,有理有据,论证清晰。

3. 结尾部分

要总结全文,得出结论,表明态度,也可提出希望。

(三) 形势报告

形势报告又称时事报告,是领导人针对一个时期国际国内的政治、经济状况所做的具有分析性的报告。一般的形势报告大体分为这样几个层次：一是对形势的概述，二是形势的基本特点，三是形势的发展趋势，四是对策，五是要求。有些则是按照专题来论述。无论材料怎样组合，清晰的条理和分明的层次是形势报告不可缺少的。

 范文：工作报告

政府工作报告
——2018年1月10日在青岛市第十六届人民代表大会第二次会议上
青岛市市长　孟凡利

各位代表：

现在，我代表市人民政府向大会报告工作，请予审议，并请各位政协委员和其他列席人员提出意见。

一、2017年工作回顾

2017年是全市上下凝心聚力、拼搏奋进的一年。我们坚持以习近平新时代中国特色社会主义思想为指导，在省委省政府和市委的坚强领导下，深入学习贯彻党的十八大、十八届历次全会和十九大精神，按照市第十二次党代会和市第十六届人大一次会议确定的目标任务，坚持稳中求进工作总基调，以供给侧结构性改革为主线，开拓进取，扎实工作，经济社会实现持续健康发展。

……主要做了以下工作：

…………

各位代表！过去一年取得的成绩，是在习近平新时代中国特色社会主义思想指导下、省委省政府和市委坚强领导的结果，是市人大、市政协和社会各界监督支持的结果，是全市人民团结奋斗的结果。在此，我代表市人民政府，向全市人民，向全体人大代表和政协委员，向各民主党派、工商联、各人民团体、社会各界人士和离退休老同志，向中央、省驻青单位，向驻青部队和武警官兵，向所有关心支持青岛发展的海内外朋友，表示衷心的感谢和崇高的敬意！

在肯定成绩的同时，我们也清醒地看到，发展不平衡不充分的问题尚未得到有效解决，经济发展的质量效益有待提升，发展环境仍需优化……

二、2018年目标任务

各位代表！中国特色社会主义进入新时代，要求我们必须有新气象新作为。我们要适应新时代、聚焦新目标、落实新部署，抢抓青岛发展新机遇，积极应对新挑战，以永不懈怠的精神状态和一往无前的奋斗姿态，谱写新时代中国特色社会主义的青岛篇章。

…………

工作中，我们将把握好以下方面：

——牢牢把握率先走在前列的目标定位。强化走在前列的责任担当，坚持跳出青岛看青岛、站在未来看现在，提升思想境界、提升工作标准、提升责任担当，通过坚持不懈、持之以恒的努力，当好全省经济发展的龙头，积极创造条件争创国家中心城市，建设国际海洋名城。

——牢牢把握发展第一要务。把发展作为解决一切问题的基础和关键，坚定不移贯彻新发展理念，把推动高质量发展作为根本要求，使创新成为第一动力、协调成为内生特点、绿色成为普遍形态、开放成为必由之路、共享成为根本目的，努力实现更高质量、更有效率、更加公平、更可持续的发展。

——牢牢把握创新第一动力。把创新作为青岛今后发展的根本出路所在，紧紧抓住创新这个"牛鼻子"，形成引领城市发展的强大引擎，奋力把青岛建设得更加富有活力、更加时尚美丽、更加独具魅力。

——牢牢把握新旧动能转换的任务要求。深化供给侧结构性改革，以新技术、新产品、新产业、新业态为重点，大力培育新动能，改造提升传统动能，增强城市竞争力，当好全省实施新旧动能转换重大工程的排头兵、驱动器、示范区。

——牢牢把握以人民为中心的发展思想。始终把人民利益摆在至高无上的地位，以造福人民为最大政绩，把人民群众的小事当作自己的大事，从人民群众关心的事情做起，从让人民群众满意的事情做起，让改革发展成果更多更公平惠及全市人民。

三、致力于增强创新第一动力推动高质量发展，加快现代化经济体系建设（略）

四、致力于城乡环境品质提升,加快时尚美丽青岛建设(略)

五、致力于更加富有活力,加快城市软实力建设(略)

六、致力于满足人民美好生活需要,加快民生和社会事业建设(略)

七、致力于打造人民满意的服务型政府,加强政府工作人员本领和作风建设(略)

各位代表!使命呼唤担当,实干赢得未来。让我们更加紧密地团结在以习近平同志为核心的党中央周围,以习近平新时代中国特色社会主义思想为指导,在中共青岛市委的坚强领导下,不忘初心、牢记使命,锐意进取、埋头苦干,为实现在社会主义现代化新征程中率先走在前列努力奋斗!

第三节 礼仪性讲话稿

礼仪性讲话稿包括欢迎词、欢送词、祝酒词、贺词、致辞等。这里主要介绍欢迎词和欢送词两类讲话稿。

一、欢迎词

(一)含义

欢迎词多数情况下用于礼仪场合,是指行政机关、企事业单位、社会团体在公共场合欢迎友好团体或个人来访时致辞的讲话稿。

(二)特点

1. 欢愉性

中国有句老话"有朋自远方来,不亦乐乎",所以致欢迎词应当包含有一种愉快的心情,言辞用语务必富有激情并表现出致辞人的真诚,这样可以给客人一种"宾至如归"的感觉,为下一步各种活动的完满举行打下良好基础。

2. 口语性

欢迎词用于在现场向宾客口头表达,所以口语化是欢迎词在文字上的必然要求,在遣词用语上要运用生活化的语言,既简洁又富有生活的情趣。口语化往往能够拉近主人同来宾的关系。

（三）类型

1. 从表达方式上划分

（1）现场讲演欢迎词。这一般是由欢迎人在被欢迎人到达时在欢迎现场口头发表的欢迎稿。

（2）报刊发表欢迎词。这是发表在报刊或公开发行刊物之上的欢迎稿。它一般在客人到达前后发表。

2. 从社交的公关性质上划分

（1）私人交往欢迎词。私人交往欢迎词一般是在个人举行较大型的宴会、聚会、茶会、舞会、讨论会等非官方的场合下使用的欢迎稿。通常要在正式活动开始前进行。私人交往欢迎词往往具有很强的即时性、现场性。

（2）公事往来欢迎词。这样的欢迎词一般在较庄重的公共事务中使用。要有事先准备好的得体的书面稿，文字措辞上的要求较私人交往欢迎词要正式和严格。

（四）欢迎词的写法

欢迎词一般由标题、称呼、正文和落款四部分组成。

1. 标题

标题写法一般有两种：一种是单独以文种命名，如《欢迎词》；另一种是由活动内容和文种名共同构成，如《在××学术讨论会上的欢迎词》。

2. 称呼

称呼要求写在开头顶格处，要写明来宾的姓名称呼，如"尊敬的女士们、先生们""亲爱的××大学各位同人"。

3. 正文

欢迎词的正文一般由开头、主体和结尾三部分构成。

（1）开头。开头通常应说明现场举行的是何种仪式，发言者代表什么人向哪些来宾表示欢迎。开头部分要态度真诚、语言热情。如：

> 今天下午我们有机会与约翰·史密斯先生欢聚一堂，感到十分荣幸。史密斯先生已多次来我校访问、讲学，他是一位我们十分熟悉的师长和学界的前辈，他在文学理论方面的学术成就，在世界已久负盛名。这次，我们有幸再次请到史密斯先生来我校讲学，希望

大家倍加珍惜这次机会。首先,让我代表今天所有参加会议的人,向远道而来的贵宾表示热烈的欢迎和敬意。

（2）主体。在这一部分一般要阐述和回顾宾主双方在共同的领域所持的共同的立场、观点、目标、原则等内容,较具体地介绍来宾在各方面的成就及在某些方面作出的突出贡献,同时要指出来宾本次到访或光临对增加宾主友谊及合作交流所具有的现实意义和历史意义。

（3）结尾。通常在结尾处再次向来宾表示欢迎,并表达自己对今后合作的良好祝愿。下文摘自时任中共温州市委副书记陈艾华于1998年1月所作的《在全国普通高校招生改革研讨会上的致辞》的结尾部分。

  各位领导,各位同志:这次全国普通高校招生改革研讨会在我们温州召开,这是对我市教育改革和发展工作的一个很大的鞭策。我们要借这次会议的东风,认真学习兄弟地区的先进经验。我们也热忱地希望各位领导和同志们,对我市教育工作多加指导和帮助。

  最后,预祝会议圆满成功。

4. 落款

要署上致辞单位名称、致辞者的身份和姓名,并署上成文日期。

对新到人员致欢迎词,除表示欢迎和简要介绍本单位情况外,还要提出希望、建议和要求,促使他们尽快融入集体当中;在外事活动场合致欢迎词,要高度赞扬对方及其代表的国家和组织为发展友好往来所作的贡献,真诚祝愿对方的访问活动取得圆满成功。

 范文：欢迎词

珍 惜
——孙祁祥教授在北京大学2017年开学典礼上的讲话

亲爱的同学们:

  大家上午好!

  非常荣幸作为教师代表在今天这样一个热烈、庄重、喜庆的开学典礼上欢迎你们来到美丽的燕园,开启新的生活篇章。

北大一直是中国最优秀学者成长的沃土,是莘莘学子心中的学术殿堂,是无数校友的精神家园。你们凭借自己的聪慧和勤奋,通过大考,来到北大,从这里眺望世界、走向未来。我和我的同事们要向你们表示最热烈的祝贺!

同学们,从幼儿园到小学,从中学到大学,从大学到研究生,你们"按部就班"地走到了今天,应当说非常幸运。要知道,我这一代人在我曾经历过的那个青年时代没有你们的这份幸运,这个世界上还有许多青年人没有你们的这份幸运,所以你们应当对你们得到的这份幸运格外珍惜。作为一名年龄比你们长、阅历也比你们更加丰富一些的人,今天,我想就"珍惜"给你们一些建议:

请珍惜当下。做好每天的事情,而不要给自己太多懈怠、拖延的理由。有些人在年轻的时候总觉得来日方长,因而对许多事情缺乏紧迫感。"明日复明日,明日何其多,我生待明日,万事成蹉跎。"人生是一场马拉松,每一个到达终点的人都是从第一步开始、从每一步积累的。我希望你们能珍惜当下、认真做好手头的每一件事情,并且在自己的能力范围内尽量做到极致和卓越。养成这样的习惯,将会让你终身受益。

请珍惜他人。在大千世界里,在芸芸众生中,我们能走到一起,真的就是一种缘分。因此,要学会珍惜彼此:珍惜师生情,珍惜同学情,珍惜朋友情。不要把从别人,甚至你的父母那里得到的一切看作"理所当然",而要心存感激,常思回报。当然,这种珍惜是对真的、美的、善的情感的尊重和顾惜,是在无关重大是非原则问题时表现出来的宽厚和宽容。而如果触了底线,绝对不要迁就和纵容。

请珍惜自己,特别是你的健康。不要因为年轻就肆意透支你的身体。有一句阿拉伯格言说:"有两种东西丧失之后才会发现它的价值——青春和健康。"但青春逝去,未见得活力不在、睿智不在、优雅不在;而失去健康,即使青春犹在,年轻于你何用?财富于你何用?时间于你何用?我特别赞同瑞士心理学家亚美路对健康的洞见:"健康是一种自由——在一切自由中首屈一指。"你可以像《潇洒走一回》那首歌中唱到的那样"我用青春赌明天",但同学们,千万不要"用健康赌明天"。我希望你们一定平衡好学习和锻炼身体的关系,做德智体全面发展的青年人。

请珍惜你内心的渴望,而不要忽视它、压抑它,甚至掐灭它。做自己喜欢的、擅长的事情，而不要人云亦云、心浮气躁；不要被动地接受环境、朋友甚至家人给你的压力，不要去跟别人攀比，做最好的自己足矣。当然，选择自己心之所属并坚守，有时可能并不是一件容易的事，但如果你能做到这一点，你将会有更多的淡定和从容，更多的积淀和突破，更多的喜悦和快乐。

最后，请珍惜我们这个伟大的时代。40多年前，当我还是一名上山下乡知青的时候，我绝对想不到，有一天自己能够进入大学读书，更别说攻读博士学位、出国学习、当上北京大学的教授。我常常想，我们是幸运的，因为我们赶上了改革开放的伟大时代，这个时代给予了我们每个人以机会。始于20世纪70年代末的改革，让中国在不到40年的时间里成为世界第二大经济体，综合国力大大增强，人民的生活水平得到了极大提高，我们离中华民族伟大复兴的目标越来越近。但是，任何一个美好的时代都不是凭空而来的，它是万千建设者们筚路蓝缕、艰苦奋斗创造出来的。同学们，我们一定要珍惜这个伟大的时代，而最好的珍惜，就是为这个时代做出你应有的贡献！在今年7月份经济学院举行的毕业典礼上，中国首位女航天员刘洋在致辞中引用一位战斗机飞行员的话："我最大的遗憾就是只能为祖国牺牲一次。"这让所有在场的人热泪盈眶。这种摄人心魄的爱国主义宣言，也正是百余年来，与国家前途命运紧密相连的我们北大人的情怀！

最后，再次祝贺你们！欢迎你们！

二、欢送词

（一）含义

欢送词是客人应邀参加了活动，领导人在一些会议或重大庆典活动、参观访问等欢送礼仪活动中发表的讲话。

（二）写法

欢送词的基本格式及写法与欢迎词大致相同，正文常做如下安排：

（1）概括回顾来访者访问期间的经历、活动内容。

（2）重点评价来访者此次访问的重要意义及所取得的成果，如交换意见、达成共识、签订协议、发表联合声明及在其他领域促成的合作。对宾客提出希望和要求，希望继续加强双方的友好交往，不断增进友谊。

(3) 结束语需再次对宾客的即将离去表示热烈的欢送,真诚地表达惜别之情,祝愿客人归途平安顺利。

在为学生毕业、军人退伍、职工调离和退休而举行的仪式或活动中,领导人常常需要发表欢送词。拟写这类欢送词,首先,应当充分肯定即将离去的这些人员以往的进步和成绩,赞扬他们为本单位的发展所作出的重要贡献;其次,预祝他们在新的岗位上不断进步,大有作为;最后,祝愿他们旅途平安、工作顺利、生活幸福。

范文

欢送词

尊敬的女士们、先生们:

首先,我代表××公司,对你们访问的圆满成功表示热烈的祝贺。

两天来,我们本着平等互利的原则,经过认真协商,签订了《×××协议》,为双方今后的合作与发展打下了良好的基础。明天,你们就要离开,在即将分别的时刻,我们内心充满依依不舍之情。大家相处的时间是短暂的,但我们之间的友好情谊是长久的。我们之间的合作才刚刚开始,中国有句古语:"来日方长,后会有期。"希望我们加强合作,不断往来,欢迎各位女士、先生在方便的时候再次来××公司做客,相信我们的友好合作会结出丰硕果实!

祝大家一路顺风,万事如意!

【练习题】

一、简答题

1. 讲话稿的特点有哪些?
2. 怎样理解起草讲话稿的基本规则?
3. 写作讲话稿的开头、主体、结尾时应注意哪些事项?

二、写作题

1. 在中华人民共和国成立70周年之际,你校要举行大型庆典活动,校长需要讲话,请你代校长起草一份讲话稿。

2. 学校举行迎接新生的开学典礼,假设让你代表新生发言,请你写一份讲话稿。

3. 假设你校今年举行校庆,你将作为学生代表上台发言,请你写一篇讲话稿。

4. 假设你在某县政府担任办公室秘书,县长即将退休,请你为老县长写一篇欢送词。

第十二章　规章制度类公文

学习重点

俗话说:"没有规矩,不成方圆。"规章制度类公文能够为党政机关、社会组织和公民个人提供制度约束和行为依据,也是我国法治社会建设过程中的重要工具。因此,规章制度类公文是公文家族中的主要成员,学习规章制度类公文的写作要领,是各类管理人员的基本要求。

本章详细介绍了规章制度类公文的含义、特点、制定程序及写作要求,并分别以条例、章程、规定、办法、规则、细则、守则、公约等八种文种为例,阐述了其具体的写作要求。

第一节　规章制度类公文概述

一、规章制度类公文的含义和特点

规章制度类公文是党政机关、企事业单位和其他社会组织在其职权范围内,以一定的强制力推行的用以规范和约束人们行为的各种规章制度的统称。

规章制度类公文是公文家族中的重要成员,是维护社会安定、促进经济建设、构建和谐社会的重要条件。规章制度类公文不仅是社会组织和公民个人的行为依据和准则,而且是构成法制体系的不可缺少的要素。

规章制度类公文具有以下四个特点。

(一) 作者的限定性

任何规章制度类公文的制发者,都必须依法在职权范围内制发相应层次的规章制度类公文,制发者不能超越权限,越权制发的规章制度类公文无效。

（二）法定的强制性

强制性是规章制度类公文最突出和最基本的共同特点。规章制度类公文在规定的时间、空间范围内，对所适用的社会组织和个人具有法定的强制力和执行效力。一经正式颁布，有关单位和个人必须遵照执行，如违背相关规约内容，则要受到法律追究。

（三）严格的程序性

规章制度类公文的制发要符合法定程序。在制发前，要认真进行调查研究，掌握准确的资料数据；要集体讨论，反复修改；草稿完成后要广泛征求意见，并经过法定会议批准，按照法定程序发布。

（四）效用的稳定性

规章制度类公文一经公布，其效力具有较长时间的稳定性，不能朝令夕改，也不能部分执行、部分不执行，更不能断章取义。任何规章制度类公文，在其生命周期内才能发挥自身的权威和效力，若要废除，需由制发机关或权威机构以一定的公文形式宣布失效。新的公文产生后，与其规定不一致的原公文即行废止。

二、规章制度类公文的制定程序

规章制度类公文由于自身具有的突出特点，在公文制定程序上与一般公文存在不同之处。

（一）制订计划或立项

制定规章制度类公文是一项非常严肃的工作，要结合法制建设或规范化管理的实际需要，制订起草计划或向主管机关报请立项，有步骤地开展规约的制定工作，避免随意性、盲目性和草率立项。

（二）成立起草机构

普通行政公文通常由一人或几人起草即可，但规章制度类公文因其政策性强、涉及范围广、影响力大的特点，关系到公民的切身权利和义务，因此，规章制度类公文的起草应当设置专门机构，组织专门人员。起草机构应当由分管领导挂帅，由政策水平高、文字能力强、专业知识广博的人员组成。

（三）调研论证与起草

制定规章制度需要进行大量的实地调查与研究,充分了解公文的适用对象和规范领域并掌握大量事实材料,进行可行性论证,运用科学的研究方法分析研究,进而着手起草工作。

（四）广泛征求意见

规章制度类公文的起草涉及广大公众的切身利益。在草案形成后,要向社会公众广泛征求意见,反复修改,要代表多数人的正确合理的意见,还要与内容所涉及的有关部门充分协商,取得共同意见,并经过会议讨论通过。

（五）主管机关审查

规章制度类公文必须经过主管机关审查才能通过。主管机关要对规章制度类公文的立法原则、主要措施、技术要求、管理体制、权限分工及其客观公正性等方面,进行认真审查,确保公文的准确、严谨、科学、合理、可行。

（六）签署公布与备案

规章制度类公文经过会议审批后,由机关领导人签署公布。各级人民政府发布的规章制度类公文,一般以政府令形式出台,政府首长为签署人。有的规章制度类公文采用通告、通知的形式对外公布,也可以通过政府公报、新闻媒体、内部发文或公开张贴等形式对外发布。下级政府的规章制度类公文对外发布时,要报上级政府备案。

三、规章制度类公文的写作要求

（一）行文内容要具体明确

规章制度类公文所阐述的内容要具体明确,不能太概括、太抽象,使人难以准确理解和贯彻执行。撰写规章制度类公文时所提出的要求、措施或做法等,一定要具体实在,切忌高喊口号、空洞无物。

（二）涉及事项的范围要广

规章制度类公文涉及的事项涵盖大大小小、方方面面,既要有宏观上的统筹安排,又要有微观上的具体规定,要细致周到,避免疏漏。规章制度类公文的篇幅,根据实际需要,可长可短。

（三）语言要简明准确

语言简明准确是指每一条款的规定都要很明确，只能有一种理解，不能出现歧义。如果措辞含糊，概念不准，前后矛盾，势必影响公文的严肃性和权威性，给具体的执行过程带来麻烦。

（四）采用说明表达方式

从表达方式上看，规章制度类公文采用说明的方法，语言简练，没有叙述、议论，更不能有描写和抒情手法，以免失去公文的庄重严肃性，给读者造成误解。

四、规章制度类公文的结构

常用的规章制度类公文的结构包括标题、题注、正文三部分。

（一）标题

规章制度类公文的标题主要有以下几种：

（1）由"单位名称（适用地区）+介词+事由+文种"构成，如《国务院关于预防煤矿生产安全事故的特别规定》《××市关于禁止燃放烟花爆竹的规定》；

（2）由"单位名称（适用地区）+事由+文种"构成，如《中华人民共和国国库券条例》《×××大型物流广场服务公约》；

（3）由"单位名称+文种"构成，如《中国作家协会章程》；

（4）由"事由+文种"构成，如《中央储备粮管理条例》；

（5）由"适用人员+事由+文种"构成，如《企业职工奖惩条例》；

（6）由"适用人员+文种"构成，如《中学生守则》。

（二）题注

在标题之下加圆括号，注明通过该文件的会议名称和批准生效或发布的日期（相当于行政公文的作者和成文日期）。这是规章制度类公文表示公文作者和成文日期的基本方法。例如：

国内水路运输管理条例

（2012年9月26日国务院第218次常务会议通过）

(三) 正文

规章制度类公文的正文全部采用条款分列的体例表述。根据公文内容的具体情况,可以划分为以下三种类型。

1. 章断条连式

章断条连式即正文由"章、条、款"组合而成,适合于内容比较复杂、篇幅较长的公文。各条内容按照通篇一个流水号排列。

章断条连式的公文,其基本内容通常分为总则、分则、附则三个部分。

第一章为总则,阐明制发公文的法律依据或事实根据、行文目的、适用范围、基本要求等。这部分相当于总纲,使读者明确制定法规的意图,增强对立法必要性的理解。

第二章及以后为分则,分则部分的各章标题由各章内容而定,章下分条,条下分款,款下还可以分目。各条一律采用文字序数词的方式排列,如"第一条";款和目则大多采用汉字数词,如"一""(一)"等,一般不用阿拉伯数字标注条款。规章制度类公文的章、条、款内容,通常按照内容的逻辑关系或按照工作程序要求,依次排列表达。

分则是规章制度类公文的具体内容,包含面广。一般情况下,都是先对有关事宜作出正面规定,写明应该怎样做和不应怎样做;然后从反面加以说明和解释,即如果没有按照规章制度做该怎样处理。各部分的写法要准确、明了、严密、合理,上下层次之间具有从属关系,同层次的各项内容之间属于并列关系,要严格按照逻辑规则来安排各项内容。

最后一章为附则。一般而言,将不适宜放入分则的内容,如实施要求、生效日期、解释与修改权限,与原有文件的关系,以及其他未尽事宜等,归入附则部分,以增强其严肃性和行政约束力。

2. 总述条款式

总述条款式即正文由总述和条款两个部分组成。

总述相当于一般公文的导语,简要交代制发公文的法律法规依据、目的等要素,以增强行文的法律依据和权威性、严肃性,常用"根据……特制定本规定",或"为了……根据……特制定本办法"等句式行文。

主体部分分条行文,从头到尾都以条目反映规定的具体内容,通常在最后一条写明施行说明、适用范围、施行日期、制定细则、解释权等。

总述条款式写法条理清晰,层次分明,写作时应按照先原则后具体、先主要后次要的顺序安排。

3. 一条到底式

一条到底式即通篇由"条"组成。一般来说,第一条说明行文目的与根据,最后一条明确规定生效或施行日期,中间各条围绕主题依次展开说明。这种结构形式适用于内容比较简单的规章制度类公文。

综上所述,从规章制度类公文的结构特征可以看出,"条"是基本单位,是决定规章制度类公文质量的基础。因此,在写作这类公文时,必须确保每一条内容的表达质量。

需要特别指出的是,为了确保公文的严谨性和有效性,所有规章制度类公文的结尾,都要明确说明何时开始施行以及与相关公文的关系,以免出现"政策打架"的现象。

第二节 条例、章程、规定、办法

一、条例

(一) 条例的含义和特点

条例是一种常用的规范性公文,是国家权力机关或行政机关针对行政管理和社会生活领域的某些事项,依据国家政策、法令制发的比较全面系统的具有长期效力的法规性公文。

条例的内容广泛,涉及经济、教育、科学、文化、卫生、体育事业、城乡建设事业和财政、民政、公安、民族事务、司法行政、监察、计划生育等各个领域,它实际上是对国家政策、法律和法令的补充性说明或辅助性规定。

条例具有以下特点:

(1) 内容的法规性。对于党的机关公文来说,条例是规范党组织的工作、活动和党员行为的规章制度。对于行政公文来说,条例是对国家的某一政策、法令所作的全面、系统的补充说明或辅助规定,如《中华人民共和国森林法实施条例》;或者是对某一项经常性的重要工作所颁布的规章制度,如《中华人民共和国人民币管理条例》；或者是对某一行业制定的有关规范，如《教育督导条例》。条例一经颁布，在特定的领域中就具有强制性和约束力，相关的组织、人员必须遵照执行，不得违反。

（2）时效的稳定性。条例一经颁布实施，在一个相当长的时限内，对其所涉及的对象行为起约束作用。

（3）格式的条款性。条例的正文一般都采用分条列款的方式组织表达，往往是编下分章、章下分条、条下分款，便于查找，便于引用。

（4）制发的独特性。条例在颁布前，可以有一个试行的阶段。经过试行以后，加以修改充实，作为正式文件施行，成为在一定范围内具有法规性和约束力的文件。

（二）条例的类型

从不同的角度可以把条例分为不同的类型。根据条例内容和规范对象，条例可以分为以下几种类型：

（1）行业性条例。由国家权力机关或行政机关制定或批准，以法律条文形式规定政治、经济、文化、科教等行业的有关规范，如《教育督导条例》《气象设施和气象探测环境保护条例》等。

（2）奖惩性条例。针对有关事件或人员的先进事迹、英勇行为、错误罪责等制定的有关奖励与惩罚措施的规定，如《国家科学技术奖励条例》《财政违法行为处罚处分条例》等。

（3）职责性条例。用来确定有关专业人员的职责规范的规定，如《乡村医生从业管理条例》《行政机关公务员处分条例》等。

（4）措施性条例。针对特殊领域或特殊物品提出切实可行的管理措施与制度，如《风景名胜区条例》《太湖流域管理条例》等。

（三）条例的写法

1. 标题及题注

条例的标题由制发机关、事由和文种类别（条例）组成，有的可以省去发文机关，或在文种类别前加"暂行"等表示性质的限定词。题下标明会议通过日期或发布日期，用圆括号括入。

2. 正文

条例正文可以分为总则、分则和附则来写。总则或相当于总则的部分，多有一段导入语,简要说明条例制发的目的、意义、法律依据、适用范围等。分则是分章节或分条目列述条例的具体内容。附则部分是对分则的补充说明,多用以说明条例的生效日期、适用对象、解释权限,以及与相关的法令政策的关系等。内容比较简单的条例,直接分条目列述即可。

条例是国家法令政策的具体阐释和补充,本身也具有法令的权威性和严肃性。条例的写作,首先要正确把握其法律依据和界限;其次是严密准确,不能有含糊之词和漏洞;再次是"条""例"结合,"条文"是政策和法令,"例设"是补充与具体例释,后者需明确具体;最后,条例的结构要条理井然,语言要鲜明准确。

中华人民共和国国务院令

第 624 号

《教育督导条例》已经 2012 年 8 月 29 日国务院第 215 次常务会议通过,现予公布,自 2012 年 10 月 1 日起施行。

总理　温家宝
2012 年 9 月 9 日

教育督导条例

第一章　总　则

第一条　为了保证教育法律、法规、规章和国家教育方针、政策的贯彻执行,实施素质教育,提高教育质量,促进教育公平,推动教育事业科学发展,制定本条例。

第二条　对法律、法规规定范围的各级各类教育实施教育督导,适用本条例。

教育督导包括以下内容:

……

第三条　实施教育督导应当坚持以下原则:

(一)以提高教育教学质量为中心;

(二) 遵循教育规律；

(三) 遵守教育法律、法规、规章和国家教育方针、政策的规定；

(四) 对政府履行教育工作相关职责的督导与对学校教育教学工作的督导并重，监督与指导并重；

(五) 实事求是、客观公正。

第四条　国务院教育督导机构承担全国的教育督导实施工作，制定教育督导的基本准则，指导地方教育督导工作。

县级以上地方人民政府负责教育督导的机构承担本行政区域的教育督导实施工作。

国务院教育督导机构和县级以上地方人民政府负责教育督导的机构(以下统称教育督导机构)在本级人民政府领导下独立行使督导职能。

第五条　县级以上人民政府应当将教育督导经费列入财政预算。

第二章　督　学

第六条　国家实行督学制度。

县级以上人民政府根据教育督导工作需要，为教育督导机构配备专职督学。教育督导机构可以根据教育督导工作需要聘任兼职督学。

兼职督学的任期为3年，可以连续任职，连续任职不得超过3个任期。

第七条　督学应当符合下列条件：

(一) 坚持党的基本路线，热爱社会主义教育事业；

(二) 熟悉教育法律、法规、规章和国家教育方针、政策，具有相应的专业知识和业务能力；

(三) 坚持原则，办事公道，品行端正，廉洁自律；

(四) 具有大学本科以上学历，从事教育管理、教学或者教育研究工作10年以上，工作实绩突出；

(五) 具有较强的组织协调能力和表达能力；

(六) 身体健康，能胜任教育督导工作。

符合前款规定条件的人员经教育督导机构考核合格，可以由县级以上人民政府任命为督学，或者由教育督导机构聘任为督学。

第八条　督学受教育督导机构的指派实施教育督导。

教育督导机构应当加强对督学实施教育督导活动的管理，对其履行督学职责的情况进行考核。

第九条 督学实施教育督导,应当客观公正地反映实际情况,不得隐瞒或者虚构事实。

第十条 实施督导的督学是被督导单位主要负责人的近亲属或者有其他可能影响客观公正实施教育督导情形的,应当回避。

第三章 督导的实施(略)

第四章 法律责任

第二十五条 被督导单位及其工作人员有下列情形之一的,由教育督导机构通报批评并责令其改正;拒不改正或者情节严重的,对直接负责的主管人员和其他责任人员,由教育督导机构向有关人民政府或者主管部门提出给予处分的建议:

(一)拒绝、阻挠教育督导机构或者督学依法实施教育督导的;

(二)隐瞒实情、弄虚作假,欺骗教育督导机构或者督学的;

(三)未根据督导意见书进行整改并将整改情况报告教育督导机构的;

(四)打击报复督学的;

(五)有其他严重妨碍教育督导机构或者督学依法履行职责情形的。

第二十六条 督学或者教育督导机构工作人员有下列情形之一的,由教育督导机构给予批评教育;情节严重的,依法给予处分,对督学还应当取消任命或者聘任;构成犯罪的,依法追究刑事责任:

(一)玩忽职守,贻误督导工作的;

(二)弄虚作假,徇私舞弊,影响督导结果公正的;

(三)滥用职权,干扰被督导单位正常工作的。

督学违反本条例第十条规定,应当回避而未回避的,由教育督导机构给予批评教育。

督学违反本条例第十五条规定,发现违法违规办学行为或者危及师生生命安全隐患而未及时督促学校和相关部门处理的,由教育督导机构给予批评教育;情节严重的,依法给予处分,取消任命或者聘任;构成犯罪的,依法追究刑事责任。

第五章 附 则

第二十七条 本条例自 2012 年 10 月 1 日起施行。

二、章程

(一) 章程的含义和使用范围

党派组织、社会团体、企事业单位为保证其组织活动的正常运行,通常要在内部制定章程,来系统阐明组织的性质、宗旨、任务,规定成员的条件、权利、义务、纪律及组织结构、活动规则等。

章程的适用范围,一是政党或社会团体,用以规定其组织的性质、任务、宗旨等,让本组织的成员共同遵守,以保证其纯洁性和战斗力;二是企事业单位用以规定其业务性质、活动制度和行为规范,以保证企事业单位的良性运行。

(二) 章程的写法

1. 标题和题注

由章程制定者和文种类别组成,如《××大学章程》。在标题下,写上何时由什么会议通过,或何时由何机关批准,或何时公布,并用圆括号扩入。

2. 正文

章程的正文一般包括制定章程的目的,本组织(团体、企事业单位)的性质、名称、法定地址、任务、宗旨,以及成员的条件、权利和义务等。由于内容较多,为了更加明确、有条理,章程的结构通常采用章断条连式或总述条款式。章程作为团体内部的纲领性文件,会长期实施和使用,有较强的稳定性,所以要求撰写者行文要严谨、规范。

范文

九三学社章程

(九三学社第十一次全国代表大会修订,2017年12月6日通过)

总　纲

九三学社是以科学技术界高、中级知识分子为主的具有政治联盟特点的政党,是接受中国共产党领导、同中国共产党通力合作的亲密友党,是中国特色社会主义参政党。

…………

本社以中华人民共和国宪法为根本活动准则,负有维护宪法尊严、保证宪法实施的职责,享有宪法范围内的政治自由、组织独立和法律地位平等。

中国共产党领导是中国特色社会主义最本质的特征,是中国特色社会主义制度的最大优势。本社拥护中国共产党的执政地位,坚持中国共产党领导的多党合作和政治协商制度,贯彻"长期共存、互相监督、肝胆相照、荣辱与共"的基本方针,与中国共产党团结合作、相互尊重、友好共处,维护宽松稳定、团结和谐的政治环境,不断巩固和发展中国特色社会主义和谐政党关系。

本社以马克思列宁主义、毛泽东思想、邓小平理论、"三个代表"重要思想、科学发展观、习近平新时代中国特色社会主义思想为指导,坚持中国特色社会主义道路、理论体系、制度和文化,为把我国建成富强民主文明和谐美丽的社会主义现代化强国而奋斗。

……

第一章 社 员

第一条 从事科学技术工作以及高等教育、医药卫生等方面的高、中级知识分子,赞成并愿意遵守社的章程,可以申请加入本社。

第二条 发展社员,应当把政治标准放在首位,由申请人向社组织递交入社申请书,社组织经过联系培养、考察后,由两名社员介绍,填写入社登记表,经基层组织讨论通过,报设区的市级及以上组织批准,并由省级组织备案。社龄自批准之日起算。

必要时,中央和省级组织可以直接发展社员。

第三条 社员应当履行下列义务:

……

第四条 社员享有下列权利:

……

第五条 社员在中国特色社会主义建设事业和社的工作中作出显著成绩,社组织应当给予表彰奖励。

第六条 社员违反社的章程,按错误性质和情节轻重,给予批评教育直至纪律处分。

……

第七条　社员有退社自由。退社须由本人提出书面申请,经所在基层组织讨论通过,报设区的市级及以上组织批准终止其社籍,并报省级组织备案。

第八条　社员无正当理由,长期不参加组织活动,且连续三年不交纳社费,经教育仍不改正的,由所在基层组织讨论通过,经省级组织批准,终止其社籍。

第九条　社员工作地、生活地变动时,应当按规定办理社组织关系转移手续。

　　第二章　组织制度(略)
　　第三章　中央组织

第十九条　全国代表大会每五年举行一次,由中央委员会召集。

必要时可以提前或延期举行。

全国代表大会的规模及代表产生办法,由中央常务委员会决定。代表大会表决通过的主席团主持会议。

第二十条　全国代表大会行使下列职权:

……………

第二十一条　中央委员会每届任期五年。如全国代表大会提前或延期举行,其任期相应调整。

中央委员会全体会议每年举行一次,由中央常务委员会召集,必要时可以提前或延期举行。

第二十二条　中央委员会在全国代表大会闭会期间领导全社工作,行使下列职权:

………

第二十三条　中央委员会及其常务委员会设主席一人、副主席若干人。

中央委员会主席、副主席同时是中央常务委员会主席、副主席。

第二十四条　中央委员会设秘书长和若干工作部门。

第二十五条　中央常务委员会任期与中央委员会相同,在中央委员会全体会议闭会期间领导全社工作。中央常务委员会会议由主席会议召集并主持,每季度举行一次。中央常务委员会行使下列职权:

……………

第二十六条　中央委员会主席、副主席组成中央主席会议,在中央常务委员会会议闭会期间,主持中央工作。

中央委员会主席、专职副主席组成中央主席办公会议,主持日常工作。

主席会议和主席办公会议由中央委员会主席召集并主持,也可以由主席委托一位副主席召集并主持。

第二十七条　每届中央委员会选举产生的中央领导机构及其领导成员,在下届全国代表大会开会期间,继续主持日常工作,至下届中央委员会产生新的中央领导机构及其领导成员为止。

第四章　地方组织（略）

第五章　基层组织（略）

第六章　社的干部（略）

第七章　内部监督机构（略）

第八章　附则

第四十八条　本章程经全国代表大会通过后实施。解释权属于中央常务委员会。

三、规定

（一）规定的含义和使用范围

规定是党政机关、社会团体、企事业单位制定的,对某一方面的工作或行动作出具体规范性要求,用以统一人们行动的规章制度类公文。

规定的适用范围广泛,无论是党政机关、社会团体,还是企事业单位,凡政治、经济、文化、教育、科技、卫生等部门,需要规范某一方面的工作事项或要求相关人员遵守和执行某一事项,都可以制发规定。

（二）规定的类型

规定有以下多种分类方法:

（1）从性质上划分,有政策性规定和事务性规定,如《事业单位工作人员处分暂行规定》《电力安全事故调查程序规定》等。

（2）从制定部门划分,有政府规定、社会团体规定和企事业单位规定,如

《机动车驾驶证申领和使用规定》《××大学学生社团管理规定》《××市医院档案管理暂行规定》等。

（3）从法律角度划分，有允许性规定和禁止性规定，如《出租汽车驾驶员从业资格管理规定》《专业技术人员资格考试违纪违规行为处理规定》等。

（三）规定的写法

1. 标题

规定的标题应由发文机关名称、事由和文种类别组成，特别是国家高级行政机关制发的规定更是如此。但有时可以省略标题中的发文机关，改为文尾签署。规定如属"暂行"的，标题中要标明。

2. 正文

规定的正文多由三部分组成：先写制发规定的缘由，并在后面用"特作如下规定"承上启下；其次写规定的具体事项，要分条陈述；最后应说明施行范围和时效等。

（四）注意区分规定与条例

规定与条例都是常用的规约性公文，二者的不同表现在：

（1）适用范围不同。规定是只用于对特定范围内的工作和事务制定具有约束力的行为规范，比较具体；而条例是用于党政机关等组织机构，比较具有原则性。

（2）时效性不同。规定用于对某项工作或活动作出具体行为规定，时效性较短；条例适用于长期实行，用以调整党政工作或规定某个机关的组织和职权以及某些专门人员的任务和权限。

（3）容量不同。规定的内容多为对某一事项有关政策方向的具体要求，容量不大，所以在格式上比较简单；条例的内容多为对某些事项的职权、方式等方面的规定，多数容量比较大，所以大部分分章列条款。

（4）制发机关不同。规定的制发机关是各级领导机关或职能部门；条例的制发机关限制比较严格，限于各级立法机关、国家最高行政机关、党的中央组织及其授权机关。

范文

中华人民共和国国务院令

第 619 号

《女职工劳动保护特别规定》已经 2012 年 4 月 18 日国务院第 200 次常务会议通过,现予公布,自公布之日起施行。

总理　温家宝

2012 年 4 月 28 日

女职工劳动保护特别规定

第一条　为了减少和解决女职工在劳动中因生理特点造成的特殊困难,保护女职工健康,制定本规定。

第二条　中华人民共和国境内的国家机关、企业、事业单位、社会团体、个体经济组织以及其他社会组织等用人单位及其女职工,适用本规定。

第三条　用人单位应当加强女职工劳动保护,采取措施改善女职工劳动安全卫生条件,对女职工进行劳动安全卫生知识培训。

第四条　用人单位应当遵守女职工禁忌从事的劳动范围的规定。用人单位应当将本单位属于女职工禁忌从事的劳动范围的岗位书面告知女职工。

女职工禁忌从事的劳动范围由本规定附录列示。国务院安全生产监督管理部门会同国务院人力资源社会保障行政部门、国务院卫生行政部门根据经济社会发展情况,对女职工禁忌从事的劳动范围进行调整。

第五条　用人单位不得因女职工怀孕、生育、哺乳降低其工资、予以辞退、与其解除劳动或者聘用合同。

第六条　女职工在孕期不能适应原劳动的,用人单位应当根据医疗机构的证明,予以减轻劳动量或者安排其他能够适应的劳动。

对怀孕 7 个月以上的女职工,用人单位不得延长劳动时间或者安排夜班劳动,并应当在劳动时间内安排一定的休息时间。

怀孕女职工在劳动时间内进行产前检查,所需时间计入劳动时间。

第七条　女职工生育享受 98 天产假,其中产前可以休假 15 天;难产的,增加产假 15 天;生育多胞胎的,每多生育 1 个婴儿,增加产假 15 天。

女职工怀孕未满 4 个月流产的,享受 15 天产假;怀孕满 4 个月流产的,享受 42 天产假。

第八条 女职工产假期间的生育津贴,对已经参加生育保险的,按照用人单位上年度职工月平均工资的标准由生育保险基金支付;对未参加生育保险的,按照女职工产假前工资的标准由用人单位支付。

女职工生育或者流产的医疗费用,按照生育保险规定的项目和标准,对已经参加生育保险的,由生育保险基金支付;对未参加生育保险的,由用人单位支付。

第九条 对哺乳未满 1 周岁婴儿的女职工,用人单位不得延长劳动时间或者安排夜班劳动。

用人单位应当在每天的劳动时间内为哺乳期女职工安排 1 小时哺乳时间;女职工生育多胞胎的,每多哺乳 1 个婴儿每天增加 1 小时哺乳时间。

第十条 女职工比较多的用人单位应当根据女职工的需要,建立女职工卫生室、孕妇休息室、哺乳室等设施,妥善解决女职工在生理卫生、哺乳方面的困难。

第十一条 在劳动场所,用人单位应当预防和制止对女职工的性骚扰。

第十二条 县级以上人民政府人力资源社会保障行政部门、安全生产监督管理部门按照各自职责负责对用人单位遵守本规定的情况进行监督检查。

工会、妇女组织依法对用人单位遵守本规定的情况进行监督。

第十三条 用人单位违反本规定第六条第二款、第七条、第九条第一款规定的,由县级以上人民政府人力资源社会保障行政部门责令限期改正,按照受侵害女职工每人 1000 元以上 5000 元以下的标准计算,处以罚款。

用人单位违反本规定附录第一条、第二条规定的,由县级以上人民政府安全生产监督管理部门责令限期改正,按照受侵害女职工每人 1000 元以上 5000 元以下的标准计算,处以罚款。用人单位违反本规定附录第三条、第四条规定的,由县级以上人民政府安全生产监督管理部门责令限期治理,处 5 万元以上 30 万元以下的罚款;情节严重的,责令停止有关作业,或者提请有关人民政府按照国务院规定的权限责令关闭。

第十四条 用人单位违反本规定,侵害女职工合法权益的,女职工可以依法投诉、举报、申诉,依法向劳动人事争议调解仲裁机构申请调解仲裁,对仲裁裁决不服的,依法向人民法院提起诉讼。

第十五条 用人单位违反本规定,侵害女职工合法权益,造成女职工损害的,依法给予赔偿;用人单位及其直接负责的主管人员和其他直接责任人员构成犯罪的,依法追究刑事责任。

第十六条 本规定自公布之日起施行。1988年7月21日国务院发布的《女职工劳动保护规定》同时废止。

附录:女职工禁忌从事的劳动范围(略)

四、办法

(一)办法的含义和使用范围

办法是指对某项工作或某一方面的活动作出具体安排或提出具体措施时使用的规章制度类公文。

办法的制定者范围很广,各单位都可以使用办法来制定工作法则。办法所涉及事项的范围也很广,往往用于具体事务或某一事项,许多细小琐碎的事情也可以使用办法。

(二)办法的类型

1. 实施办法

实施办法是在实际工作中为实施法规文件,以实施对象作为成文主要依据而对原件的一种具体化。它或对原件整体上的实施提出措施办法,或对某些条文提出施行意见,或根据法规精神再结合本区域、本单位实际提出地方化、部门化的实施措施。从办法与原件的关系看,又有如下几种:

第一,实施法律的办法。一些法律没有制定细则,或细则未在某些方面作出具体规定,需要用办法加以具体化,以保证法律的顺利施行。

第二,实施条例的办法。相对来说,条例在制定时有些条文更具有宏观性,比较概括,有时主管部门或下级机关需要根据自身实际加以具体化、地方化,因此就有了实施条例的办法。

第三,实施规定的办法。有些规定只确定了一般性原则和界限,实施起来不够方便具体,因此需要对条文提出具体的实施意见,或结合本地、本部门实际加以补充,这就有了实施规定办法的诞生。

2. 管理办法

各单位在某方面工作尚无条文可依的情况下,为了实现规范化管理,常使用办法来制定工作法则,如《出入境人员携带物检疫管理办法》等。此时,办法往往为制定规定、条例做前期试验,起铺垫性作用,条件成熟时,管理办法可以上升为规定、条例,由规章性质上升为法规性质。

(三) 办法的写法

1. 标题及题注

办法的标题应由发文机关、事由和文种类别构成。办法如属"暂行""试行"的,要在标题中标明。属会议通过或需标明发布日期的,可在标题下加括号注明。

2. 正文

办法的正文一般由三部分组成:办法的制发缘由、办法的具体内容、结语或附则。制发缘由指制定办法的依据、目的;具体内容为办法正文的主体;结束语常用以说明办法的适用范围、实施日期、要求、解释权等。

办法内容复杂的,可分为总则、分则、附则来写;内容简单的,通常用一条到底式的写法。

办法的制定依据往往是上级机关的法令、决议、条例等。具体明确、切实可行是办法写作的基本要求。

 范文

中华人民共和国教育部令

第 31 号

《高等学校章程制定暂行办法》已经 2011 年 7 月 12 日教育部第 21 次部长办公会议审议通过,现予发布,自 2012 年 1 月 1 日起施行。

教育部部长　袁贵仁

2011 年 11 月 28 日

高等学校章程制定暂行办法

第一章 总 则

第一条 为完善中国特色现代大学制度,指导和规范高等学校章程建设,促进高等学校依法治校、科学发展,依据教育法、高等教育法及其他有关规定,制定本办法。

第二条 国家举办的高等学校章程的起草、审议、修订以及核准、备案等,适用本办法。

第三条 章程是高等学校依法自主办学、实施管理和履行公共职能的基本准则。高等学校应当以章程为依据,制定内部管理制度及规范性文件、实施办学和管理活动、开展社会合作。

高等学校应当公开章程,接受举办者、教育主管部门、其他有关机关以及教师、学生、社会公众依据章程实施的监督、评估。

第四条 高等学校制定章程应当以中国特色社会主义理论体系为指导,以宪法、法律法规为依据,坚持社会主义办学方向,遵循高等教育规律,推进高等学校科学发展;应当促进改革创新,围绕人才培养、科学研究、服务社会、推进文化传承创新的任务,依法完善内部法人治理结构,体现和保护学校改革创新的成功经验与制度成果;应当着重完善学校自主管理、自我约束的体制、机制,反映学校的办学特色。

第五条 高等学校的举办者、主管教育行政部门应当按照政校分开、管办分离的原则,以章程明确界定与学校的关系,明确学校的办学方向与发展原则,落实举办者权利义务,保障学校的办学自主权。

第六条 章程用语应当准确、简洁、规范,条文内容应当明确、具体,具有可操作性。

章程根据内容需要,可以分编、章、节、条、款、项、目。

第二章 章程内容

第七条 章程应当按照高等教育法的规定,载明以下内容:……

第八条 章程应当按照高等教育法的规定,健全学校办学自主权的行使与监督机制,明确以下事项的基本规则、决策程序与监督机制:……

第九条 ……章程应当明确校长作为学校法定代表人和主要行政负责人,全面负责教学、科学研究和其他管理工作的职权范围;规范校长办公会议或者校务会议的组成、职责、议事规则等内容。

第十条 章程应当根据学校实际与发展需要,科学设计学校的内部治理结构和组织框架,明确学校与内设机构,以及各管理层级、系统之间的职责权限,管理的程序与规则。

章程根据学校实际,可以按照有利于推进教授治学、民主管理,有利于调动基层组织积极性的原则,设置并规范学院(学部、系)、其他内设机构以及教学、科研基层组织的领导体制、管理制度。

第十一条 章程应当明确规定学校学术委员会、学位评定委员会以及其他学术组织的组成原则、负责人产生机制、运行规则与监督机制,保障学术组织在学校的学科建设、专业设置、学术评价、学术发展、教学科研计划方案制订、教师队伍建设等方面充分发挥咨询、审议、决策作用,维护学术活动的独立性。

章程应当明确学校学术评价和学位授予的基本规则和办法;明确尊重和保障教师、学生在教学、研究和学习方面依法享有的学术自由、探索自由,营造宽松的学术环境。

第十二条 章程应当明确规定教职工代表大会、学生代表大会的地位作用、职责权限、组成与负责人产生规则,以及议事程序等,维护师生员工通过教职工代表大会、学生代表大会参与学校相关事项的民主决策、实施监督的权利。

对学校根据发展需要自主设置的各类组织机构,如校务委员会、教授委员会、校友会等,章程中应明确其地位、宗旨以及基本的组织与议事规则。

第十三条 章程应当明确学校开展社会服务、获得社会支持、接受社会监督的原则与办法,健全社会支持和监督学校发展的长效机制。

学校根据发展需要和办学特色,自主设置有政府、行业、企事业单位以及其他社会组织代表参加的学校理事会或者董事会的,应当在章程中明确理事会或者董事会的地位作用、组成和议事规则。

第十四条 章程应当围绕提高质量的核心任务,明确学校保障和提高教育教学质量的原则与制度,规定学校对学科、专业、课程以及教学、科研的水平与质量进行评价、考核的基本规则,建立科学、规范的质量保障体系和评价机制。

第十五条 章程应当体现以人为本的办学理念,健全教师、学生权益的救济机制,突出对教师、学生权益、地位的确认与保护,明确其权利义务;明确学校受理教师、学生申诉的机构与程序。

第三章 章程制定程序(略)
第四章 章程核准与监督(略)
第五章 附　则

第三十二条 （略）

第三十三条 本办法自2012年1月1日起施行。

第三节　规则、细则、守则、公约

一、规则

(一) 规则的含义与适用范围

规则是国家机关、社会团体和企事业单位管理具体事务时所使用的规约性文书。常见的规则有行政管理性规则和管理业务性规则两种。

一般来讲,规则多用于局部范围和公共场所,对一些具体的、事务性工作进行规定,对有关事项提出统一要求,制定管理的措施和程序。

(二) 规则的特点

1. 制发者的广泛性

规则的制发者范围很广,从中央政府到地方各级人民政府以及政府相关部门、各企事业单位均可以制定规则。

2. 范围的局部性

规则所规定的范围比其他规章制度类公文要窄,适用于制定单位对局部范围的人员作出具体要求和规定;并且一部分规则为内部行文,只在一定范围内、一定时间内起作用。

3. 内容的单一性

规则所规范的对象比较集中和单一,只是局部范围内的特定对象,不能超越这个范围,也不涉及其他。

4. 表达的细致性

规则所规定的事项是具体的、细致入微的,且是规格化、程序化、定型化的。

(三) 规则的写法

规则的写作结构包括标题和日期、正文、签署三部分。

1. 标题和日期

标题由发文机关名称、事由和文种构成,但很多规则的标题中省略发文机关。将制发的时间和依据加圆括号标注于标题之下正中位置。如果是随正式公文发布的规则,可以不单独注明日期,以发布规则的那篇公文的发文时间为准。

2. 正文

规则的正文通常先写发文缘由;其次写具体的内容,包括具体的方法、措施、处罚手段等;最后写生效日期、解释权限等方面的说明。

3. 签署

应标注签署机关名称。

范文

国务院关于印发《国务院工作规则》的通知

各省、自治区、直辖市人民政府,国务院各部委、各直属机构:

现将修订后的《国务院工作规则》印发给你们,自印发之日起施行。

国务院

2018 年 6 月 25 日

国务院工作规则

第一章 总 则

一、第十三届全国人民代表大会第一次会议产生的新一届中央人民政府,根据《中华人民共和国宪法》和《中华人民共和国国务院组织法》,制定本规则。

二、国务院工作的指导思想是,在以习近平同志为核心的党中央坚强领导下,高举中国特色社会主义伟大旗帜,以马克思列宁主义、毛泽东思想、邓小平理论、"三个代表"重要思想、科学发展观、习近平新时代中国特色社会主义思想为指导,认真贯彻党的基本理论、基本路线、基本方略,坚持和加强党的全面领导,严格遵守宪法和法律,全面正确履行政府职能,建设人民满意的法治政府、创新政府、廉洁政府和服务型政府。

三、国务院工作的准则是,执政为民,依法行政,实事求是,民主公开,务实清廉。

第二章 组成人员职责

四、国务院组成人员要牢固树立政治意识、大局意识、核心意识、看齐意识,坚定维护以习近平同志为核心的党中央权威和集中统一领导,模范遵守宪法和法律,认真履行职责,为民务实,严守纪律,勤勉廉洁。

五、国务院实行总理负责制。总理领导国务院的工作。副总理、国务委员协助总理工作。

六、总理召集和主持国务院全体会议和国务院常务会议。国务院工作中的重大事项,必须经国务院全体会议或国务院常务会议讨论决定。

七、副总理、国务委员按分工负责处理分管工作;受总理委托,负责其他方面的工作或专项任务,并可代表国务院进行外事活动。

八、秘书长在总理领导下,负责处理国务院的日常工作。

九、总理出国访问期间,受总理委托,由负责常务工作的副总理代行总理职务。

十、各部、各委员会、人民银行、审计署实行部长、主任、行长、审计长负责制,由其领导本部门的工作。

各部、各委员会、人民银行、审计署根据法律、行政法规和国务院的决定、命令,在本部门的职权范围内,制定规章,发布命令。

国务院各部门要各司其职,各负其责,顾全大局,协调配合,切实维护团结统一、政令畅通,坚决贯彻落实党中央、国务院各项工作部署。

第三章 全面正确履行政府职能(略)

第四章 坚持依法行政(略)

第五章 实行科学民主决策(略)

第六章　推进政务公开(略)

第七章　健全监督制度(略)

第八章　会议制度(略)

第九章　公文审批

四十五、各地区、各部门向国务院报送公文,应当符合《党政机关公文处理工作条例》的规定,严格遵循行文规则和程序。行文应当确有必要,讲求实效;未经批准不得越级行文,不得多头报文;请示应当一文一事,报告不得夹带请示事项。除国务院领导同志交办事项和必须直接报送的绝密级事项外,一般不得直接向国务院领导同志个人报送公文。

拟提请中央有关会议审议或提请以党中央、国务院名义联合发文的文件稿,内容主要涉及政府职责且牵头起草部门为国务院部门的,应依照中央有关规定,先按程序报国务院履行相关审议或审批程序。

四十六、各部门报送国务院的请示性公文,凡涉及其他部门职权的,必须主动与相关部门充分协商,由主办部门主要负责人与相关部门负责人会签或联合报国务院审批。部门之间有分歧的,主办部门主要负责人要主动协商;协商后仍不能取得一致意见的,主办部门应列明各方理据,提出办理建议,与相关部门负责人会签后报国务院决定。

部门之间征求意见或会签文件时,除主办部门另有时限要求外,一般应在7个工作日内回复;特殊情况不能按期回复的,应主动与主办部门沟通并商定回复时限及方式,逾期不回复视为无不同意见。

四十七、对各地区、各部门报送国务院审批的公文,国务院办公厅要切实履行审核把关责任,提出明确办理意见。对部门之间有分歧的事项,国务院分管领导同志应主动加强协调,取得一致意见或提出倾向性建议。国务院副秘书长要协助国务院分管领导同志做好协调工作。

公文及办理意见由国务院办公厅按照国务院领导同志分工呈批,并根据需要由国务院领导同志转请国务院其他领导同志核批,重大事项报总理审批。

四十八、国务院制定的行政法规、发布的命令、向全国人大或全国人大常委会提出的议案,由总理签署。

以国务院名义发文,经国务院分管领导同志审核后,由总理签发。

以国务院办公厅名义发文,由国务院秘书长签发;如有必要,报国务院分管领导同志签发或报总理签发。

四十九、国务院及各部门要精简文件简报。加强发文统筹,从严控制发文数量、发文规格和文件篇幅。属部门职权范围内事务、应由部门自行发文或联合发文的,不以国务院或国务院办公厅名义发文。凡法律、行政法规已作出明确规定、现行文件已有部署且仍然适用的,一律不再制发文件。分工方案原则上应与文件合并印发,不单独发文。每个部门原则上只向国务院报送1种简报。没有实质内容、可发可不发的文件简报,一律不发。

第十章 工作纪律(略)

第十一章 廉政和作风建设

....

六十四、国务院直属特设机构、直属机构、办事机构、直属事业单位适用本规则。

二、细则

(一)细则的含义

细则是针对已有法律、条例、规定、办法、规则等规章制度类公文作出的更加具体的补充或辅助说明性的规章制度类公文,旨在使原有规范进一步具体化、详细化,便于操作和实施。

(二)细则的特点

1. 辅助性

细则不是就某一方面工作或事项所作的全面系统的规定,而是在原文件基础上派生而成的,是对原有文件的补充和细化的规定,具有辅助实施的功能。因此,离开原有文件,就不可能产生细则。

2. 规范性

细则虽然是对原有规范性文件的补充和细化,但并不因此而降低其规范功能。细则不仅是对原有文件的补充,而且是针对新情况、新问题制发的,一经发布生效,有关单位和普通公民都要严格遵照执行,具有很强的约束力。

3. 具体性

这是由细则的行文目的决定的。

（三）细则的写法

1. 标题和题注

标题由事由和文种类别构成。如果属于会议批准或通过的,要用括号在标题下另加注说明"××××年×月×日××会议批准(通过或修订)"。

2. 正文

正文的写法根据内容的复杂程度而定,复杂的细则要分总则、分则、附则或章节来写,简单的直接分条列述即可。一般正文分三部分来写:先写发布的缘由,次写具体内容,再写明实施机关、生效日期、解释权限等。

范文

节能产品惠民工程高效节能
单元式空气调节机和冷水机组推广实施细则①

一、推广产品范围及条件

(一)推广产品为采用电机驱动压缩机的单元式空气调节机、风管送风式空调(热泵)机组和屋顶式空调机组(以下简称单元机)和冷水机组。

(二)申请高效节能单元机推广的产品必须满足以下要求:……

二、推广企业条件

(一)申请高效节能单元机和冷水机组推广的生产企业必须满足以下要求:

1. 为中国大陆境内注册的独立法人;

2. 年推广高效节能单元机数量不少于3万台(套),或额定制冷量大于14000瓦的高效节能单元机累计制冷量不少于3万千瓦;

年推广高效节能冷水机组数量不少于1000台(套),或高效节能冷水机组累计制冷量不少于2万千瓦;

3. 拥有所申请推广产品的自主品牌或品牌合法使用权,同一品牌只能由一家生产企业申请推广;

---

① 2012年9月24日由财政部、国家发展改革委、工业和信息化部印发。

4. 具有完善的销售网络和产品销售、安装及用户信息管理系统;

5. 拥有完善的质量管理体系和环境管理体系。

(二)纳入推广企业销售网络的流通企业和销售网点必须满足以下要求:

1. 为中国大陆境内注册的独立法人;

2. 具有完善的财务管理制度,会计核算规范;

3. 具有向消费者及时兑付补助资金的能力;

4. 能够有效收集、管理推广产品销售信息。

三、推广期限

推广期限暂定为2012年11月1日至2013年10月31日。

四、推广补贴标准(略)

五、推广资格申请(略)

六、补贴资金申请和拨付(略)

七、标识的加施(略)

附:1. 节能产品惠民工程高效节能单元机和冷水机组推广申请报告格式

    2. 节能产品惠民工程高效节能单元机和冷水机组推广情况月度报告格式

三、守则

(一)守则的含义

守则是党政机关、人民团体或企事业单位制发的,要求本单位本部门或本系统人员共同遵守的道德规范与行为准则。

(二)守则的特点

(1)概括性。所定的规范内容明确、具体、实在,既高度概括,又具体可行。

(2)简练性。守则的条数一般都较少,整体篇幅较短。所写的条文要简练,易懂易记,易于执行和操作。

(3)针对性。守则是根据本单位具体情况制定的,有些守则是工作中的具体操作规范,有特定的使用范围和较强的针对性。

(三)守则的写法

1. 标题

守则的标题由发文机关名称、事由和文种类别(守则)组成,有时可省略发文机关和事由,只写"××人员守则"或"守则"。题下标注发布或生效的日期。

2. 正文

通常先以简要语说明制文缘由,接着分条目列述具体内容,最后以"以上各条,望相互监督执行(遵守)"等语作结。守则一般比较简短,内容明确具体。

范文

机关工作人员守则

(20××年×月×日修订)

一、坚决执行党的各项路线、方针、政策,以及上级的各项规章制度,在政治上坚定不移地同党中央保持一致,做到令行禁止。

二、模范执行党和国家的法律、法令、政策、规定,坚持原则,不随意解释,不擅自处理。

三、更加自觉、更加刻苦地学习马克思列宁主义,学习毛泽东思想、邓小平理论、"三个代表"重要思想、科学发展观,学习习近平新时代中国特色社会主义思想,学习现代科学文化知识,刻苦钻研业务,不断提高政策理论水平和业务工作能力。

四、发扬实事求是的优良作风,说老实话,办老实事,光明磊落,忠诚可靠,做一个领导放心和同志们信赖的人。

五、兢兢业业、恪尽职守,办文办事认真负责,严谨细致,准确快捷,讲究效率,注重质量,务求落实。

六、提倡奉献精神,在工作和任务面前不讲报酬,多作贡献,确保完成。

七、增强全局观念,大事讲原则,小事讲风格,相互支持,彼此谅解,谦虚谨慎,严于律己。

八、切实履行全心全意为人民服务的宗旨,对外服务热情周到,及时办理,不拖不推。

九、廉洁奉公,勤政为民,不以集体名义为个人谋私利。

十、严守党和国家的机密,不该说的不说,不该做的不做,不该问的不问,不该看的不看,增强保密意识,严守保密纪律。

四、公约

(一)公约的含义

公约有两种:一种是广义的公约,是国际上关于经济、技术或法律等方面专门问题的多边条约,如《国际船舶载重线公约》《日内瓦公约》;另一种公约是指人民群众为了维护劳动纪律或公共秩序,或为了公共利益,更好地贯彻党的政策或有关指示,保证学习、生产、工作任务的胜利完成,经集体讨论,把约定要做到的事情或不应当做的事情,应该宣传的事情或必须反对的事情,明确地写成条文,以便共同遵守,如《学习公约》《爱国卫生公约》《乡规民约》《文明养狗公约》等。

(二)公约的特点

公约的特点与守则基本一样,具有概括性、简约性和通俗性。公约是社会成员在自觉自愿的基础上,通过民主共商的形式制定的,尤其在我国农村,有很多公约是由农民集体制作的乡规民约,这便要求公约的语言应该明白、流畅、通俗、易懂,要避免晦涩词句、长句和专业术语的大量运用。农村中制定的公约还要求句式、字数大体相等,最好押韵,好听好记。

(三)公约的写法

1. 标题

公约的标题有三种写法:一是适用人加文种,如《教师公约》;二是适用范围加文种,如《花园小区公约》;三是涉及事项加文种,如《护林公约》。

2. 正文

公约的正文由引言、主体和结尾组成。

(1)引言。引言主要用来写明制定公约的目的、意义,常套用"为了……特制定本公约"的固定格式。

（2）主体。采用条文式写法，将具体内容一一列出，这部分最重要，一定要做到系统完整、层次清楚、言简意明、朴实通畅。

（3）结尾。用来写执行要求、生效日期等。如无必要，可省略这一部分。

3. 署名与日期

对于有些公约而言，署名是很重要的一项，因为署名就意味着承诺，表明遵守公约的意向，表明愿意为违背公约承担责任。特别是行业公约，这一点显得更为突出。

 范文

新浪微博社区公约（试行）

为构建和谐、法治、健康的网络环境，维护新浪微博社区秩序，更好地保障用户合法权益，新浪微博与用户共同制定本公约。

第一章 总 则

第一条 新浪微博是由新浪公司创建、运行的社交网络平台。

第二条 新浪微博用户是指新浪微博的注册用户，其行为需遵守本公约；未注册者在本平台的活动亦参照本公约。

第三条 新浪微博用户在本平台的活动不得违反现行法律法规。本平台将按照相关法律法规及用户注册协议，配合司法机关维护被侵权人合法权益。

第四条 新浪微博社区管理中心（以下统称"站方"）根据现行法律法规及本公约，制定《新浪微博社区管理规定（试行）》并实施管理。

第二章 用户权利

第五条 用户享有新浪微博账号的使用权。该使用权不得以任何方式转让，账号的行为将被视为注册用户的行为。

第六条 站方鼓励用户验证真实身份及申请特定标识，申请方式和审核条件公开透明。此类用户享有更多服务。特定标识包括：个人认证、微博达人、机构认证等。

第七条 用户在本平台的表达不得侵害他人合法权益,不得与现行法律法规和本公约相冲突。

第八条 用户的个人隐私受到保护。新浪微博的用户真实身份验证信息由第三方平台保存。对用户隐私的保护是新浪微博的基本政策,用户自行公开、司法机关依照法定程序要求披露的除外。

第九条 用户在新浪微博的正当权益受到侵害时,可通过微博举报功能或司法途径维护权益。

第三章 用户行为规范(略)

第四章 社区管理(略)

第五章 附 则

第二十九条 用户因微博行为引发的法律纠纷,与新浪公司无关。

第三十条 站方可依照互联网发展的不同阶段,随着社区管理经验的不断丰富,出于维护微博社区秩序的目的,不断完善本公约。

第三十一条 本公约自2012年5月28日起施行。

【练习题】

一、单选题

1. 条例自颁布实施之后,在一个时期之内,对其所涉及的对象行为起约束作用,这体现出条例的( )。

　　A.内容的法规性　　　　　　B.时效的稳定性

　　C.格式的条款性　　　　　　D.制发的独特性

2. 用于对某一项工作作比较具体规定的规章制度类公文,称作( )。

　　A. 条例　　　B. 规章　　　C. 办法　　　D. 守则

3. 领导机关对特定范围内的工作和事物制定相应规范,要求所属部门和下属机关贯彻执行的是( )。

　　A. 细则　　　B. 守则　　　C. 条例　　　D. 规定

4. 国家机关、社会团体、企事业单位为了有序进行管理工作或开展某项公务活动而制定的要求有关人员共同遵守的规范性公文是指( )。

　　A. 细则　　　B. 规则　　　C. 守则　　　D. 章程

5. 有关机关或部门为使下级机关或人员更好地贯彻执行某一法令、条例和规定,结合实际情况,对其所作的详细的、具体的解释和补充的公文是(   )。

A. 守则　　　　B. 细则　　　　C. 规则　　　　D. 公约

6. 国家机关、社会团体、企事业单位为了维护公共利益,向所属成员发布的一种要求自觉遵守的约束性文件是指(   )。

A. 细则　　　　B. 守则　　　　C. 规则　　　　D. 条例

二、判断题

1. 书写条例时不可省去发文机关。

2. 条例适用范围较窄,仅涉及经济、政治、文化领域。

3. 章程仅对组织内部成员有约束作用。

4. 办法的正文一般由总则、分则、附则三部分组成。

三、写作题

1. 假设你是一家以倡导绿色环保为宗旨的民间社团的秘书,请你为所在的社团草拟一份社团章程。

2. 请你为你们宿舍起草一份宿舍卫生守则。

练习题参考答案

第十三章　行文规则与公文处理

学习重点

公文处理工作涉及公文运行的各个环节,包括公文的拟制、办理和管理,这三大环节又包括若干具体环节。做好公文处理工作,能够保证公务活动顺利、高效进行。

学习本章,重点了解公文的行文关系、行文方式、行文规则,掌握公文处理各个环节(拟制、办理、管理,以及它们包括的具体环节)的要求、程序和注意事项,为熟练处理各种公文打牢基础。

第一节　公文的行文关系和行文方式

严格根据行文关系、行文方向和行文方式行文,不仅有助于畅通公文运行渠道、理顺工作关系、提高工作效率,而且还可以避免行文混乱、运转迟缓、指挥不良等弊端。

在实际工作中,要做到规范地制发公文,首先必须根据隶属关系和职权范围确定行文关系;其次,根据行文关系确定行文方向;最后,严格按照行文方式行文。

一、公文的行文关系

公文的行文关系是指发文机关与收文机关之间的公文往来关系。行文关系是根据机关的组织系统、领导关系和职权范围所确定的机关之间的文件授受关系。机关的行文关系按照隶属关系和职权范围可分为以下四种:

(1)领导与被领导关系。同一系统的机关,既有上级领导机关,又有下级

被领导机关,上下级机关之间构成领导与被领导的关系,应使用上行文或下行文。

(2)指导与被指导关系。上级业务主管部门和下级业务部门之间具有业务上的指导与被指导关系,应使用上行文或下行文。

(3)不相隶属关系。非同一系统的机关之间,无论级别高低,既无领导与被领导关系,又无上下级业务部门的指导关系,它们是不相隶属关系,应使用平行文。

(4)平行关系。平行关系又称为平级关系,是指同一系统的同级机关之间的关系,应使用平行文。平级关系也属于不相隶属关系。

二、行文方式

行文方式分为以下几种:逐级行文、多级行文、越级行文、直接行文等。

(一)逐级行文

逐级行文是最常用的行文方式,因此又称为常规行文或常态行文。它是给直接的上级机关或下级机关行文的方式。逐级行文又分为逐级上行文和逐级下行文两种具体方式。逐级上行文是指下级机关直接向直属上级领导机关行文的一种行文方式,是上行文最基本最常用的一种方式。逐级下行文是指采取逐级下达或者只对直属下级机关下达的一种行文方式。

(二)多级行文

多级行文包括多级上行文和多级下行文两种具体方式。多级上行文是指下级机关同时向自己的直属上级机关和更高级的上级领导机关行文的一种方式。多级下行文是指党政领导机关根据工作需要,同时向多个级别的下级机关同时行文的方式。

(三)越级行文

越级行文主要是指根据工作需要,发文机关越过自己的直接上级机关或直接下级机关,向更高一级或更低一级的机关行文的方式。越级行文是一种非常规的行文方式,没有特殊情况一般不能使用。越级行文可分为越级下行文和越级上行文。越级下行文是指上级机关可以越过直属下级直接向再下一级或最基层单位的行文。越级下行文在现实中也时常会见到。越级上行文是指在非常必要的时候,下级机关可以越过自己的直接上级领导机关,向更高一级的领导机关直至中央直接行文的一种行文方式。越级上行文是一种非正常的行文方式,只有在以下特殊情况下可以采用:一是遇有特殊重大紧急情况,如战争、自然灾害等,如果逐级上报,可能会延误时机,造成重大损失时;二是经多次请示直接上级,长期未得到解决的重大问题;三是上级领导或领导机关交办,并指定越级直接上报的事项;四是对直接上级机关或领导进行检举、控告;五是直接上下级机关有争议,而无法解决的重大问题;六是询问、联系无须经过直接上级机关的一些工作问题等。

越级行文时应当把公文抄送给被越过的机关。

(四)直接行文

直接行文是发文机关直接向需要周知、承办或执行公文中有关公务的收文机关行文的行文方式。这种行文方式是专指不相隶属机关之间行文的方式。

第二节　行文规则

行文规则是控制公文行文对象、行文方向和行文方式等方面的制度规定。

一、行文的总规则

(1) 行文应当确有必要,讲求实效,注重针对性和可操作性。

(2) 行文关系根据隶属关系和职权范围确定。

(3) 一般不得越级行文,特殊情况需要越级行文的,应当同时抄送被越过的机关。

二、向上级机关行文应当遵循的规则

(1) 原则上主送一个上级机关,根据需要同时抄送相关上级机关和同级机关,不抄送下级机关。

(2) 党委、政府的部门向上级主管部门请示、报告重大事项,应当经本级党委、政府同意或者授权;属于部门职权范围内的事项应当直接报送上级主管部门。

（3）下级机关的请示事项，如需以本机关名义向上级机关请示，应当提出倾向性意见后上报，不得原文转报上级机关。

（4）请示应当一文一事。不得在报告等非请示性公文中夹带请示事项。

（5）除上级机关负责人直接交办事项外，不得以本机关名义向上级机关负责人报送公文，不得以本机关负责人名义向上级机关报送公文。

（6）受双重领导的机关向一个上级机关行文，必要时抄送另一个上级机关。

三、向下级机关行文应当遵循的规则

（1）主送受理机关，根据需要抄送相关机关。重要行文应当同时抄送发文机关的直接上级机关。

（2）党委、政府的办公厅（室）根据本级党委、政府授权，可以向下级党委、政府行文，其他部门和单位不得向下级党委、政府发布指令性公文或者在公文中向下级党委、政府提出指令性要求。需经政府审批的具体事项，经政府同意后可以由政府职能部门行文，文中需注明已经政府同意。

（3）党委、政府的部门在各自职权范围内可以向下级党委、政府的相关部门行文。

（4）涉及多个部门职权范围内的事务，部门之间未协商一致的，不得向下行文；擅自行文的，上级机关应当责令其纠正或者撤销。

（5）上级机关向受双重领导的下级机关行文，必要时抄送该下级机关的另一个上级机关。

四、不相隶属机关之间的行文规则

（1）同级党政机关、党政机关与其他同级机关必要时可以联合行文。属于党委、政府各自职权范围内的工作，不得联合行文。

（2）党委、政府的部门依据职权可以相互行文。

（3）部门内设机构除办公厅（室）外不得对外正式行文。

第三节　公文处理概述

一、公文处理的含义

公文处理工作是指公文拟制、办理、管理等一系列相互关联、衔接有序的工作。公文的拟制主要包括公文的起草、审核、签发等程序。公文的办理主要包括收文办理、发文办理和整理归档。公文的管理主要包括公文的制度管理、统一管理和涉密公文的管理等。

二、公文处理工作的原则和要求

（1）公文处理工作应当坚持实事求是、准确规范、精简高效、安全保密的原则。

（2）各级党政机关应当高度重视公文处理工作，加强组织领导，强化队伍建设，设立文秘部门或者由专人负责公文处理工作。

（3）各级党政机关办公厅（室）主管本机关的公文处理工作，并对下级机关的公文处理工作进行业务指导和督促检查。

第四节　公文的拟制

公文的拟制包括公文的起草、审核、签发等程序。

一、公文的起草

（一）公文起草的含义

起草又称为撰写、拟稿，是指执笔人（个体或团体）遵照领导人或领导机关的指示精神，从领命、准备、构思到写就公文初稿的行文过程。

（二）公文起草的原则

公文起草应当做到：

（1）符合国家法律法规和党的路线方针政策，完整准确体现发文机关意图，并同现行有关公文相衔接。

（2）一切从实际出发，分析问题实事求是，所提政策措施和办法切实可行。

（3）内容简洁，主题突出，观点鲜明，结构严谨，表述准确，文字精练。

（4）文种正确，格式规范。

（5）深入调查研究，充分进行论证，广泛听取意见。

（6）公文涉及其他地区或者部门职权范围内的事项，起草单位必须征求相关地区或者部门意见，力求达成一致。

（7）机关负责人应当主持、指导重要公文起草工作。

二、公文的审核

（一）公文审核的含义

公文审核是指公文的审核人员按照一定的原则和方法在公文签发之前对其进行全面的检查、修正活动。

（二）公文审核的重点

公文文稿签发前，应当由发文机关办公厅（室）进行审核，审核的重点是：

（1）行文理由是否充分，行文依据是否准确。

（2）内容是否符合国家法律法规和党的路线方针政策；是否完整准确体现发文机关意图；是否同现行有关公文相衔接；所提政策措施和办法是否切实可行。

（3）涉及有关地区或者部门职权范围内的事项是否经过充分协商并达成一致意见。

（4）文种是否正确，格式是否规范；人名、地名、时间、数字、段落顺序、引文等是否准确；文字、数字、计量单位和标点符号等用法是否规范。

（5）其他内容是否符合公文起草的有关要求。

需要发文机关审议的重要公文文稿，审议前由发文机关办公厅（室）进行初核。经审核不宜发文的公文文稿，应当退回起草单位并说明理由；符合发文条件，但内容需做进一步研究和修改的，由起草单位修改后重新报送。

三、公文的签发

（一）公文签发的含义

公文签发是指机关或部门领导人对拟以本机关或本部门名义发出的文件送审稿签署表示核准的意见。审核后的文稿仍是草稿，只有签发后的文稿才成为定稿。

（二）公文签发的原则

1. 按职权划分的原则

公文应当经本机关负责人审批签发。重要公文和上行文由机关主要负责人签发。党委、政府的办公厅（室）根据党委、政府授权制发的公文，由受权机关主要负责人签发或者按照有关规定签发。联合发文由所有联署机关的负责人会签。

2. 集体负责的原则

对于某些有关全局性、长期性、关键性的公文，必须由领导班子集体讨论、通过，共同负责，最后由主要领导人签发。

3. 授权代签的原则

主要领导人因公外出，可以授权或委托其他副职领导人代为签发，事后再送主要领导人核阅。

4. 加签的原则

凡欲以业务主管部门名义发出的公文，原则上应由部门负责人签发。但当公文内容涉及重大问题时，应送机关主管领导审阅后加签。例如，市教育局要发一份重要公文，原则上由局长签发即可；但如果公文内容涉及教育方面的一些重大措施的调整，就应主动送主管教育的副市长加签。

5. 会签的原则

会签是指联合行文或当文稿内容涉及两个以上业务主管部门的职权范围时，必须经相关部门的负责人共同协商，并都在发文处理笺的"会签"栏内签署发文的具体意见。

会签时由主办机关首先签署意见后，协办机关依次会签。会签应使用原件，不应使用复印件。

6. 先审后签的原则

签发人在签发前一定要仔细审阅文稿,不能完全依赖核稿的文秘人员;因为签发人对自己所签发的公文负有完全责任。

(三) 公文签发的要求

签发人签发公文,应当签署意见、姓名和完整日期;圈阅或者签名的,视为同意。

(四) 公文签发的注意事项

1. 代签要注明

受委托代签的文稿应注明"代签"字样,以备查考。

2. 用笔要符合档案管理的要求

签发文稿应使用毛笔、钢笔或签字笔,不要使用铅笔或圆珠笔。字迹颜色为黑色或蓝黑色,不能为纯蓝等其他颜色。

第五节　公文的办理

公文的办理包括收文办理、发文办理和整理归档。

一、收文办理

(一) 收文的含义

收文是指收进外部送达本机关、本单位的公务文书和材料,其中包括文件、电报、信函、内部刊物和资料等。

(二) 收文的程序

收文的主要程序包括签收、登记、初审、承办、传阅、催办、答复等。

1. 签收

签收又称收进,是指收到公文后,收件人在对方的公文投递单或送文簿上签字,表示收到。对收到的公文应逐件清点,核对无误后签字或盖章,并注明签收时间。签收应做到四看:一看封口是否严密,如发现有拆封现象,应立即查询,作适当处理;二看实收份数与投递单上的份数是否相符,如不符,应注明实收份数或暂不签收;三看信封上的封号与投递单或送文簿上登记的封号是否一致,如不一致,应暂不签或在送文簿上注明实收公文的封号;四看信封或封套上的收文机关名称与本机关的名称是否相符,如属误投,应当即退回,以免误事。

2. 登记

收文登记是指对本机关收到的各类公文进行记载。

收文登记的内容包括收(来)文编号、收(来)文日期、来文机关、来文字号、来文标题、份数、附件、秘密等级、领导人批阅情况、承办单位或个人、处理结果、归存卷号等。

常见的收文登记方式有簿式、卡片式、联单式三种。随着高新技术的发展,利用计算机登记、管理公文已在不少机关得到采用。

3. 初审

对收到的公文,应当进行初审。初审的重点是:是否应当由本机关办理,是否符合行文规则,文种、格式是否符合要求,涉及其他地区或者部门职权范围内的事项是否已经协商、会签,是否符合公文起草的其他要求。

经初审,对符合规定的公文,文秘部门应当及时提出拟办意见送负责人批示或者交有关部门办理;对不符合规定的公文,退回来文单位并说明理由。

4. 承办

承办是指按公文本身的要求和机关领导人的批办意见进行具体的办理。承办的要求是:阅知性公文应当根据公文内容、要求和工作需要确定范围后分送;批办性公文应当提出拟办意见报本机关负责人批示或者转有关部门办理;需要两个以上部门办理的,应当明确主办部门;紧急公文应当明确办理时限。承办部门对交办的公文应当及时办理,有明确办理时限要求的,应当在规定的时限内办毕。

5. 传阅

传阅是根据领导批示和工作需要将公文及时送传阅对象阅知或批示。传阅的方式一般可分为以下四种。

(1)轮辐式。这种传阅方法是以文秘人员为中心,以阅文人为外圈。由中心点开始,先送给第一个人看,看后退回中心点;再由中心点送给第二个人看,看完后又退回;又送出,如此下推,直到阅完。每传阅一人,通过中心点一次。传阅路线如同车轮辐条形状,所以称为"轮辐式"。

（2）接力式。这种传阅方法是公文一旦传出，不再经由中心点，由阅文人依次下传，直至最后一个阅文人阅毕后再交回中心点。

（3）专人送传式。专人送传是指派专人把需要传阅的公文在限定的时间内依次送给阅文人阅读。必须专人送传的公文有两种：一是特急件，二是绝密件。

（4）集中传阅式。集中传阅是指因紧急程度或密级要求，一份公文需在极短的时间内由多人传阅，而阅件人办公地分散、采用专人传送的方式还不能达到要求时，将阅件人集中在一起传阅公文的方式。

6. 催办

送负责人批示或者交有关部门办理的公文，文秘部门要负责催办，做到紧急公文跟踪催办，重要公文重点催办，一般公文定期催办。催办的具体方法很多，不外乎以下几种：书面催办、电话催办、当面催办、会议催办。

7. 答复

答复是指承办部门把领导批办的收文办结后，将承办情况和办理结果向交办领导人和来文单位汇报或答复。公文的办理结果应及时答复来文单位或交办的领导人，并根据需要告知相关单位。答复的原则是：谁批办（交办）答复谁，谁来文答复谁。总之，对承办的公文要做到件件有着落、事事有回音（包括不同意的或办不了的）。

二、发文办理

（一）发文办理的含义

发文办理是指本单位对外发文拟制后所要履行的一系列处理环节，包括公文的复核、登记、印制和核发。

（二）发文的程序

1. 复核

已经发文机关负责人签批的公文（定稿），印发前办公室应当对公文的审批手续、格式、文种、内容等进行复核。经过复核，审批手续不完备的，要采取措施补救；格式、文种有问题的，要予以调整；有语法和标点符号错误的应予以修改；内容需作实质性修改的，应按程序报原签批人复审。发文机关的办公厅(室)工作人员不能对公文内容作实质性修改。实质性修改是指涉及文稿内容的修改。

2. 登记

文稿经过领导人签发后,即为定稿,接下来就是发文登记。发文登记是指根据领导人的发文意见以及机关工作惯例和公文的重要程度等决定公文如何印制、如何分发、发给谁等。

各发文机关都有专门的发文登记簿,登记项目主要有:发文年月日、主办单位、发文机关标志、发文字号、签发人、标题、主送机关、附件名称、密级和保密期限、紧急程度、印数、抄送机关、发出时间等。

3. 印制

公文必须确保质量和时效,涉密公文应当在符合保密要求的场合印制。

4. 核发

公文印制完毕,应对公文的文字、格式和印刷质量进行检查,确定无误后分发。

三、整理归档

公文归档是现行文件转化为历史档案的重要步骤。通过公文归档,可以使公文从动态形式转入静态形式,为日后的工作提供查证和参考。

(一)归档的原则

需要归档的公文及有关材料,应当根据有关档案的法律法规以及机关档案管理规定,及时收集齐全、整理归档。两个以上机关联合办理的公文,原件由主办机关归档,相关机关保存复制件。机关负责人兼任其他机关职务的,在履行所兼职务过程中形成的公文,由其兼职机关归档。

(二)归档范围

公文归档范围,是指应予立卷归档的公文范围。归档的范围应以国家档案局的《机关文件材料归档和不归档的范围》《关于机关文件材料归档范围和文书档案保管期限的规定》《文书档案保管期限表》为依据,并结合机关的实际情况,实事求是地确定归档范围。

总的说来,凡是能够反映本机关工作活动,具有查考利用价值的文件材料均属归档范围,主要包括上级机关、不相隶属机关、下级机关和本机关的事件材料。

（三）归档的质量要求

归档文件应齐全完整,已破损的文件应予修整,字迹模糊或易蜕变的文件应予复制;整理归档文件所使用的书写材料、纸张、装订材料等应符合档案保护的要求。

（四）按"件"归档的步骤和方法

本书涉及的是按"件"归档的方法。按文件级归档,其管理单位不是"卷"而是"件",是指立档单位把在其职能活动中形成的、办理完毕、应作为文书档案保存的各种纸质文件材料,以件为单位进行装订、分类、排列、编号、编目、装盒,使之有序化的过程。

归档文件的整理单位一般以每份文件为一件。文件正本与定稿为一件,正文与附件为一件,原件与复制件为一件,转发文与被转发文为一件,报表、名册、图册等一册(本)为一件,来文与复文可为一件。

1. 按"件"装订

归档文件应按件装订。装订时,正本在前,定稿在后;正文在前,附件在后;原件在前,复制件在后;转发文在前,被转发文在后;来文与复文作为一件时,复文在前,来文在后。

2. 灵活分类

归档文件可以采用年度—机构(问题)—保管期限,或保管期限—年度—机构(问题)等方法进行分类。按年度分类是指将文件按其形成年度分类;按机构(问题)分类是指将文件按其形成或承办机构(问题)分类(可以视情况予以取舍);按保管期限分类是指将文件按划定的保管期限分类。同一全宗应保持分类方案的稳定。

3. 文件排列和编号

（1）文件排列。归档文件应在分类方案的最低一级类目内按事由并结合时间、重要程度等排列。会议文件、统计报表等成套性文件可集中排列。

（2）文件编号。归档文件应依分类方案和排列顺序逐件编号,在文件首页上端的空白位置加盖归档章并填写相关内容。

4. 编制归档文件目录

归档文件应依据分类方案和室编件号顺序编制归档文件目录。

5. 归档文件装盒

将归档文件按室编件号顺序装入档案盒，并填写档案盒封面、盒脊及备考表项目。档案盒封面应标明全宗名称。档案盒应根据摆放方式的不同在盒脊或底边设置全宗号、年度、保管期限、起止件号、盒号等必备项。

6. 归档文件备考表

备考表置于盒内文件之后，项目包括盒内文件情况说明、整理人、检查人和日期。

第六节　公文的管理

一、制度管理

各级党政机关应当建立健全本机关公文管理制度，确保管理严格规范，充分发挥公文的效用。

二、统一管理

党政机关公文应该按照统一管理的原则，由专门的机构和人员管理，具体就是：党政机关公文由文秘部门或者专人统一管理。设立党委（党组）的县级以上单位应当建立机要保密室和机要阅文室，并按照有关保密规定配备工作人员和必要的安全保密设施设备。联合发文，原件由主办机关存档，协办机关保存复制件。机关负责人兼任其他机关职务的，在履行所兼职务过程中形成的公文，由其兼职机关归档。

三、涉密公文的管理

（一）密级的确定与变更

公文管理的目的之一就是保障国家秘密的安全。公文确定密级前，应当按照拟定的密级先行采取保密措施。确定密级后，应当按照所定密级严格管理。绝密级公文应当由专人管理。公文的密级需要变更或者解除的，由原确定密级的机关或者其上级机关决定。

（二）涉密公文的公布与解密

公文的印发传达范围应当按照发文机关的要求执行；需要变更的，应当经发文机关批准。涉密公文公开发布前应当履行解密程序。公开发布的时间、形式和渠道，由发文机关确定。经批准公开发布的公文，同发文机关正式印发的公文具有同等效力。

（三）涉密公文的印制与传输

涉密公文应当在符合保密要求的场所印制。涉密公文应当通过机要交通、邮政机要通信、城市机要文件交换站或者收发件机关机要收发人员进行传递，通过密码电报或者符合国家保密规定的计算机信息系统进行传输。

（四）涉密公文的复制与汇编

复制、汇编机密级和秘密级公文，应当符合有关规定并经本机关负责人批准。绝密级公文一般不得复制、汇编，确有工作需要的，应当经发文机关或者其上级机关批准。复制、汇编的公文视同原件管理。复制件应当加盖复制机关戳记。翻印件应当注明翻印的机关名称、日期。汇编本的密级按照编入公文的最高密级标注。

（五）涉密公文的清退或销毁

涉密公文应当按照发文机关的要求和相关规定进行清退或销毁。不具备归档和保存价值的公文，经批准后可以销毁。销毁涉密公文必须严格按照有关规定履行审批登记手续，确保不丢失、不漏销。个人不得私自销毁、留存涉密公文。

四、机关合并或撤销以及工作人员离职离岗时公文的管理

机关合并时，全部公文应当随之合并管理；机关撤销时，需要归档的公文经整理后按照有关规定移交档案管理部门。工作人员离职离岗时，所在机关应当督促其将暂存、借用的公文按照有关规定移交、清退。

五、公文的撤销和废止

公文的撤销和废止，由发文机关、上级机关或者权力机关根据职权范围和有关法律法规决定。公文被撤销的,视为自始无效;公文被废止的,视为自废止之日起失效。

六、发文立户申请

新设立的机关应当向本级党委、政府的办公厅(室)提出发文立户申请。经审查符合条件的,列为发文单位,机关合并或者撤销时,相应进行调整。

【练习题】

一、单选题

1. 为了维护正常的领导关系,具有隶属关系或业务指导关系的机关之间应基本采取( )。

A. 逐级行文　　B. 多级行文　　C. 越级行文　　D. 直接行文

2. 以下关于公文处理工作说法错误的是( )。

A. 公文处理的主要内容包括公文的拟制、办理、管理等几个部分

B. 公文拟制主要包括公文的起草、审核、会签等程序

C. 公文办理主要包括收文办理、发文办理和整理归档

D. 公文处理工作应当坚持实事求是、准确规范、精简高效、安全保密的原则

3. 以下关于行文要求说法不正确的是( )。

A. 行文应当确有必要,讲求实效,注重针对性和可操作性

B. 行文关系根据隶属关系和职权范围确定

C. 一般不得越级行文

D. 特殊情况需要越级行文的,一般不再抄送其他机关,包括被越过的机关

二、多选题

1. 以下关于签发说法正确的是( )。

A. 公文应当经本机关负责人审批签发

B. 重要公文和上行文由机关主要负责人签发

C. 联合发文由主办机关的负责人签发

D. 党委、政府的办公厅(室)根据党委、政府授权制发的公文,由受权机关主要负责人签发或者按照有关规定签发

2. 以下关于下行文说法正确的是( )。

A. 需经政府审批的具体事项,经政府同意后可以由政府职能部门行文,文中需注明已经政府同意

B. 党委、政府的部门在各自职权范围内可以向下级党委、政府的相关部门行文

C. 涉及多个部门职权范围内的事务,部门之间未协商一致的,不得向下行文

D. 上级机关向受双重领导的下级机关行文,必要时抄送该下级机关的另一个上级机关

三、判断题

1. 受双重领导的机关向一个上级机关行文,必要时抄送另一个上级机关。

2. 公文的密级需要变更或者解除的,由原确定密级的机关或者其上级机关决定。

3. 涉密公文公开发布前应当履行解密程序。

4. 重要下行文应当同时抄送发文机关的直接上级机关。

5. 下级机关的请示事项,如需以本机关名义向上级机关请示,可直接将下级机关的原文转报上级机关。

四、简答题

1. 公文的行文关系和行文方式分别有哪些?
2. 向上级机关行文,应当遵循哪些主要规则?
3. 向下级机关行文,应当遵循哪些主要规则?
4. 不相隶属机关之间行文,应当遵循哪些主要规则?
5. 发文办理的主要程序有哪些?
6. 收文办理的主要程序有哪些?

练习题参考答案

附录一　党政机关公文处理工作条例

第一章　总　则

第一条　为了适应中国共产党机关和国家行政机关(以下简称党政机关)工作需要,推进党政机关公文处理工作科学化、制度化、规范化,制定本条例。

第二条　本条例适用于各级党政机关公文处理工作。

第三条　党政机关公文是党政机关实施领导、履行职能、处理公务的具有特定效力和规范体式的文书,是传达贯彻党和国家的方针政策,公布法规和规章,指导、布置和商洽工作,请示和答复问题,报告、通报和交流情况等的重要工具。

第四条　公文处理工作是指公文拟制、办理、管理等一系列相互关联、衔接有序的工作。

第五条　公文处理工作应当坚持实事求是、准确规范、精简高效、安全保密的原则。

第六条　各级党政机关应当高度重视公文处理工作,加强组织领导,强化队伍建设,设立文秘部门或者由专人负责公文处理工作。

第七条　各级党政机关办公厅(室)主管本机关的公文处理工作,并对下级机关的公文处理工作进行业务指导和督促检查。

第二章　公文种类

第八条　公文种类主要有:

(一)决议。适用于会议讨论通过的重大决策事项。

(二)决定。适用于对重要事项作出决策和部署、奖惩有关单位和人员、变更或者撤销下级机关不适当的决定事项。

(三)命令(令)。适用于公布行政法规和规章、宣布施行重大强制性措施、批准授予和晋升衔级、嘉奖有关单位和人员。

(四)公报。适用于公布重要决定或者重大事项。

(五)公告。适用于向国内外宣布重要事项或者法定事项。

(六)通告。适用于在一定范围内公布应当遵守或者周知的事项。

(七)意见。适用于对重要问题提出见解和处理办法。

(八)通知。适用于发布、传达要求下级机关执行和有关单位周知或者执行的事项,批转、转发公文。

（九）通报。适用于表彰先进、批评错误、传达重要精神和告知重要情况。

（十）报告。适用于向上级机关汇报工作、反映情况，回复上级机关的询问。

（十一）请示。适用于向上级机关请求指示、批准。

（十二）批复。适用于答复下级机关请示事项。

（十三）议案。适用于各级人民政府按照法律程序向同级人民代表大会或者人民代表大会常务委员会提请审议事项。

（十四）函。适用于不相隶属机关之间商洽工作、询问和答复问题、请求批准和答复审批事项。

（十五）纪要。适用于记载会议主要情况和议定事项。

第三章 公文格式

第九条 公文一般由份号、密级和保密期限、紧急程度、发文机关标志、发文字号、签发人、标题、主送机关、正文、附件说明、发文机关署名、成文日期、印章、附注、附件、抄送机关、印发机关和印发日期、页码等组成。

（一）份号。公文印制份数的顺序号。涉密公文应当标注份号。

（二）密级和保密期限。公文的秘密等级和保密的期限。涉密公文应当根据涉密程度分别标注"绝密""机密""秘密"和保密期限。

（三）紧急程度。公文送达和办理的时限要求。根据紧急程度，紧急公文应当分别标注"特急""加急"，电报应当分别标注"特提""特急""加急""平急"。

（四）发文机关标志。由发文机关全称或者规范化简称加"文件"二字组成，也可以使用发文机关全称或者规范化简称。联合行文时，发文机关标志可以并用联合发文机关名称，也可以单独用主办机关名称。

（五）发文字号。由发文机关代字、年份、发文顺序号组成。联合行文时，使用主办机关的发文字号。

（六）签发人。上行文应当标注签发人姓名。

（七）标题。由发文机关名称、事由和文种组成。

（八）主送机关。公文的主要受理机关，应当使用机关全称、规范化简称或者同类型机关统称。

（九）正文。公文的主体，用来表述公文的内容。

（十）附件说明。公文附件的顺序号和名称。

（十一）发文机关署名。署发文机关全称或者规范化简称。

（十二）成文日期。署会议通过或者发文机关负责人签发的日期。联合行文时，署最后签发机关负责人签发的日期。

（十三）印章。公文中有发文机关署名的,应当加盖发文机关印章,并与署名机关相符。有特定发文机关标志的普发性公文和电报可以不加盖印章。

（十四）附注。公文印发传达范围等需要说明的事项。

（十五）附件。公文正文的说明、补充或者参考资料。

（十六）抄送机关。除主送机关外需要执行或者知晓公文内容的其他机关,应当使用机关全称、规范化简称或者同类型机关统称。

（十七）印发机关和印发日期。公文的送印机关和送印日期。

（十八）页码。公文页数顺序号。

第十条　公文的版式按照《党政机关公文格式》国家标准执行。

第十一条　公文使用的汉字、数字、外文字符、计量单位和标点符号等,按照有关国家标准和规定执行。民族自治地方的公文,可以并用汉字和当地通用的少数民族文字。

第十二条　公文用纸幅面采用国际标准 A4 型。特殊形式的公文用纸幅面,根据实际需要确定。

第四章　行文规则

第十三条　行文应当确有必要,讲求实效,注重针对性和可操作性。

第十四条　行文关系根据隶属关系和职权范围确定。一般不得越级行文,特殊情况需要越级行文的,应当同时抄送被越过的机关。

第十五条　向上级机关行文,应当遵循以下规则:

（一）原则上主送一个上级机关,根据需要同时抄送相关上级机关和同级机关,不抄送下级机关。

（二）党委、政府的部门向上级主管部门请示、报告重大事项,应当经本级党委、政府同意或者授权;属于部门职权范围内的事项应当直接报送上级主管部门。

（三）下级机关的请示事项,如需以本机关名义向上级机关请示,应当提出倾向性意见后上报,不得原文转报上级机关。

（四）请示应当一文一事。不得在报告等非请示性公文中夹带请示事项。

（五）除上级机关负责人直接交办事项外,不得以本机关名义向上级机关负责人报送公文,不得以本机关负责人名义向上级机关报送公文。

（六）受双重领导的机关向一个上级机关行文,必要时抄送另一个上级机关。

第十六条　向下级机关行文,应当遵循以下规则:

（一）主送受理机关,根据需要抄送相关机关。重要行文应当同时抄送发文机关的直接上级机关。

（二）党委、政府的办公厅（室）根据本级党委、政府授权，可以向下级党委、政府行文，其他部门和单位不得向下级党委、政府发布指令性公文或者在公文中向下级党委、政府提出指令性要求。需经政府审批的具体事项，经政府同意后可以由政府职能部门行文，文中须注明已经政府同意。

（三）党委、政府的部门在各自职权范围内可以向下级党委、政府的相关部门行文。

（四）涉及多个部门职权范围内的事务，部门之间未协商一致的，不得向下行文；擅自行文的，上级机关应当责令其纠正或者撤销。

（五）上级机关向受双重领导的下级机关行文，必要时抄送该下级机关的另一个上级机关。

第十七条　同级党政机关、党政机关与其他同级机关必要时可以联合行文。属于党委、政府各自职权范围内的工作，不得联合行文。

党委、政府的部门依据职权可以相互行文。

部门内设机构除办公厅（室）外不得对外正式行文。

第五章　公文拟制

第十八条　公文拟制包括公文的起草、审核、签发等程序。

第十九条　公文起草应当做到：

（一）符合党的理论路线方针政策和国家法律法规，完整准确体现发文机关意图，并同现行有关公文相衔接。

（二）一切从实际出发，分析问题实事求是，所提政策措施和办法切实可行。

（三）内容简洁，主题突出，观点鲜明，结构严谨，表述准确，文字精练。

（四）文种正确，格式规范。

（五）深入调查研究，充分进行论证，广泛听取意见。

（六）公文涉及其他地区或者部门职权范围内的事项，起草单位必须征求相关地区或者部门意见，力求达成一致。

（七）机关负责人应当主持、指导重要公文起草工作。

第二十条　公文文稿签发前，应当由发文机关办公厅（室）进行审核。审核的重点是：

（一）行文理由是否充分，行文依据是否准确。

（二）内容是否符合党的理论路线方针政策和国家法律法规；是否完整准确体现发文机关意图；是否同现行有关公文相衔接；所提政策措施和办法是否切实可行。

（三）涉及有关地区或者部门职权范围内的事项是否经过充分协商并达成一致意见。

（四）文种是否正确，格式是否规范；人名、地名、时间、数字、段落顺序、引文等是否准确；文字、数字、计量单位和标点符号等用法是否规范。

（五）其他内容是否符合公文起草的有关要求。

需要发文机关审议的重要公文文稿，审议前由发文机关办公厅（室）进行初核。

第二十一条　经审核不宜发文的公文文稿，应当退回起草单位并说明理由；符合发文条件但内容需作进一步研究和修改的，由起草单位修改后重新报送。

第二十二条　公文应当经本机关负责人审批签发。重要公文和上行文由机关主要负责人签发。党委、政府的办公厅（室）根据党委、政府授权制发的公文，由受权机关主要负责人签发或者按照有关规定签发。签发人签发公文，应当签署意见、姓名和完整日期；圈阅或者签名的，视为同意。联合发文由所有联署机关的负责人会签。

第六章　公文办理

第二十三条　公文办理包括收文办理、发文办理和整理归档。

第二十四条　收文办理主要程序是：

（一）签收。对收到的公文应当逐件清点，核对无误后签字或者盖章，并注明签收时间。

（二）登记。对公文的主要信息和办理情况应当详细记载。

（三）初审。对收到的公文应当进行初审。初审的重点是：是否应当由本机关办理，是否符合行文规则，文种、格式是否符合要求，涉及其他地区或者部门职权范围内的事项是否已经协商、会签，是否符合公文起草的其他要求。经初审不符合规定的公文，应当及时退回来文单位并说明理由。

（四）承办。阅知性公文应当根据公文内容、要求和工作需要确定范围后分送。批办性公文应当提出拟办意见报本机关负责人批示或者转有关部门办理；需要两个以上部门办理的，应当明确主办部门。紧急公文应当明确办理时限。承办部门对交办的公文应当及时办理，有明确办理时限要求的应当在规定时限内办理完毕。

（五）传阅。根据领导批示和工作需要将公文及时送传阅对象阅知或者批示。办理公文传阅应当随时掌握公文去向，不得漏传、误传、延误。

（六）催办。及时了解掌握公文的办理进展情况，督促承办部门按期办结。紧急公文或者重要公文应当由专人负责催办。

（七）答复。公文的办理结果应当及时答复来文单位，并根据需要告知相关单位。

第二十五条　发文办理主要程序是：

（一）复核。已经发文机关负责人签批的公文，印发前应当对公文的审批手续、内容、文种、格式等进行复核；需作实质性修改的，应当报原签批人复审。

（二）登记。对复核后的公文，应当确定发文字号、分送范围和印制份数并详细记载。

（三）印制。公文印制必须确保质量和时效。涉密公文应当在符合保密要求的场所印制。

(四) 核发。公文印制完毕,应当对公文的文字、格式和印刷质量进行检查后分发。

第二十六条　涉密公文应当通过机要交通、邮政机要通信、城市机要文件交换站或者收发件机关机要收发人员进行传递,通过密码电报或者符合国家保密规定的计算机信息系统进行传输。

第二十七条　需要归档的公文及有关材料,应当根据有关档案法律法规以及机关档案管理规定,及时收集齐全、整理归档。两个以上机关联合办理的公文,原件由主办机关归档,相关机关保存复制件。机关负责人兼任其他机关职务的,在履行所兼职务过程中形成的公文,由其兼职机关归档。

第七章　公文管理

第二十八条　各级党政机关应当建立健全本机关公文管理制度,确保管理严格规范,充分发挥公文效用。

第二十九条　党政机关公文由文秘部门或者专人统一管理。设立党委(党组)的县级以上单位应当建立机要保密室和机要阅文室,并按照有关保密规定配备工作人员和必要的安全保密设施设备。

第三十条　公文确定密级前,应当按照拟定的密级先行采取保密措施。确定密级后,应当按照所定密级严格管理。绝密级公文应当由专人管理。

公文的密级需要变更或者解除的,由原确定密级的机关或者其上级机关决定。

第三十一条　公文的印发传达范围应当按照发文机关的要求执行;需要变更的,应当经发文机关批准。

涉密公文公开发布前应当履行解密程序。公开发布的时间、形式和渠道,由发文机关确定。

经批准公开发布的公文,同发文机关正式印发的公文具有同等效力。

第三十二条　复制、汇编机密级、秘密级公文,应当符合有关规定并经本机关负责人批准。绝密级公文一般不得复制、汇编,确有工作需要的,应当经发文机关或者其上级机关批准。复制、汇编的公文视同原件管理。

复制件应当加盖复制机关戳记。翻印件应当注明翻印的机关名称、日期。汇编本的密级按照编入公文的最高密级标注。

第三十三条　公文的撤销和废止,由发文机关、上级机关或者权力机关根据职权范围和有关法律法规决定。公文被撤销的,视为自始无效;公文被废止的,视为自废止之日起失效。

第三十四条　涉密公文应当按照发文机关的要求和有关规定进行清退或者销毁。

第三十五条　不具备归档和保存价值的公文,经批准后可以销毁。销毁涉密公文必须严格按照有关规定履行审批登记手续,确保不丢失、不漏销。个人不得私自销毁、留存涉密公文。

第三十六条　机关合并时,全部公文应当随之合并管理;机关撤销时,需要归档的公文经整理后按照有关规定移交档案管理部门。

工作人员离岗离职时,所在机关应当督促其将暂存、借用的公文按照有关规定移交、清退。

第三十七条　新设立的机关应当向本级党委、政府的办公厅(室)提出发文立户申请。经审查符合条件的,列为发文单位,机关合并或者撤销时,相应进行调整。

第八章　附　则

第三十八条　党政机关公文含电子公文。电子公文处理工作的具体办法另行制定。

第三十九条　法规、规章方面的公文,依照有关规定处理。外事方面的公文,依照外事主管部门的有关规定处理。

第四十条　其他机关和单位的公文处理工作,可以参照本条例执行。

第四十一条　本条例由中共中央办公厅、国务院办公厅负责解释。

第四十二条　本条例自2012年7月1日起施行。1996年5月3日中共中央办公厅发布的《中国共产党机关公文处理条例》和2000年8月24日国务院发布的《国家行政机关公文处理办法》停止执行。

附录二 党政机关公文格式

前　言

本标准按照 GB/T 1.1—2009 给出的规则起草。

本标准根据中共中央办公厅、国务院办公厅印发的《党政机关公文处理工作条例》的有关规定对 GB/T 9704—1999《国家行政机关公文格式》进行修订。本标准相对 GB/T 9704—1999 主要作如下修订：

　　a）标准名称改为《党政机关公文格式》，标准英文名称也作相应修改；

　　b）适用范围扩展到各级党政机关制发的公文；

　　c）对标准结构进行适当调整；

　　d）对公文装订要求进行适当调整；

　　e）增加发文机关署名和页码两个公文格式要素，删除主题词格式要素，并对公文格式各要素的编排进行较大调整；

　　f）进一步细化特定格式公文的编排要求；

　　g）新增联合行文公文首页版式、信函格式首页、命令（令）格式首页版式等式样。

本标准中公文用语与《党政机关公文处理工作条例》中的用语一致。

本标准为第二次修订。

本标准由中共中央办公厅和国务院办公厅提出。

本标准由中国标准化研究院归口。

本标准起草单位：中国标准化研究院、中共中央办公厅秘书局、国务院办公厅秘书局、中国标准出版社。

本标准主要起草人：房庆、杨雯、郭道锋、孙维、马慧、张书杰、徐成华、范一乔、李玲。

本标准代替了 GB/T 9704—1999。

GB/T 9704—1999 的历次版本发布情况为：

　　——GB/T 9704—1988。

党政机关公文格式

1 范围

本标准规定了党政机关公文通用的纸张要求、排版和印制装订要求、公文格式各要素的编排规则,并给出了公文的式样。

本标准适用于各级党政机关制发的公文。其他机关和单位的公文可以参照执行。

使用少数民族文字印制的公文,其用纸、幅面尺寸及版面、印制等要求按照本标准执行,其余可以参照本标准并按照有关规定执行。

2 规范性引用文件

下列文件对于本标准的应用是必不可少的。凡是注日期的引用文件,仅所注日期的版本适用于本标准。凡是不注日期的引用文件,其最新版本(包括所有的修改单)适用于本标准。

GB/T 148　印刷、书写和绘图纸幅面尺寸

GB 3100　国际单位制及其应用

GB 3101　有关量、单位和符号的一般原则

GB 3102(所有部分)　量和单位

GB/T 15834　标点符号用法

GB/T 15835　出版物上数字用法

3 术语和定义

下列术语和定义适用于本标准。

3.1 字　word

标示公文中横向距离的长度单位。在本标准中,一字指一个汉字宽度的距离。

3.2 行　line

标示公文中纵向距离的长度单位。在本标准中,一行指一个汉字的高度加 3 号汉字高度的 7/8 的距离。

4 公文用纸主要技术指标

公文用纸一般使用纸张定量为 60 g/m^2～80 g/m^2 的胶版印刷纸或复印纸。纸张白度 80%～90%,横向耐折度≥15 次,不透明度≥85%,pH 值为 7.5～9.5。

5 公文用纸幅面尺寸及版面要求

5.1 幅面尺寸

公文用纸采用 GB/T 148 中规定的 A4 型纸,其成品幅面尺寸为:210 mm×297 mm。

5.2 版面

5.2.1 页边与版心尺寸

公文用纸天头(上白边)为 37 mm±1 mm,公文用纸订口(左白边)为 28 mm±1 mm,版心尺寸为 156 mm×225 mm。

5.2.2 字体和字号

如无特殊说明,公文格式各要素一般用 3 号仿宋体字。特定情况可以作适当调整。

5.2.3 行数和字数

一般每面排 22 行,每行排 28 个字,并撑满版心。特定情况可以作适当调整。

5.2.4 文字的颜色

如无特殊说明,公文中文字的颜色均为黑色。

6 印制装订要求

6.1 制版要求

版面干净无底灰,字迹清楚无断划,尺寸标准,版心不斜,误差不超过 1 mm。

6.2 印刷要求

双面印刷;页码套正,两面误差不超过 2 mm。黑色油墨应当达到色谱所标 BL100%,红色油墨应当达到色谱所标 Y80%、M80%。印品着墨实、均匀;字面不花、不白、无断划。

6.3 装订要求

公文应当左侧装订,不掉页,两页页码之间误差不超过 4 mm,裁切后的成品尺寸允许误差±2 mm,四角成 90°,无毛茬或缺损。

骑马订或平订的公文应当:

a) 订位为两钉外订眼距版面上下边缘各 70 mm 处,允许误差±4 mm;

b) 无坏钉、漏钉、重钉,钉脚平伏牢固;

c) 骑马订钉锯均订在折缝线上,平订钉锯与书脊间的距离为 3 mm～5 mm。

包本装订公文的封皮(封面、书脊、封底)与书芯应吻合、包紧、包平、不脱落。

7 公文格式各要素编排规则

7.1 公文格式各要素的划分

本标准将版心内的公文格式各要素划分为版头、主体、版记三部分。公文首页红色分隔线以上的部分称为版头;公文首页红色分隔线(不含)以下、公文末页首条分隔线(不含)以上的部分称为主体;公文末页首条分隔线以下、末条分隔线以上的部分称为版记。

页码位于版心外。

7.2 版头

7.2.1 份号

如需标注份号,一般用 6 位 3 号阿拉伯数字,顶格编排在版心左上角第一行。

7.2.2 密级和保密期限

如需标注密级和保密期限,一般用 3 号黑体字,顶格编排在版心左上角第二行;保密期限中的数字用阿拉伯数字标注。

7.2.3 紧急程度

如需标注紧急程度,一般用 3 号黑体字,顶格编排在版心左上角;如需同时标注份号、密级和保密期限、紧急程度,按照份号、密级和保密期限、紧急程度的顺序自上而下分行排列。

7.2.4 发文机关标志

由发文机关全称或者规范化简称加"文件"二字组成,也可以使用发文机关全称或者规范化简称。

发文机关标志居中排布,上边缘至版心上边缘为 35 mm,推荐使用小标宋体字,颜色为红色,以醒目、美观、庄重为原则。

联合行文时,如需同时标注联署发文机关名称,一般应当将主办机关名称排列在前;如有"文件"二字,应当置于发文机关名称右侧,以联署发文机关名称为准上下居中排布。

7.2.5 发文字号

编排在发文机关标志下空二行位置,居中排布。年份、发文顺序号用阿拉伯数字标注;年份应标全称,用六角括号"〔〕"括入;发文顺序号不加"第"字,不编虚位(即 1 不编为 01),在阿拉伯数字后加"号"字。

上行文的发文字号居左空一字编排,与最后一个签发人姓名处在同一行。

7.2.6 签发人

由"签发人"三字加全角冒号和签发人姓名组成,居右空一字,编排在发文机关标志下空二行位置。"签发人"三字用 3 号仿宋体字,签发人姓名用 3 号楷体字。

如有多个签发人,签发人姓名按照发文机关的排列顺序从左到右、自上而下依次均匀编排,一般每行排两个姓名,回行时与上一行第一个签发人姓名对齐。

7.2.7 版头中的分隔线

发文字号之下 4 mm 处居中印一条与版心等宽的红色分隔线。

7.3 主体

7.3.1 标题

一般用 2 号小标宋体字,编排于红色分隔线下空二行位置,分一行或多行居中排布;

回行时,要做到词意完整,排列对称,长短适宜,间距恰当,标题排列应当使用梯形或菱形。

7.3.2 主送机关

编排于标题下空一行位置,居左顶格,回行时仍顶格,最后一个机关名称后标全角冒号。如主送机关名称过多导致公文首页不能显示正文时,应当将主送机关名称移至版记,标注方法见 7.4.2。

7.3.3 正文

公文首页必须显示正文。一般用 3 号仿宋体字,编排于主送机关名称下一行,每个自然段左空二字,回行顶格。文中结构层次序数依次可以用"一、""(一)""1.""(1)"标注;一般第一层用黑体字、第二层用楷体字、第三层和第四层用仿宋体字标注。

7.3.4 附件说明

如有附件,在正文下空一行左空二字编排"附件"二字,后标全角冒号和附件名称。如有多个附件,使用阿拉伯数字标注附件顺序号(如"附件:1.×××××");附件名称后不加标点符号。附件名称较长需回行时,应当与上一行附件名称的首字对齐。

7.3.5 发文机关署名、成文日期和印章

7.3.5.1 加盖印章的公文

成文日期一般右空四字编排,印章用红色,不得出现空白印章。

单一机关行文时,一般在成文日期之上、以成文日期为准居中编排发文机关署名,印章端正、居中下压发文机关署名和成文日期,使发文机关署名和成文日期居印章中心偏下位置,印章顶端应当上距正文(或附件说明)一行之内。

联合行文时,一般将各发文机关署名按照发文机关顺序整齐排列在相应位置,并将印章一一对应、端正、居中下压发文机关署名,最后一个印章端正、居中下压发文机关署名和成文日期,印章之间排列整齐、互不相交或相切,每排印章两端不得超出版心,首排印章顶端应当上距正文(或附件说明)一行之内。

7.3.5.2 不加盖印章的公文

单一机关行文时,在正文(或附件说明)下空一行右空二字编排发文机关署名,在发文机关署名下一行编排成文日期,首字比发文机关署名首字右移二字,如成文日期长于发文机关署名,应当使成文日期右空二字编排,并相应增加发文机关署名右空字数。

联合行文时,应当先编排主办机关署名,其余发文机关署名依次向下编排。

7.3.5.3 加盖签发人签名章的公文

单一机关制发的公文加盖签发人签名章时,在正文(或附件说明)下空二行右空四字加盖签发人签名章,签名章左空二字标注签发人职务,以签名章为准上下居中排布。在签发人签名章下空一行右空四字编排成文日期。

联合行文时,应当先编排主办机关签发人职务、签名章,其余机关签发人职务、签名章依次向下编排,与主办机关签发人职务、签名章上下对齐;每行只编排一个机关的签发人职务、签名章;签发人职务应当标注全称。

签名章一般用红色。

7.3.5.4 成文日期中的数字

用阿拉伯数字将年、月、日标全,年份应标全称,月、日不编虚位(即 1 不编为 01)。

7.3.5.5 特殊情况说明

当公文排版后所剩空白处不能容下印章或签发人签名章、成文日期时,可以采取调整行距、字距的措施解决。

7.3.6 附注

如有附注,居左空二字加圆括号编排在成文日期下一行。

7.3.7 附件

附件应当另面编排,并在版记之前,与公文正文一起装订。"附件"二字及附件顺序号用 3 号黑体字顶格编排在版心左上角第一行。附件标题居中编排在版心第三行。附件顺序号和附件标题应当与附件说明的表述一致。附件格式要求同正文。

如附件与正文不能一起装订,应当在附件左上角第一行顶格编排公文的发文字号并在其后标注"附件"二字及附件顺序号。

7.4 版记

7.4.1 版记中的分隔线

版记中的分隔线与版心等宽,首条分隔线和末条分隔线用粗线(推荐高度为 0.35 mm),中间的分隔线用细线(推荐高度为 0.25 mm)。首条分隔线位于版记中第一个要素之上,末条分隔线与公文最后一面的版心下边缘重合。

7.4.2 抄送机关

如有抄送机关,一般用 4 号仿宋体字,在印发机关和印发日期之上一行、左右各空一字编排。"抄送"二字后加全角冒号和抄送机关名称,回行时与冒号后的首字对齐,最后一个抄送机关名称后标句号。

如需把主送机关移至版记,除将"抄送"二字改为"主送"外,编排方法同抄送机关。既有主送机关又有抄送机关时,应当将主送机关置于抄送机关之上一行,之间不加分隔线。

7.4.3 印发机关和印发日期

印发机关和印发日期一般用 4 号仿宋体字,编排在末条分隔线之上,印发机关左空一字,印发日期右空一字,用阿拉伯数字将年、月、日标全,年份应标全称,月、日不编虚位(即

1 不编为 01),后加"印发"二字。

版记中如有其他要素,应当将其与印发机关和印发日期用一条细分隔线隔开。

7.5 页码

一般用 4 号半角宋体阿拉伯数字,编排在公文版心下边缘之下,数字左右各放一条一字线;一字线上距版心下边缘 7 mm。单页码居右空一字,双页码居左空一字。公文的版记页前有空白页的,空白页和版记页均不编排页码。公文的附件与正文一起装订时,页码应当连续编排。

8 公文中的横排表格

A4 纸型的表格横排时,页码位置与公文其他页码保持一致,单页码表头在订口一边,双页码表头在切口一边。

9 公文中计量单位、标点符号和数字的用法

公文中计量单位的用法应当符合 GB 3100、GB 3101 和 GB 3102(所有部分),标点符号的用法应当符合 GB/T 15834,数字用法应当符合 GB/T 15835。

10 公文的特定格式

10.1 信函格式

发文机关标志使用发文机关全称或者规范化简称,居中排布,上边缘至上页边为 30 mm,推荐使用红色小标宋体字。联合行文时,使用主办机关标志。

发文机关标志下 4 mm 处印一条红色双线(上粗下细),距下页边 20 mm 处印一条红色双线(上细下粗),线长均为 170 mm,居中排布。

如需标注份号、密级和保密期限、紧急程度,应当顶格居版心左边缘编排在第一条红色双线下,按照份号、密级和保密期限、紧急程度的顺序自上而下分行排列,第一个要素与该线的距离为 3 号汉字高度的 7/8。

发文字号顶格居版心右边缘编排在第一条红色双线下,与该线的距离为 3 号汉字高度的 7/8。

标题居中编排,与其上最后一个要素相距二行。

第二条红色双线上一行如有文字,与该线的距离为 3 号汉字高度的 7/8。

首页不显示页码。

版记不加印发机关和印发日期、分隔线,位于公文最后一面版心内最下方。

10.2 命令(令)格式

发文机关标志由发文机关全称加"命令"或"令"字组成,居中排布,上边缘至版心上边缘为 20 mm,推荐使用红色小标宋体字。

发文机关标志下空二行居中编排令号,令号下空二行编排正文。

签发人职务、签名章和成文日期的编排见 7.3.5.3。

10.3　纪要格式

纪要标志由"×××××纪要"组成,居中排布,上边缘至版心上边缘为 35 mm,推荐使用红色小标宋体字。

标注出席人员名单,一般用 3 号黑体字,在正文或附件说明下空一行左空二字编排"出席"二字,后标全角冒号,冒号后用 3 号仿宋体字标注出席人单位、姓名,回行时与冒号后的首字对齐。

标注请假和列席人员名单,除依次另起一行并将"出席"二字改为"请假"或"列席"外,编排方法同出席人员名单。

纪要格式可以根据实际制定。

11　式样

A4 型公文用纸页边及版心尺寸见图 1;公文首页版式见图 2;联合行文公文首页版式 1 见图 3;联合行文公文首页版式 2 见图 4;公文末页版式 1 见图 5;公文末页版式 2 见图 6;联合行文公文末页版式 1 见图 7;联合行文公文末页版式 2 见图 8;附件说明页版式见图 9;带附件公文末页版式见图 10;信函格式首页版式见图 11;命令(令)格式首页版式见图 12。

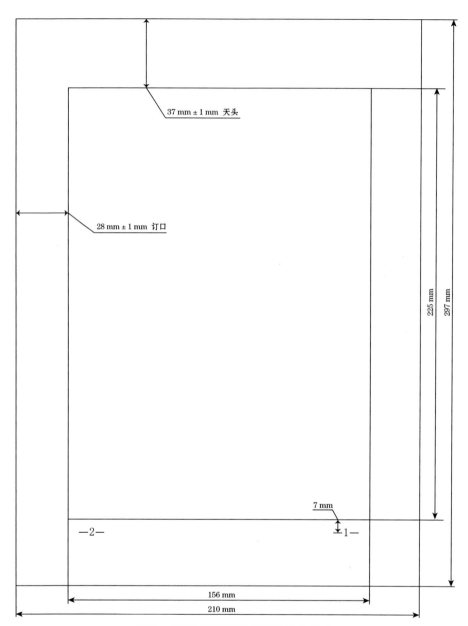

图 1　A4 型公文用纸页边及版心尺寸

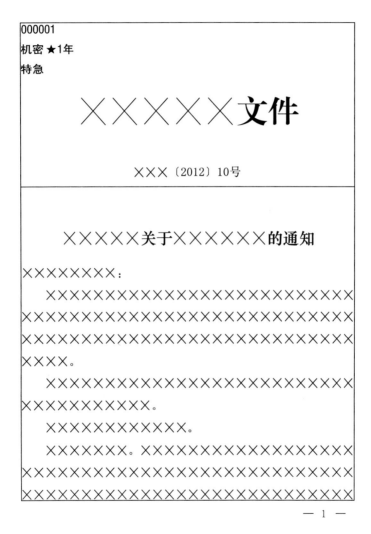

图 2　公文首页版式

注:版心实线框仅为示意,在印制公文时并不印出。

图3 联合行文公文首页版式1

注：版心实线框仅为示意，在印制公文时并不印出。

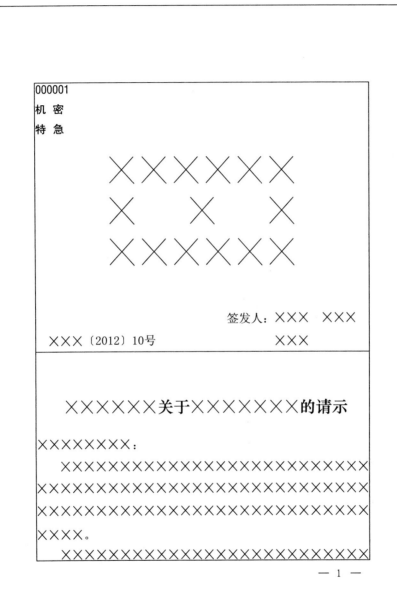

图 4　联合行文公文首页版式 2

注：版心实线框仅为示意，在印制公文时并不印出。

×××××××××。
　　××××××××××××××××××××
××××××××××××××××××××
×××××××××。

2012年7月1日

（×××××）

抄送：×××××××，××××××，×××××，×××××，
　　　×××××。
×××××××　　　　　　　　　2012年7月1日印发

— 2 —

图5　公文末页版式1

注：版心实线框仅为示意，在印制公文时并不印出。

```
          ××××××××××××××××。
             ××××××××××××××××××
          ××××××××××××××××××××
          ××××××××××。
                        ××××××××××
                     2012年7月1日
          （×××××）




          抄送：××××××××，××××××，×××××，×××××，
               ×××××。
               ××××××××           2012年7月1日印发
        — 2 —
```

图 6 公文末页版式 2

注：版心实线框仅为示意，在印制公文时并不印出。

```
┌─────────────────────────────────────────────┐
│  ××××××××××××××××××。                        │
│    ××××××××××××××××××××××××××               │
│  ××××××××××××××××××××××××××××               │
│  ××××××××。                                  │
│                                              │
│              (公章)     (公章)                │
│                       2012年7月1日            │
│                                              │
│   (×××××)                                    │
│                                              │
│                                              │
│                                              │
│                                              │
│                                              │
│                                              │
│                                              │
│                                              │
│                                              │
│                                              │
│  抄送:××××××,××××××,×××××,×××××,              │
│       ×××××。                                │
│  ××××××××          2012年7月1日印发           │
└─────────────────────────────────────────────┘
              — 2 —
```

图 7　联合行文公文末页版式 1

注:版心实线框仅为示意,在印制公文时并不印出。

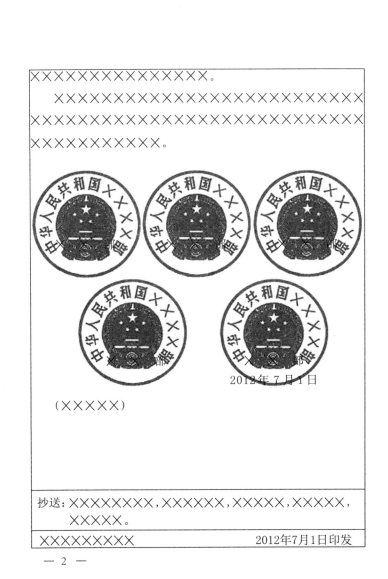

图 8　联合行文公文末页版式 2

注：版心实线框仅为示意，在印制公文时并不印出。

××××××××××××××。
　　××。

附件：1. ××××××××××××××××××
　　　　××××
　　　2. ××××××××××

　　　　　　　　　　　　　××××××
　　　　　　　　　　　　　× × ×
　　　　　　　　　　　　2012 年 7 月 1 日
（×××××）

— 2 —

图 9　附件说明页版式

注：版心实线框仅为示意，在印制公文时并不印出。

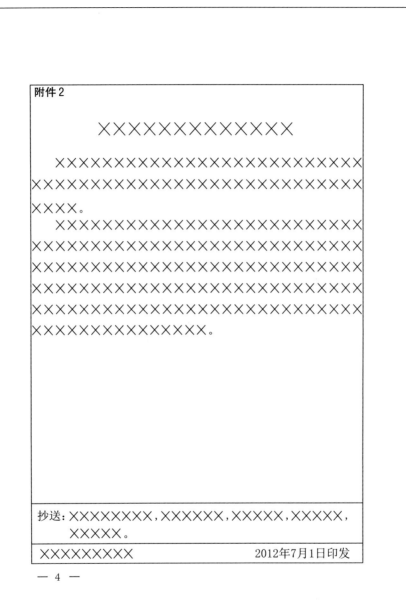

图 10　带附件公文末页版式

注：版心实线框仅为示意，在印制公文时并不印出。

中华人民共和国×××××部

000001　　　　　　　　　　　　　　×××〔2012〕10号

机　密

特　急

　　　　　×××××关于×××××××的通知

×××××××：

　　××××××××××××××××××××××××××××
××××××××××××××××××××××××××××××
××××××××××××××××××××××××××。
　　××××××××××××××××××××××××××××
××××××××××××××××××××××××××××××
×××××××××××××××××××××××××。
　　××××××××××××××××××××××××××××
××××××××××××××××××××××××××××××
×××××××××××××××××××××××××××
××××××××××××××××××××××××××。

图11　信函格式首页版式

注：版心实线框仅为示意，在印制公文时并不印出。

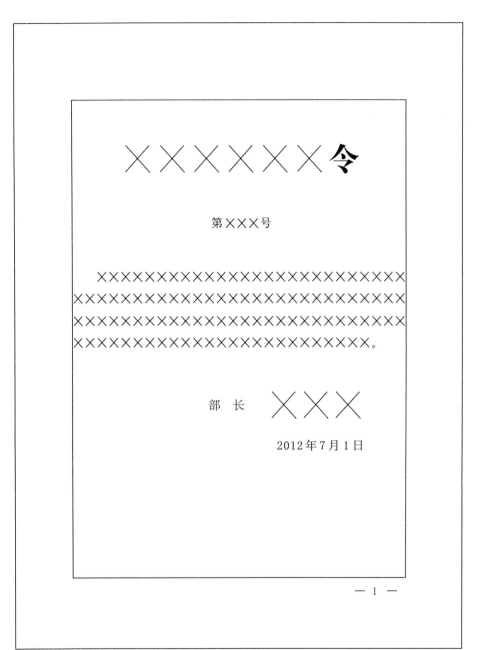

图 12　命令(令)格式首页版式

注:版心实线框仅为示意,在印制公文时并不印出。

参 考 文 献

1. 徐成华等主编:《〈党政机关公文格式〉国家标准应用指南》,中国质检出版社、中国标准出版社 2012 年版。
2. 夏海波:《公文写作与处理》,北京大学出版社 2010 年版。
3. 姬瑞环、张虹编著:《公文写作与处理(第三版)》,中国人民大学出版社 2012 年版。
4. 王桂森、陈群力编著:《最新实用公文规范与写作》,山东人民出版社 2001 年版。
5. 饶士奇主编:《公文写作与处理》,辽宁教育出版社 2004 年版。
6. 崔伯涛、白山主编:《公文写作指南》,济南出版社 2004 年版。
7. 傅宛菊主编:《现代应用文写作》,化学工业出版社 2008 年版。
8. 谢新茂主编:《行政公文写作与范例大全》,红旗出版社 2010 年版。
9. 王凯、赵国禄编著:《行政公文写作》,中国纺织出版社 2010 年版。
10. 汪溢、赵莹主编:《文书与档案管理》,北京大学出版社 2010 年版。

教师反馈及教辅申请表

北京大学出版社本着"教材优先、学术为本"的出版宗旨,竭诚为广大高等院校师生服务。为更有针对性地提供服务,请您认真填写完整以下表格后,拍照发到 ss@pup.pku.edu.cn,我们将免费为您提供相应的课件,以及在本书内容更新后及时与您联系邮寄样书等事宜。

书名		书号	978-7-301-	作者	
您的姓名				职称、职务	
校/院/系					
您所讲授的课程名称					
每学期学生人数	_____人	_____年级		学时	
您准备何时用此书授课					
您的联系地址					
联系电话(必填)				邮编	
E-mail(必填)				QQ	
您对本书的建议:					

我们的联系方式:

北京大学出版社社会科学编辑室

北京市海淀区成府路 205 号,100871

联系人:武 岳

电话:010-62753121 / 62765016

微信公众号:ss_book

新浪微博:@未名社科-北大图书

网址:http://www.pup.cn

更多资源请关注"北大博雅教研"